中共佛山市委宣传部
佛山市社会科学界联合会　主编

佛山市人文和社科研究丛书

FOSHANSHI RENWEN HE SHEKE YANJIU CONGSHU

佛山企业家文化研究

FOSHAN QIYEJIA WENHUA YANJIU

张　军　著

南方日报出版社
NANFANG DAILY PRESS
中国·广州

图书在版编目（CIP）数据

佛山企业家文化研究 / 张军著. -- 广州 : 南方日报出版社，2017.6
（佛山市人文和社科研究丛书）
ISBN 978-7-5491-1603-4

Ⅰ. ①佛… Ⅱ. ①张… Ⅲ. ①商业文化—研究—佛山 Ⅳ. ①F729

中国版本图书馆CIP数据核字(2017)第081182号

FOSHAN QIYEJIA WENHUA YANJIU
佛山企业家文化研究

著　　者：张　军
出版发行：南方日报出版社
地　　址：广州市广州大道中289号
出 版 人：周洪威
出版统筹：周山丹
责任编辑：陈盈璐
装帧设计：阿　里
责任技编：王　兰
责任校对：王　燕
经　　销：全国新华书店
印　　刷：广东信源彩色印务有限公司
开　　本：787mm×1092mm　1/16
印　　张：15.25
字　　数：200千字
版　　次：2017年6月第1版
印　　次：2017年6月第1次印刷
定　　价：42.00元

投稿热线：（020）87373998-8503　读者热线：（020）87373998-8502

网址：http://www.nanfangdaily.com.cn/press　http://www.southcn.com/ebook

“佛山市人文和社科研究丛书”出版前言

文化是一座城市的品格和基因，佛山是座历史传统悠久、人文气息浓郁、文化积累深厚的城市。近年来，佛山经济社会发展日新月异，岭南文化名城建设如火如荼，市、区有关部门及镇街从各自工作职能或地方发展特点出发，陆续编辑出版了一些人文社科方面的书籍及资料。但从全市层面看，尚无一套完整反映佛山历史文化和人文社科方面的研究丛书，实为佛山社会文化传承的一大憾事。为弥补这不足之处，中共佛山市委宣传部、佛山市社会科学界联合会决定联合全市社会科学研究力量，深入挖掘佛山历史文化资源，梳理佛山哲学社会科学研究成果，编辑出版“佛山市人文和社科研究丛书”，并力争将其打造成为佛山市的人文社科研究品牌和城市文化名片。

本套丛书的策划和编辑，主要基于以下几个方面的考虑：一是体现综合性。丛书从全市层面开展综合性研究，既彰显佛山社会经济文化综合实力，也充分展现佛山人文社科研究水平，避免了只研究单一领域或个别现象，难以形成影响力的缺憾。二是注重广泛性。丛书对佛山历史文化、名人古迹、民俗风情、非物质文化遗产和经济、政治、社会、生态等各个方面都给予关注，而佛山经济社会发展亮点、历史文化闪光点和研究空白领域更是丛书首选。三是突出本土性。丛书选题紧贴佛山实际，具有鲜明的地方特色，作者主要来自佛山本地，也适当吸收外部力量，以锻炼培养一批优秀的人文社科研究人才。四是侧重研究性。丛书严格遵守学术规范，注重学术研究的广度、深度和高度。注重理论的概括、提炼和升华，在题材、风格、构思、观点等方面多有独到之处，具备权威性、整体性、系统性和新颖性，是值得收藏或研究的好书籍。五是兼顾通俗性。丛书要求语言通俗易懂，行文简洁明了，图文并茂，条理清晰，易于传播，既可做阅读品鉴之用，也是开展对外宣传和交流的好读物。六是坚持优质性。丛书综合考虑研究进度和经费安排，本着宁缺毋滥的原则，采取成熟一本、出版一本的做法，“慢工出细活”，保证研究出版的质量。七是力求系统性。

每年从若干选题中精选一批进行资助出版，积沙成塔，形成规模，届时可再按历史文化、哲学社会科学、佛山典籍整理等形成系列，使丛书系列化、规模化、品牌化。八是讲究方便性。每本书，既是整套丛书的一部分，编排体例、形式风格保持一致，又独立成书，自成一体，各有风采，避免卷帙浩繁，方便携带和交流。

自2012年底正式启动丛书编辑工作以来，包括这一辑在内，共已编撰出版四辑。每一辑书籍的编撰，编委会都要多次召开专门会议，讨论确定研究主题、编辑原则、体例标准、出版发行等事宜。经过选题报告、修改完善、专家审定、编辑校对等环节，形成每一辑的“佛山市人文和社科研究丛书”。此次第四辑“佛山市人文和社科研究丛书”包括《佛山企业家文化研究》《佛山家风家教研究》《佛山木版年画研究》《佛山养生文化探源》《佛山历史村落》等五本著作。今后，编委会将继续从全市各单位、各院校及社会各界广泛征集项目进行论证遴选和资助出版，力争通过数年的持续努力，形成一整套覆盖佛山人文社科方方面面的研究丛书，使之成为建设佛山岭南文化名城、增强地方文化软实力的一项标志性工程。

本套丛书的编辑得到了佛山科学技术学院、华南师范大学、广东东软学院、顺德职业技术学院、佛山市中医院等单位和全市广大人文社科工作者的大力支持，中国社会科学院首批学部委员、著名学者杨义教授欣然为丛书作总序，南方日报出版社为丛书的出版做了大量艰苦细致的工作，在此一并表示衷心的感谢，并对所有关心和支持丛书编撰工作的社会各界人士致以深深的敬意！

佛山市人文和社科研究丛书编委会

2017年2月

都来了解佛山的城市自我

——“佛山市人文和社科研究丛书”总序

杨　义

（中国社会科学院首批学部委员）

大凡有文化底蕴的地方，都有它的身份、品格和精神，有它的人物、掌故和地方风物，从而在祖国文化精神总谱系中留下它独特的文化 DNA。佛山作为一座朝气蓬勃而又谦逊踏实的岭南名城，自然也有它的身份、品格、精神，有它的人物、掌故、风物和文化 DNA。对于佛山人而言，了解这些，就是了解他们的城市自我；对于外来人而言，了解这些，就是接触这个城市的“地气”。

佛山有“肇迹于晋，得名于唐”的说法。汉武帝派遣张骞通西域之后，中国始通罽宾，即今之克什米尔。罽宾属于或近于佛教发祥之地，在东汉魏晋以后的数百年间，多有高僧到中原传播佛教和译经。唐玄奘西行求法，就是从罽宾进入天竺的。据清代《佛山志》，东晋时期，有罽宾国僧人航海东来传教，在广州西面的西江、北江交汇的“河之洲”季华乡结寮讲经，宣传佛教，洲岛上居民因号其地为“经堂”。东晋安帝隆安二年（398 年），初来僧人弟子三藏法师达昆耶舍尊者，来岛再续传法的香火，在经堂旧址上建立了塔坡寺。因而佛山经堂有对联云：“自东晋卓锡季华，大启丛林，阅年最久；念西土传经上国，重兴法宇，历劫不磨。”其后故寺废弛。到了唐太宗贞观二年（628 年），居民在塔坡岗下辟地建屋，掘得铜佛三尊和圆顶石碑一块，碑上有“塔坡佛寺”四字，下有联语云：“胜地骤开，一千年前，青山是我佛；莲花极顶，五百载后，说法起何人。”乡人认为这里是佛家之山，立石牓纪念，唐贞观二年镌刻的“佛山”石牓至今犹存。佛山的由来，因珠江冲击成沙洲，为佛僧栽下慧根，终于立下了人杰地灵的根脉。

明清以降的地方志，逐步发展成为记录地方历史风貌的百科全书。地方志一类文献，成为了解地方情势，启示就地方而思考“我是谁”的文化记忆遗产。毛泽东喜欢读地方志书，在战争年代，每打下一座县城，就找县志来读。1929 年红军打下兴国县城，获取清代续修的《瑞金县志》，他如获至宝，挑灯夜读。新中国成立后，毛泽东到各地视察、开会，总要借阅当地志书。1958 年在成都会议之前，就先借阅《四川通志》《蜀本纪》《华阳国志》，后又要来《都江堰水利述要》《灌县志》，并在书上批、画、圈、点。他在这次成都会议上，提倡在全国编修地方志。1959 年，毛泽东上庐山，就借阅民国时期吴宗慈修的《庐山志》及《庐山续志稿》。可见编纂地方人文社会科学文献，是使人明白“我从何而来”“我的文化基因若何”，保留历史记忆，增加文化底蕴的重要工程。

从历史记忆可知，佛山之得名，是中外文化交流的一个靓丽的典型。它栽下的慧根，就是以自己的地理因缘和人文胸怀，得经济文化的开放风气之先。因为佛教东传，不只是一个宗教事件，同时也是开拓文化胸襟的历史事件。随同佛教而来的，是优秀的印度、波斯、中亚和希腊文化，它牵动了海上丝绸之路。诸如雕塑、绘画、音乐、珍宝、工艺、科技、思想、话语、逻辑、风习，各种新奇高明的思想文化形式，都借助着航船渡过瀚海，涌入佛山。佛山的眼界、知性、文藻、胸襟为之一变，文化地位得到提升。

但是佛山胸襟的创造，既是开放的，又是立足本土的。佛山的城市地标上“无山也无佛”，山的精神和佛的慧根，已经化身千千万万，融入这里的河水及沃土。佛山的标志是供奉道教的北方玄天大帝（真武）的神庙，而非佛寺，这是发人深省的。清初番禺人屈大均的《广东新语》卷六说：“吾粤多真武宫，以南海佛山镇之祠为大，称曰祖庙。”那么为何本土道教的祖庙成了佛山的标志呢？就因为佛山为珠江水流环抱，水是它的生命线，如屈大均接着说的：“南溟之水生于北极，北极为源而南溟为委，祀赤帝者以其治水之委，祀黑帝者以其司水之源也。”于是，从北宋元丰年间（1078—1085 年）起，佛山就建祖庙，宋元以后各宗祠公众议事于此，成为联结各姓的纽带，遂称“祖庙”。祖庙附有孔庙、碑廊、园林，红墙绿瓦，亭廊嵯峨，雕梁画栋，绿荫葱茏，历数百年而逐渐成为规模宏大、制作精美、布局严谨，具有浓厚岭南地方特色的庙宇建筑群。

这种脚踏实地的开放胸襟，催生和推动了佛山的社会经济开发的脚步。晋唐时期的佛山，还只是依江临海的沙洲，陆地尚未成片。到了宋代，随着中原移民的大量涌入和海外贸易的兴起，以及珠江三角洲的进一步开发，佛山得到了进一步的发展，于是有“乡之成聚，肇于汴宋”的说法。佛山临近省城，可以分润省城的人才、文化、交通、商贸需求的便利；但它又不是省城，可以相当程度地摆脱官府权势压力和体制性条条框框的约束，有利于民间资本、技艺、实业和贸易方式的发育。珠江三角洲千里沃野，需要大量铁制的农具，因而带动了佛山的冶铁铸造业。屈大均《广东新语》卷十五说：“铁莫良于广铁，……诸炉之铁冶既成，皆输佛山之埠，佛山俗善鼓铸，……诸所铸器，率以佛山为良，陶则以石湾。”生产工具的改进和省会、海外需求的刺激，又进一步带动了以桑基鱼塘为依托的缫丝纺织业。

起源于南粤先民的制陶业，也在中原制陶技术的影响下，迅速发展起来了。南宋至元，中原移民把定、汝、官、哥、钧诸名窑的技艺带到佛山石湾，与石湾原有的制陶技艺相融合，在吸取名窑造型、釉色、装饰纹样的基础上，使“石湾集宋代各名窑之大成”。石湾的土、珠江的水，在佛山人手里仿佛具有了灵性，它们在南风古灶里交融裂变、天人合一，幻化出五彩斑斓的石湾陶。清人李调元《南越笔记》卷六记载：“南海县之石湾善陶。凡广州陶器，皆出石湾，尤精缸瓦。其为金鱼大缸者，两两相合。出火则俯者为阳，仰者为阴。阴所盛则水浊，阳所盛则水清。试之尽然。谚曰：‘石湾缸瓦，胜于天下。’”李调元是清乾嘉年间的四川人，晚年著述自娱，这也取材于《广东新语》。水下考古曾在西沙沉没的古代商船中发现许多宋代石湾陶瓷。在东至日本朝鲜、西至西亚的亚曼和东非的坦桑尼亚等地，也有不少石湾陶瓷出土。自明代起，石湾的艺术陶塑、园林建筑陶瓷、手工业用陶器不断输出国外，尤其是园林建筑陶瓷，极受东南亚人民的欢迎。东南亚各国如泰国、越南、新加坡、马来西亚、印度尼西亚等地的出土文物中，石湾陶瓷屡见不鲜。至今在东南亚各地以及中国香港、澳门、台湾地区的庙宇寺院屋檐瓦脊上，完整保留的石湾制造的瓦脊就有近百条之多，建筑饰品更是难以计其数。石湾陶凭借佛山通江达海的交通条件和活跃的海外贸易，走出了国门，创造了“石湾瓦，甲天下”的辉煌。石湾陶瓷史，堪称一部浓缩的佛山文化发展史，也是一部精华版的岭南文化发展史：南粤文化是其底色，中原文化是其彩釉，而外来文化有如海风拂拂，引起了令人惊艳的“窑变”。

佛山真正名扬四海，还因其在明清时期演绎的工商兴市的传奇。明清时期的佛山，城市空间不断拓展，商业空前繁荣，由三墟六市一跃变为二十七铺。佛山的纺织、铸造、陶瓷三大支柱产业，都进入了繁荣昌盛的发展阶段。名商巨贾、名工巧匠、文人士子、贩夫走卒，五方辐辏，汇聚佛山。或借助产业与资本的运作，富甲一方，造福乡梓；或潜心学艺，精益求精，创业自强。于是，佛山有了发迹南洋的粤商，有了十八省行商会馆，有了古洛学社和佛山书院，有了诸如铸铁中心、南国丝都、南国陶都、广东银行、工艺美术之乡、民间艺术之乡、中成药之乡、粤剧之乡、武术之乡、美食之乡等让人艳羡的美名，有了陈太吉的酒、源吉林的茶、琼花会馆的戏……百业竞秀，名品荟萃，可见街市之繁华。乡人自豪地宣称：“佛山一埠，为天下重镇，工艺之目，咸萃于此。”外地游客也盛赞：“商贾丛集，阛阓殷厚，冲天招牌，较京师尤大，万家灯火，百货充盈，省垣不及也。”清道光十年（1830 年）佛山人口据说已近 60 万，成为“广南一大都会”，与汉口、景德镇、朱仙镇并称“天下四大名镇”，甚至与苏州、汉口、北京共享“天下四大聚”之美誉，即清人刘献廷《广阳杂记》卷四所云：“天下有四聚，北则京师，南则佛山，东则苏州，西则汉口。”佛山既非政治中心，亦非军事重镇，它的崛起打破了“郡县城市”的旧模式，开启了中国传统工商城市发展的新途径。它以“工商成市”的模式，丰富了中国城市学的内涵。

近现代的佛山，曾经遭遇过交通路线改变、地理优势丧失、经济环境变化的困扰。但是，佛山没有步同列“四大名镇”的朱仙镇一蹶不振的后尘，而是在艰难中励志探索，始终没有松懈发展的原动力，在日渐深化的程度上实行现代转型。改革开放以来，佛山又演绎了经济学家津津乐道的“顺德模式”和“南海模式”。前者是一种以集体经济为主、骨干企业为主、工业为主的经济发展方式。借助这种模式，顺德于 20 世纪 80 年代完成了从农业社会到初始化工业社会的过渡，完善了有利于科学发展的体制机制，诞生了顺德家电的“四大花旦”——美的、科龙、华宝、万家乐。后者是以草根经济为基础，按照“三大产业齐发展，五个层次一起上”的方针，调动县、镇、村、组、户各方面的积极性和社会资源，形成中小企业满天星斗的局面。上述两种模式衍生了佛山集群发展的制造业基地、各显神通的专业市场、驰名中外的佛山品牌、享誉全国的民营经济。

佛山在自晋至唐的得名过程中埋下了文化精神的基因，又在现代产业经济发展中，培育和彰显了一种敢为人先、崇文务实和通济和谐的佛山精神。这种文化基因和文化精神，使佛山人得近代风气之先，走出了一批影响卓著的名人：从民族资本家陈启源到公车上书的康有为，从“近代科学先驱”邹伯奇到“铁路之父”詹天佑，从“岭南诗宗”孙蕡到“我佛山人”吴趼人，从睁眼看世界的梁廷枏到出使西国的张荫桓，从岭南雄狮黄飞鸿到好莱坞功夫巨星李小龙。在现代工商发展方式上也多有创造，从工商巨镇到家电之都，从“三来一补”到经济体制改革，从专业镇建设到大部制改革，从简镇强权到创新型城市建设，百年佛山人在政治、经济、文化领域引领风骚，演绎了一个个岭南传奇。佛山适时地开发了中国最具经济实力和发展活力之一的珠江三角洲腹地，位于亚太经济发展活跃的东亚及东南亚的交会处的地理位置优势，由古代“四大名镇”之一转型为中国的改革先锋。

佛山人生生不息、与时俱进的创造力，蕴含着深厚的文化血脉和丰富的文化启示，值得进行系统的梳理和深层次的阐释。当代的佛山人，在默默发家致富、务实兴市的同时，应该自觉地了解生于斯、长于斯的这个城市的“自我”，追寻这个城市发展的风风雨雨、潮起潮落的足迹，以佛山曾是文献之邦、人文渊薮的传统，来充实自己的人文情怀，提高“佛山之梦”的境界。佛山人也有梦，一百年前“我佛山人”吴趼人在《南方报》上连载过一部《新石头记》，写贾宝玉重入凡世乃是晚清社会，他不满于晚清的种种奇怪不平之事，后来偶然误入“文明境界”，目睹境内先进的科技、优良的制度，不胜唏嘘。他呼唤“真正能自由的国民，必要人人能有了自治的能力，能守社会上的规则，能明法律上的界线，才可以说自由”；而那种“野蛮的自由”，只是薛蟠要去的地方。这些佛山文化遗产，是佛山人应该重新唤回记忆，重新加以阐释的。

“我佛山人”是我研究小说史时所熟悉的。我曾到过佛山，与佛山人交流过读书的乐趣和体会，佛山的文化魅力和经济成就也让我感动。略有遗憾的是，当我想深入追踪佛山的历史身份、品位和文化DNA时，图书馆和书店里除了旅游手册之类，竟难以找到有丰厚文化底蕴的新读物。“崇文”的佛山，究竟隐藏在繁华都市的何方？“喧嚣”的佛山，可曾还有一方人文净土？我困惑着，也寻觅着。如今这套“佛山市人文和社科研究丛书”，当可满足我的精神饥渴。它涵盖了佛山的方方面面，政治、经济、文化、历史、人文、地理，城市、人物、事件，时空交错，经纬纵横，一如古镇佛山，繁华而不喧嚣，富有而不夸耀；也如当代佛山，美丽而不失内秀，从容而颇具大气。只要你开卷展读，定会感受到佛山气息，迎面而来：佛山味道，沁人心脾；佛山故事，让人陶醉；佛山人物，让人钦佩；佛山经验，引人深思；佛山传奇，催人奋进。当你游览祖庙圣域、南风古灶、梁园古宅之后，从容体味这些讲述佛山文化的书籍，自会感到精神充实，畅想佛山的过去、当下和未来。我有一个愿望，这套丛书不止于三四本，而应该是上十本、上百本，因为佛山的智慧和传奇，还在书写着新的篇章，佛山是一部读不完的大书。佛山，又名禅城。佛山于我们，是参不透的禅。这套丛书可以使我们驻足沉思，时有顿悟！

我喜欢谈论人文地理，近来尤其关注包括佛山在内的中国南部地区的历史文化。但是对于佛山，充其量只是走马观花、浮光掠影，爱之有加，知之有限。聊作数言，权作观感。是为序。

2017年3月

目　录

绪　论

自从人类进入知识经济时代，影响企业发展的非经济因素越来越重要，文化就是一个不可忽视的因素，其中包括企业文化和企业家文化。企业家文化是基于个人的文化，它的首要含义是“为人之道”，其次才是考虑到企业家的社会身份该具有的文化内涵。具体而言，企业家文化是指企业家在企业经营管理中所遵循的经营理念。企业家文化同时也是广义文化建设的一个重要组成部分。从微观角度看，企业家文化是企业发展的一个重要的非经济因素，对企业的经济具有推动作用；对企业的团队具有整合的作用，起到增强企业的软实力的作用。从宏观角度看，优秀的企业家文化对城市的可持续发展和城市形象有较大的辐射影响力。文化是一个企业的灵魂，是企业可持续发展的重要保障。只有对企业家文化和企业文化同时重视发展和研究，企业才能在激烈的竞争中保持优势，实现企业品牌的国际竞争力和影响力。

我国的商帮文化历史悠久，早在明清时期，就形成了徽商、晋商、浙商、苏商、粤商五大商帮，对它们文化的研究也取得了一定的成果。在国外，20 世纪 80 年代企业文化理论兴起，企业家文化是杂糅在企业文化中发展的。20 世纪 90 年代，企业组织以企业文化为基础来塑造企业形象和企业家形象，因此企业家文化得到了快速的发展。随着经济全球化，企业家文化这个现代概念被引入我国并且越来越受到重视。

改革开放 30 多年，我国致力于发展社会主义市场经济，而社会主义市场经济发展离不开企业家这一经济主体，企业家是社会经济的一个生产要素，是很重要的人力资本和企业发展的决定力量。企业家精神是现代企业不可或缺的精神文化，强调企业文化和企业家精神的作用，培育健全的现代中国企业家精神，培养优秀的企业家，是发展社会主义市场经济的必然要求和实现“中国梦”的选择。从党的十六大到十八大，“以人为本，构建和谐社会”理论从提出到深入论述再到习近平总书记的进一步提升，这一背景为企业的文化建设提供了良好的契机。而在企业文化方面，如海尔、格力、华为、联想、中国移动等，以企业文化为企业赢得了企业形象，还对企业经营产生了无形的推力。这给企业发展文化提供了理论上和实践上的支持。

佛山“肇迹于晋，得名于唐”，佛山作为我国明清时期的四大名镇之一，在经济、文化各方面都历经繁华，盛极一时。宋代至明代以前，佛山城市经济初具规模，在珠三角地区颇具影响力。到了明清时期，佛山享有突出的城市地位，取得辉煌经济成就：农业发达、手工业发展迅速、商业繁荣，尤其是冶铸业、陶瓷业、纺织业等支柱产业，其产品种类、总体规模、销售区域等方面，在明清时期已跻身国内首位。佛山成为聚落，是因为手工业发展以及产品大规模交流带来的发达贸易。这一城市特质，延续到现在，演化为强劲的民营经济实力和自力更生的商业精神。而当佛山告别昔日的繁华极盛，迈向新世纪，谋求新的发展，就应立足当今国内外经济发展大局，立足自身根本。佛山经济的根本是制造业，其传统制造业如陶瓷、建材、家电、纺织、家具、照明等都极负盛誉。而民营企业是佛山经济最重要的成分，企业家作为企业的主体，作为推动佛山社会经济发展的主力军，探究其企业家精神对经济的推动作用尤为重要。自 2002 年起，顺德、南海合并禅城、高明、三水，佛山成为辖五区的地级市，整合五个区的资源，向着“广东第三大城市”发展。有广东“四小虎”中的二虎顺德和南海的带动，大佛山的整体经济高速发展。2011 年和 2012 年，在中国城市综合竞争力排名中，佛山蝉联地级市第一。2015 年 12 月 4 日福布斯中文网根据人才指数、城市规模指数、消费力指数、客运指数、货运指数、私营经济活力指数、创新指数等八项指标，综合观察中国大陆城市的商业环境及发展潜力，发布 2015 年“中国大陆最佳商业城市”排行榜。其中，佛山成为广东省仅次于广州市排名靠前的城市，排名全国第 18 位。佛山经济发展取得的成绩，一方面离不开企业家这一阶层的贡献，另一方面也离不开企业家精神的作用，企业家精神作为文化建设的软实力对城市的发展是有辐射力的。重视佛山企业家精神的作用，研究佛山企业家文化（以下简称“佛商”文化），必然会推动佛山经济、社会、文化的全面发展。

从企业家文化的发展背景方面看，佛山具有无可比拟的优势——坐拥华南，背靠西南，在集聚资金、技术、人才和文化资源方面具有天然优势。从地理位置上讲，佛山毗邻广州这座“千年商都”，可以借鉴广州企业的优秀经营理念；从商业历史发展方面看，佛山商业发达，佛山商人最初也是粤商的重要组成部分，佛山人与广州人、东莞人、江门人合称“广府人”，形成了敢为人先、务实低调、勇于创新的精神，在商业发达的情况下，佛山还有各种商行，分工也愈加细化。如今，佛山企业的数目在官方的统计下已达到三十多万家，在这些企业里面，也不乏做得出色的企业家，在这样的基础上，企业家的文化发展大有前景；从文化资源上看，佛山简称“禅”，具有深厚的佛学底蕴，佛教思想对佛商文化有深刻影响。此外，佛山的地区行业特色明显，“石湾陶瓷”“大沥铝材”“西樵纺织”“乐从家具”“小塘五金”，每一行业的文化又有不一之处，不同行业企业家所具有的经营理念自有其特点。实际上，佛山市委、市政府早就意识到了本地商人文化的独特性，鼓励佛山企业以行业特点、区域特色大力发展属于企业本身的文化，组织化形式的行业文化已经取得了良好的效果。至今佛山市已经成立了佛山市工商联合会、总商会以及各个区的工商业联合会和商会（也包括异地商会），在陶瓷、家具、模具等出色行业有自己的行业协会，此外还公开出版发行《佛商》《南商》《禅商》《顺商》杂志，建设“佛山企业网”“佛山企业家网”“佛商网”等网站，共同展示佛山企业家的创业故事与风采。

但是，在良好环境的支持下，佛商文化建设仍是发展缓慢，企业家文化在佛山企业的管理者中还没有得到充分体现，“佛商”概念尚未深入人心。作为珠三角经济圈极具代表性的一部分，佛山2015年实现地区生产总值8003.92亿元、人均地区生产总值10.83万元，分别比2010年增长55%和47.7%，地区生产总值5年跨越3个千亿元大关。佛山在2015年全国大中城市中排名第16位，实现规模以上工业总产值19774.93亿元、增加值4406.95亿元，分别比2010年增长76.6%和69.5%。2015年佛山实现全社会固定资产投资3035.52亿元、社会消费品零售总额2687.22亿元、外贸进出口总值657.2亿美元，分别比2010年增长76.5%、87.1%、27.2%，其中出口482.1亿美元，增长45.9%。2015年佛山实现财政总收入1474.8亿元、地方一般公共预算收入557.43亿元、每平方公里税收0.33亿元，分别比2010年增长41.8%、82.2%、57.1%。在2015年全国科学发展综合实力百强区中，佛山5个区均位列前50强①。佛山已经发展成为全国经济强市，大力发展实体经济，是佛山经济得以飞速发展的重要原因。尽管佛山经济在区域发展中取得了傲人的成绩，在实施“十二五”产业发展战略后，佛山的产业转型也取得了一定的成效，但是其仍没能摆脱“粗放型经济”的发展模式。佛山企业以中小型民企为主，这些企业大多缺乏创新力量和第三产业的发展，没有核心技术，其中低端制造业比重居高不下。这使得佛山的经济在增长的同时也付出了沉重的代价，出现了环境污染、资源紧缺、城市管理困难等问题。2008年，以美国次贷危机为导火线的金融危机在全球蔓延，特别是欧美经济发展进入了寒冰期。欧美

---

① 朱伟：《政府工作报告》，2016年4月27日佛山市第十四届人民代表大会第六次会议。

各国经济的一蹶不振，对其他各国特别是像中国这样出口大国经济的影响是不可估量的，对沿海以出口制造业为主体经济的佛山市来说，产生更严重的负面影响。

面对佛山经济发展的现状，转型和调整是重要的战略，经济的转型不但需要政府政策的推动，更重要的是要靠企业家的推动。企业是市场经济的微观主体，因此，企业家是参与经济活动的重要主体。企业家作为企业的决策者，企业家的世界观、人生观和价值观与企业的发展方向和命运息息相关，企业家的“三观”概括而言就是企业家精神。某种企业家精神是对一个企业的指导，所有企业家的精神也就无形中对全社会的经济发展产生重大影响。基于佛山当前的经济发展现状和未来发展趋势，面对愈加激烈的市场竞争，企业单靠硬件上的优势是很难持久发展的，必须在企业软实力上也占有优势，重视佛山企业家精神的作用，研究、培育和发扬佛山企业家（佛商）文化，必然会推动佛山经济、社会、文化的全面发展，以下分三个方面加以论述。

其一，提高经济发展质量，促进产业优化升级。

企业家精神作为企业家文化的主要组成部分同时作为一种非经济因素，对于社会的发展至关重要。管理思想大师彼得·德鲁克认为：创新 + 企业家精神 = 再创生机，德鲁克将企业家精神（Entrepreneurship）视为企业需要加以组织、系统化的实务与训练，也视为管理者的工作与责任之一。[①] 企业家是创新的催化剂，通过把热情与技能、决心结合在一起，他们将思想转变成为成果。通过洞察潜在的市场、寻找尚未被满足的需求，然后调动企业家的想象力和创造力，他们设法满足各种需要。甚至，通过创造性地把时间、金钱以及大多数人组织在一起，他们使灵感转化为实用的效益和经济活力。因此，企业家精神的高度在一定程度上决定企业发展的高度，在经济高速发展的今天，经济发展的质量渐渐被企业家所重视，通过高能耗、高污染、低回报率发展的企业早已被时代所抛弃，拥有创新精神及前瞻性思想，能够掌握经济发展动向的企业家会努力带领企业通过技术创新、产品创新或进入更具有竞争优势的行业而挣取更多的超额利润，经济发展质量因此得到提高，产业结构得以改善。优秀的企业家精神能够提高经济效益为经济的发展不断注入新的活力。这正符合佛山城市升级行动计划的要求。

其二，以人为本，体现人文关怀的回归。

在人们以往的观念里，企业家给人以一种刻板印象——唯利是图，这

① ［美］彼得·德鲁克：《创新与企业家精神》，机械工业出版社 2007 年版，第 5 页。

是因为企业家们在企业经营管理过程中强调以企业利润最大化为目标。人们对企业家的关注也大多停留在其管理成就上，甚少有人认真去了解他们的精神世界。可以说，现今社会上出现的一系列产品质量和企业家道德问题大多与长期忽视人文精神建设有关。社会发展的现阶段无论在经济、政治还是文化领域上，都是在逐渐回归人文关怀的阶段，力求精神层面的进步能跟得上物质的发展。关注及了解企业家群体文化不只是了解其与经济发展的联系，更是对人的精神世界的关注，知其所想，方能解其所忧。此外，通过对企业家的全面了解，可以纠正以往人们对企业家的片面认识，促进社会不同群体间的了解。2015 年佛山荣获“国家文明城市”称号，同时也正在创建“国家低碳城市”，企业家文化的发展对于增强企业家对佛山的归属感和城市魅力能起到举足轻重的作用和影响。

其三，增强企业家社会责任感，促进社会和谐。

企业家们由于其群体自身的特殊性，占据了社会很大一部分的经济资源，并通过经济对社会产生重大影响，所以企业家的经营理念，社会责任感尤为重要。优秀的企业家在为自己谋取利益的同时也必定是顾及全社会的利益，或者利用自身优势为社会谋福利，包括保障员工利益，保护生态环境，保证产品质量，参加慈善组织为弱势群体捐款，承担社会责任等。如果一个企业家缺乏社会责任感，变成一个纯粹只追求效益最大化的“经济人”，那么后果将会是很严重的，现在社会层出不穷的“毒奶粉”、劣质产品、矿难、财务造假事件等就是最好的例证。企业家的社会责任感对于促进社会公平正义，缓解社会矛盾，树立企业良好形象起到很好的作用，因此，在关注和发展企业家文化的同时，不断加强作为企业家精神一部分的社会责任感也是社会发展现阶段正需要的。特别是对于佛山来说，民营中小型企业占市场经济主体地位，很多企业家既是企业的经营者又是企业的所有者，企业家精神通过企业文化影响企业，企业家的社会责任感既是企业的社会责任感，同时也影响了一大批员工的社会责任感，因此发展宣传优秀的企业家文化，使社会责任感在企业家中形成一种风气，对促进社会和谐也是非常重要的。形成优秀的企业家文化，才能让企业家、企业和整个社会达到多赢状态，企业家回归社会，社会又为企业和企业家的发展提供良好的发展环境。

总而言之，从理论层面上说，企业家文化在我国是一个新兴的领域，并没有被很好、很深入地研究，甚至有不少人就把企业文化当做是企业家文化。文化学者多是从历史视角上去探究，经济学者也多是局限于从经济效益上去研究，很少考虑其文化软实力、国际竞争力、现实意义和在新时代形势下的变迁。而我们确信企业家文化对一个企业乃至经济社会的重要意义，它不仅是企业可持续发展的保障，而且是社会文化建设的一个重要部分。优秀的企业家文化对社会能产生正面的影响，所以从理论上研究企业家文化的内在涵义对整个国家都是有利的。从现实层面上说，我国历史上已经形成了著名的五大商帮，其中粤商更是对大珠江三角洲的经济社会发展产生了重要影响。佛山地区企业众多，从商经验丰富，现有的地区商会和行业协会也发展得比较成熟，只是在文化建设这方面还有待深入。如果佛山在企业家文化这方面率先取得长足进步的话，那么佛山企业的可持续发展以及佛山的经济文化建设也将会进入一个崭新的局面。

第一章

企业家理论发展与企业家精神

现实生活中，企业家一词使用频率很高，我们常常会轻易把某个企业的老总称为企业家，却很少对企业家这个概念有真正的了解。企业家概念是随时代发展而变化的，也有地域上的差异。企业家“Entrepreneur”一词是从法语中借来的，其原意是指“冒险事业的经营者或组织者”。在现代企业中企业家大体分为二类，一类是企业所有者企业家，作为所有者他们仍从事企业的经营管理工作；另一类是受雇于所有者的职业企业家。对于企业家的定义，不同时期、各个国家的学者们都有自己的独特理解，但到目前为止还没有一个统一的说法。

第一节 西方企业家理论的发展

一、古典经济学时期

古典经济学时期，西方正向资本主义过渡，资本主义制度正在建立和发展。古典经济学从企业家的职能和基本模式角度研究和解释企业家概念。主要代表人物有理查德·坎特龙、萨伊、沃克、卡尔·马克思。

“企业家”这一概念是由法国经济学家理查德·坎特龙（Richard Cantillon）在1755年出版的《商业概览》一书中最早提出的，把按照固定价格购买和按照不确定价格出售的风险承担者称为企业家。另外，他也是最早认识到企业家重要作用的经济学家，他认为企业家对市场发展起着至关重要的作用，主张企业家旨在建立市场均衡。坎特龙把企业家和承担风险联系在一起，认为企业家是在套利活动中承担风险和不确定性，谋取利益的一个阶层。从18世纪后期到19世纪早期，企业家被逐渐认同为资本家。

法国经济学家萨伊（Say Jean Baptiste）承续坎特龙的观点，认为企业家是风险的承担者，并且指出了企业家在经济活动中的关键作用。同时对坎特龙的观点加以发展，他把企业家视为一种独立的生产要素，认为企业家是能把各种资源，如把土地、劳动、资本这三个生产要素结合在一起加以协调，进行经济活动的第四个生产要素，他承担着可能破产的风险，是把资源从低效率低产量的领域转向高效率高产量的领域的人①，但没有对企业家和资本家的功能加以明确区分。

---

① ［法］让·巴蒂斯特·萨伊：《政治经济学概论——财富的生产、分配和消费》，商务印书馆1963年版，第31页。

直到19世纪后半期，美国经济学家沃克才从职能上明确定义了企业家。沃克始终认为，企业家的职能是“组织和实施生产，决定生产什么、多少和哪些种类，用何种材料和样式进行生产以及产品向什么人并用何种价格出售和支付条件。”①

而马克思则在《资本论》② 中明确指出；“资本家作为资本家，他的职能是生产剩余价值即无酬劳动，而且是在最经济的条件下进行这种生产。”

二、新古典经济学时期

新古典经济时期，西方逐渐由自由资本主义过渡到垄断资本主义，在这个时期，企业所有权和管理权逐步分离，经理制风靡世界。这个时期对企业家概念的探讨更为深入，学者们将关注点更多地放在企业家本身，从创新、决策、人力资本角度研究企业家。有代表性的观点主要有：

英国经济学家艾尔弗雷德·马歇尔（Alfred Marshall）认为，企业家“是那些把企业的风险和管理看成自己在组织工业工作中应尽本分的人。他们冒着或承担营业风险，集合所需要的生产要素”③，是生产的组织者和领导者。跟坎特龙一样，马歇尔认为企业家旨在发现和消除不均衡，追求市场供求平衡。“企业家们属于敢于冒险和承担风险的有高度技能的职业阶层”，“总是以自己的创造力、洞察力和统帅力，发现和消除市场的不均衡，创造出更多的交易机会和效用，给企业的生产过程指明方向，使生产要素组织化。”④

美国经济学家熊彼特（Schumpeter）认为，企业家是不断在经济结构内部进行“革命突变”，对旧的生产方式进行“创造性破坏”的创新者，高度强调了企业家的创新性特质，实现生产要素重新组合的人。

美国管理学家彼得·德鲁克也认为，企业家是革新者，是勇于承担风险、有目的地寻找革新源泉、善于捕捉变化，并把变化作为可供开发利用机会的人。

而萨伊认为，企业家其实就是企业经理人，这在很大程度上与欧美国家企业经营权和所有权的分离有关。

熊彼特与之前其他强调企业家冒险精神的学者的观点不同，他更强调

---

① ［美］沃克·弗朗西斯：《政治经济学》，中国人民大学出版社1983年版，第232页。

② 在资本主义社会传统型企业家就是资本家，所以，马克思这句话其实也是他对资本主义传统型企业家的职能的理解。参见［德］卡尔·马克思：《资本论》第三卷，人民出版社1975年版，第427页。

③ ［美］艾尔弗雷德·马歇尔：《经济学原理》（下卷）商务印书馆1964年版，第392页。

④ ［美］艾尔弗雷德·马歇尔：《经济学原理》（下卷），商务印书馆1981年版，第33页。

企业家的创新精神和能力，认为企业家是创新者，企业家的功能是创新，包括新产品的创新、生产方法的创新、组织形式的创新，新市场和新的供应来源的开辟。“我们把新组合的实现称为‘企业’，某个人的职能是为了实现这种新组合，我们就称他为‘企业家’。”“而一旦他建立起自己的企业，也就是当他安定下来，如同其他的人经营各自的企业那样，经营这个企业时，他就失去了这个特征。”① 并且他认为企业家不是一种职业也不是一个社会阶级，“由于成为一个企业家并不是一种职业，通常也不是一种持久的状况，所以企业家不能形成一种从专门意义上讲的社会阶级，比如说，像地主或资本家或工人这样的阶级。当然，对成功的企业家及其家人来说，企业家的职能将会带领他们走向某个阶级地位。这种职能也能够在某个社会历史时代打上它们的烙印，可以形成一种生活形态，或者形成道德的和美术的价值体系。”② 这种创新的职能也意味着，熊彼特跟坎特龙和马歇尔的关于市场均衡的观点存在差异，虽然都是强调企业家对市场的作用，但熊彼特主张的企业家旨在打破均衡，从而实现更高层次的均衡，是一个破而立的持久的过程。

美国经济学家弗兰克·奈特（Frank Hyneman Knight）在其著作《风险、不确定性与利润》中以是否能量度来区分风险和不确定性，认为企业家承担了不确定性。但相比坎特龙“套利者”的观点，奈特认为，企业家作为一个阶级，不仅仅是不确定性的承担者，也是不确定性的判断者和决策者，这种决策不同于雇佣经理人的日常决策和判断，而是“至关重要的决策”。他认为企业家作为一个“阶级”③，作出决策并承担决策的后果，拥有处理不确定性的能力。

奥地利学派伊斯雷尔·柯兹纳（Israel Kirzner）认为，企业家是能够敏锐地感知利润机会，并通过创新等手段获取利润的一类人。基于新奥地利学派“市场均衡不可能实现”的观点，柯兹纳认为企业家不断追求均衡，但这种均衡不会实现。

三、新自由主义经济学时期

新自由主义经济学说产生于 20 世纪二三十年代，自 70 年代末以来，一直占据西方经济学的主导地位。这个时期对企业家理论的研究主要从企业家的作用着手。

---

① ［美］约瑟夫·阿洛伊斯·熊彼特：《经济发展理论》，九州出版社 2007 年版，第 167 页。
② ［美］约瑟夫·阿洛伊斯·熊彼特：《经济发展理论》，九州出版社 2007 年版，第 175 页。
③ ［美］弗兰克·H·奈特：《风险、不确定性与利润》，商务印书馆 2006 年版，第 268 页。

1937 年，新制度经济学的鼻祖罗纳德·哈里·科斯（Ronald H. Coase）发表的经典论文《企业的性质》，开创了契约理论，不仅奠定了现代企业理论的基础，也成为企业家理论探讨上重要里程碑。他认为企业的存在正是为了节约市场交易费用，并且在该论文的注释中把企业家定义为“在一个竞争体制中替代价格机制指挥资源的人或人们”。认为企业家是通过契约，利用价格机制来组织生产要素的。

2009 年诺贝尔经济学奖得主之一，奥利弗·威廉姆森（Oliver Williamson）认为现代公司是许多具有节约交易费用目的和效应的组织创新的结果，企业家就是组织创新的组织者。著明经济学家道格拉斯·诺斯（Douglass North）也认为，企业家是制度创新的主体。德姆赛茨（Demsetz）认为，企业家是通过企业内部契约产生，是企业生产运行的最佳指挥者。

英国经济学家马克·卡森（Mark Casson）顺应信息经济时代的发展，主张企业家是能敏锐地获取信息，并以此为基础做出判断性决策的人，并且认为，研究企业家必须强调企业家的文化特点和个性。

当学者们还在把企业家精神的研究着眼于企业家的个性特质的时候，1988 年，瑞士经济学家曼弗雷德·加特纳（Manfred Gartner）在《“谁是企业家”是一个错误的问题》一文中提出另一个视角，即“企业家是做什么的”，主张从行为、组织的视角研究企业家精神，把学术界的研究重点转向企业家创建新组织。

第二节　国内企业家概念的引入

国内对企业家这一概念的引入较晚，对于企业家的提法应该也是在市场经济建立后才提出的。国内学者对企业家理论的研究都是建立在学习西方企业家理论的基础上，对各种说法分析和总结，结合本国的实际形成理论。而在日常生活中我们常将经营者如厂长、经理当成企业家。

陈才庚认为，“企业家是一个发展着的概念。企业家这个社会角色，是随着生产力的不断发展而不断变化的。从世界经济发展史看，在前资本主义社会，企业家是集所有者、经营者和生产劳动者于一身的社会角色；随着生产力的发展和社会的进步，个别资本规模不断扩大，企业家不再参加具体的生产劳动，而是以集所有者和经营者于一身的‘资本家’的身份出现；随着生产力的进一步发展，个别资本转化为社会资本，特别是‘经理革命’的爆发，公司制企业的大量涌现，企业家这一社会角色，更多地由专门从事经营管理活动的职业经理阶层来承担。

一般把前两种业主型的企业家称为传统型企业家，而把后一种非业主型的企业家称为现代型企业家。必须特别指出，资本家与企业家是有明显区别的，拥有资本但缺乏企业家才能的人，只能叫资本家；既有资本又有企业家才能或虽然没有资本但拥有企业家才能的人才能叫企业家。”①

有的学者从其身份角度对企业家进行界定，徐传谌认为，企业家是在企业中担任高级职务，出于经营决策管理层，掌握企业经营权的“经理阶层”，企业的厂长（经理），董事会成员、副厂长（副经理）等都是企业家。

张维迎认为，资本是成为企业家的必要条件，而激励和监督是企业家能力的一个重要方面。拥有个人资产和经营能力是成为企业家的必需条件。我国著名经济学家厉以宁教授提出：“企业家是素质而不是职务。”②

李新春教授在中山大学召开的企业家理论与企业家成长国际研讨会上提出，“研究企业家不能简单地把企业家具体化、职业化，判断是否是企业家，应该着眼于他在企业中发挥的作用……企业家精神的发挥应理解为一个企业家创新和创业过程。”③

2003 年 7 月 25 日，中国企业家论坛首届弥勒论坛上北京新华信管理咨询有限公司董事长赵民认提出：企业家“必须在位，必须有对企业资源的控制”。他认为，“政治家如果退休了，他对决策仍有影响力，他仍有决策权。而一个企业家如果离开了自己所创办的企业就不能决策和投资了，就不再是企业家了”。

这些观点尽管各有特色，但都有一定的局限性，它们基本上是把企业家概念的定义局限在商业、管理、能力、个人特征等方面，因此都不够全面。根据中国目前中小企业的经营情况，我们暂且定义企业经营者和企业所有者是同一主体。我国管理学家和心理学家共同提出企业家五类素质论，包括：

第一，心理素质，指企业家个人的心理条件，由企业家的自我意识、气质、性格、情感、价值观等心理要素构成；第二，品德素质，指企业家从行为、作风中表现出来的思想、认识、品性等方面的特征，其中企业家的道德品质占据主要地位；第三，知识素质，主要包括三大类知识，即管

---

① 陈才庚：《马克思〈资本论〉中蕴含的企业家理论》，《江西社会科学》2003 年第 11 期。

② 厉以宁：《企业家是一种素质而不是一种职务》，《中国商人》1999 年第 11 期。

③ 李新春、王珺、丘海雄、张书军：《企业家精神、企业家能力与企业成长——“企业家理论与企业成长国际研讨会”综述》，《经济研究》2002 年第 1 期。

理哲学、社会科学以及技术科学方面的知识；第四，经验素质，指企业家在经营管理活动方面实践锻炼和经验的积累；第五，能力素质，它表现为企业家能把知识和经验有机地结合起来并运用于经营管理的过程。

第三节　企业家精神的内容

一、企业家精神的定义

19 世纪，西方开始将企业家具有的某些特征归纳为企业家精神，在英文术语使用上，企业家（Entrepreneur）和企业家精神（Entrepreneurship）常常互换。企业家精神是企业家特殊技能（包括精神和技巧）的集合。或者说，企业家精神指企业家组织建立和经营管理企业的综合才能的表述方式，它是一种重要而特殊的无形生产要素。进入 20 世纪后，有学者将对企业家的研究扩展到了精神层面，涉及行为学、心理学、历史学、文化学、人类学和社会学分析等领域，试图对企业家的人格进行分析，寻找其不同于其他群体的心理和行为。

随着社会的发展，企业家理论也在不断地发展，对于企业家的定义，国内外的学者也都是见仁见智提出很多观点。那么企业家精神又应该怎么定义？彼得·德鲁克承继并发扬了熊彼特的观点。他提出企业家精神中最主要的是创新，进而把企业家的领导能力与管理等同起来，认为“企业管理的核心内容，是企业家在经济上的冒险行为，企业就是企业家工作的组织”。从字面上分析：企业家精神首先作为一种精神，应该是一种思维模式、一种意识形态或是一种品质、一种素质。如果我们把企业家作为一个个体来研究，那么企业家精神可以理解为企业家个体所在创业、管理、变革的过程中形成或者体现出来的意志，拥有的区别于常人的价值体系、精神气质等。

浙江大学邢以群教授认为，企业家精神是指在经营管理企业的特殊环境中形成的，体现其职业特点的独特思想意识、思维方式和心理状态。①并认为企业家能力是企业家精神的重要组成部分。如果我们把企业家看成一个特殊的群体，则认为他们拥有一套独特价值观念和思维体系，那么企业家精神应该就是企业家这个群体这种“精神”的抽象的表达概念，具体指的是企业家群体区别于其他群体而具有的思维、意识、意志、品质、气

① 邢以群：《企业家及其企业家精神》，《浙江大学学报》（社会科学版）1994 年第 2 期。

质、价值观，等等。

田贵庚、汪小亚在《企业家的雄材大略——市场竞争与企业领袖》一书中认为“企业家精神是从千千万万个企业家个体所具有的精神中抽象出来的，具有系统而普遍意义的精神”，是“将企业家与一般民众区别开来的一种精神”[①]。

总之，企业家是在创立、经营管理企业的过程中体现出来有别于常人的精神、品质、能力的人。企业家精神的主体可以是多个层次的，从个体，到某个地区的企业家群体，到整个企业家群体，都可以是企业家精神的研究对象。而之前国内外学者提出的创新、冒险精神、社会责任等特质，是企业家区别于其他个体或群体的价值概念的具体表现，是企业家精神的内容和特征。

二、企业家精神的内容

（一）企业家精神的主要构成要素

企业家精神有很丰富的内涵，在不同地区呈现出有特色的内涵。国内有的学者是基于国内传统文化背景，国内企业和国内经济发展现状，再加入道德层面的理解，从经济道德的角度看企业家精神，例如敬业奉献、诚信经营，等等。并且随着时代发展，其内容还不断在丰富，具体包括：冒险精神、创新精神、敬业精神、合作精神、卓越精神、契约精神、诚信精神等精神要素，还有经营能力、敏锐的眼光、果断的决策力等能力素质。

而很多学者对构成企业家精神的要素，也有不同的看法和理解。如丁栋虹和赵荔发表的《企业家精神的三大要素：创新、机会识别和冒险——来自企业家排行榜的证据》则认为创新精神，机会识别能力和冒险精神是企业家精神的三大要素。[②]

姚祖军、蔡根女认为，“企业家精神包括四个方面的内容：第一是熊彼特意义上的创新精神；第二是韦伯所说的敬业精神；第三是诺斯提出的合作精神；第四是中国传统文化中的‘济世’精神”[③]。

田贵庚、汪小亚指出，“构成企业家精神的核心是这样三大精神，即

---

① 田贵庚、汪小亚：《企业家的雄材大略——市场竞争与企业领袖》，广东旅游出版社 1997 年版，第 46 页。

② 丁栋虹、赵荔：《企业家精神的三大要素：创新、机会识别和冒险——来自企业家排行榜的证据》，《上海管理科学》2009 年第 3 期。

③ 姚祖军、蔡根女：《论企业家精神的内涵与中国企业家精神的缺失》，《经济师》2004 年第 8 期。

创新精神、冒险精神和竞争精神。它们不因不同的时代对企业家精神的要求不同而有所改变。也就是说，在不同的时代，这三种精神总是企业家所必须具备的，它们是始终不变的。"①

而汪丁丁则认为，"企业家精神，不论是中国式的还是西方式的，都要包含三样东西，包括'创新精神''敬业精神'和'合作精神'"②。

（二）企业家精神的基本内容

创新是企业家精神的灵魂。熊彼特提出企业家是从事"创造性破坏（Creative Destruction）"的创新者。创新是民族进步，国家兴旺发达的不竭动力。创新也是企业生存的根本，企业发展的动力，企业成功的保障。尤其现在市场竞争激烈、技术产品更新快，对一个企业的生存和发展来说，创新更为关键。因此作为企业的带头人，企业家精神必不可缺的就是创新精神。一个墨守成规的人是不可能带领企业成长，在激烈的竞争中胜出的。

冒险是企业家精神的天性。理查德·坎蒂隆、萨伊、马歇尔和奈特等学者都将企业家精神与风险或不确定性联系在一起。企业的发展环境总是充满了不确定性，企业家从这种不确定性中获利，因此承担这种风险和不确定性就成为企业家必备的素质。没有甘冒风险和承担风险的魄力，就不可能成为企业家。

执着是企业家精神的本色。企业的创立和经营不是一帆风顺的，如果企业家没有执着的精神，是不可能带领企业走过难关的。2003 年 7 月 25 日，万科集团董事长王石在中国企业家论坛首届弥勒论坛上发言表示："许多企业家都有竞争意识、创新精神和社会责任感，但这些是一个企业公民应该履行的责任。如果谈企业家精神，应该说企业家有什么不同点。我认为，企业家与其他人的不同点是偏执，执着还不能说明问题。偏执里面包括执着，别人认为不可以，企业家却认为可以，不但要把组织能力变成可能，而且还要盈利。"

敏锐是企业家精神的本质。无论在企业发展的哪个阶段，只有当企业家能敏锐地发现机会时，才谈得上促进企业的发展。不管是创新，还是冒险，都是建立在企业家有足够敏锐的眼光发现市场机会的前提上。一个企业要发展，要做大做强，就不能放过发展中的任何一个机遇，因此，企业家发现机遇的能力对企业的发展是至关重要的。

学习是企业家精神的关键。尤其在知识经济时代，只有不断学习充

---

① 田贵庚、汪小亚：《企业家的雄材大略——市场竞争与企业领袖》，广东旅游出版社 1997 年版，第 53 页。

② 汪丁丁：《永远徘徊》，社会科学文献出版社 2002 年版，第 28 页。

电，才能不被淘汰。而企业家只有不断学习，学习新的经营管理理念，学习新的科技，学习新的思想，才有可能创新，才能使企业与时俱进，符合时代和社会的需要，在激烈的竞争中跻身前列。

合作是企业家精神的精华。正如美国经济学家艾伯特·赫希曼所言：企业家在重大决策中实行集体行为而非个人行为。或许提到企业家所有人都只想到“英雄主义”，认为企业家应该是在高处的巨人，但其实企业家应该是具有合作精神的，并用这种精神把各方面力量集中起来，带动企业的员工向着企业目标努力，促进企业和谐发展。

敬业是企业家精神的动力。马克斯·韦伯在《新教伦理与资本主义精神》中讨论了宗教思想和资本主义精神影响下的职业观，企业家不仅具有资本主义性质的冒险精神，而且受宗教思想的影响，将谋职视为上帝赋予的天职，将其作为自己的信仰来追求。他认为：“在生活中，一个人为了他的事业才生存，而不是为了他的生存才经营事业。”①

诚信是企业家精神的基石。诚信是我国传统美德之一，自古以来就是经商的原则之一。在今天的法制社会，重诺、诚信对企业的发展更为重要。诚信是企业家的立身之本。诺贝尔经济学奖得主密尔顿·弗里曼更是明确指出：“企业家只有一个责任，就是在符合游戏规则下，运用生产资源从事利润的活动，亦即须从事公开和自由的竞争，不能有欺瞒和诈欺。”

社会责任感是企业家精神的升华，企业家是极富自我价值实现精神的一个群体。他们追求自我价值的实现，体现在对企业发展的贡献上，也体现在他们所承担的社会责任上。企业家作为社会的一个重要部分，作为一个特殊的阶层，对社会承担着特殊的责任。在民族危难的时候，中国的实业家们以实业救国为己任；而如今，企业家们创办企业，为企业谋发展的同时，也为中国社会经济发展做出巨大的贡献。

第四节　影响企业家精神的因素

企业家精神，作为企业家的人格特质，不仅受遗传基因影响，也与个人的经历和所受教育有关，还跟其所处社会文化、历史环境有关。在同一时期的不同地域，或者在同一地域的不同时期，企业家精神的内涵和定义

① ［德］马克斯·韦伯：《新教伦理与资本主义精神》，陕西师范大学出版社2006年版，第27页。

都有明显不同。因此，企业家精神是有地域性差异的，也是随着时间推移、社会的发展而不断丰富的。

一、先天遗传因素

遗传因素是影响企业家精神形成的先天因素。遗传决定了人格形成和发展的基础，如个人气质的形成跟遗传因素有很大的关系。而个人气质对企业家精神也有一定的影响，例如胆汁质气质类型的人勇敢果断、刚毅顽强、争强好斗，粘液质气质类型的人稳重、协调性强，这两种不同的人各自形成的企业家精神肯定有所差异。因此，先天遗传因素是形成个体的企业家精神的一个要素。

二、人生观和价值观

人生观和价值观是影响企业家精神形成的因素。一个人的人生观和价值观都是在后天的学习和生活经历中慢慢树立起来的。企业家不同的经历及社会教育，会影响其人生观和价值观，从而影响其企业家精神的形成。不同的经历和教育背景会影响企业家看问题的角度和深度，影响其思维和眼光。例如稻盛和夫的人生价值观，就深刻地影响着他的企业经营哲学：他主张正确的做人准则，“不要撒谎，不要给他人添麻烦，要正直……”在他早年经营一个只有28名员工的小工厂时，稻盛和夫就是靠母亲小时候教导他的做人准则在教导员工，他认为，有了规范和价值观做指引，经营就不会迷失方向。这一点恰恰说出了企业建设上下同欲的价值观的重要性。他还强调要建立“以心为本”的经营。“以心为本”具体体现在对待员工的仁爱之心，对待合作伙伴的利他之心，对待社会的回报之心。稻盛和夫说：“我的经营就是围绕着怎样在企业内建立一种牢固的、相互信任的人与人之间的关系这么一个中心点进行的。”京瓷创立不久时，一批大学生集体向企业要求应该持续涨工资的事件，给了稻盛和夫很大的冲击，从那以后，他将企业经营的目标从创建一个行业内、全国、全球闻名的公司转变成为了员工的生存和福利而战斗，这种转变成就了他的企业和经营的辉煌。

三、社会文化和地理环境

“时代造英雄”“一方水土养育一方人”，企业家所处的社会文化和地理环境，分别从不同角度启示了我们，环境背景对企业家精神形成的重要性。

在不同的时代，由于社会发展需要的不同，对企业家的要求自然也不同，因此企业家精神的内涵总是随着时代的发展不断丰富的。例如，半殖民地半封建社会时期的中国企业家精神中的爱国主义思想和改革开放后中国企业家精神的创新思维等。在不同的地域，由于地理条件、文化、制度等环境因素的差异，企业家精神会体现出不同的内容或者不同的侧重点。

四、企业所处的不同发展阶段

企业家精神随着企业发展而呈现出不同的特点。在企业的不同发展阶段，企业家精神都有不同的核心要素。如果把企业发展阶段分为创业阶段、成长阶段、成熟阶段和二次创业阶段，则在创业阶段，企业通常处于条件艰苦的时期，企业家通常以艰苦创业的精神为主，这个时期内，企业家精神对企业影响最大。在成长阶段，企业家致力扩大企业规模，把企业做大做强，需要企业家发现并能抓住发展机会。这个时期的企业家精神主要体现为积极进取和具有敏锐的市场洞察力。

当企业发展到了成熟阶段，会出现僵化，企业家在这个时候需要克服官僚主义，体现开放、学习、合作等精神，致力于建立本企业的文化体系。而在二次创业阶段，企业家精神的主要要素是创新精神，为企业谋求新的发展，同时处于这个阶段还强调社会责任意识。可见每个阶段要求的企业家精神不同，企业家只有在各个阶段都体现出该阶段要求的企业家精神的核心要素，才能使企业健康快速发展。

第五节　企业家精神的重要作用

特别是在进入21世纪后，在通信、科技、金融高度发达的今天，企业家的动向受到越来越广泛的关注。企业家作为企业和企业文化的核心人物，可以说是企业之魂。他们立足企业，关注社会，组织配置各种资源，推动生产力发展，不仅对企业的发展有着举足轻重的影响，对地方乃至全国经济的高速发展也起到了至关重要的作用。

一、企业家精神促进企业发展的作用

企业家个人的理念和价值取向影响着企业作为组织的理念和价值取

向，可以说，企业家精神决定了一个企业的发展方向。企业家精神通过传递机制，发扬光大，影响着企业文化的形成和发展，最终缔造企业的核心竞争力。在企业中，企业家是担负着不确定性和风险，决定着企业的经营、创新等活动的人，只有当企业家对机会有敏锐的洞察力，果断把握机会，不断发现、寻找机会并抓住机遇，企业才会发展。

企业家本身作为一种人力资源，只有很好地发挥了企业家精神，才能真正形成企业的竞争力，成为财富的源泉。经营企业是一项复杂的工程，只有具备很好的整合资源的能力，具备凝聚力量的影响力，再发挥学习和创新能力，才能很好地管理一个企业，才能为企业谋发展，使企业在激烈的竞争中立于不败之地。所以说，企业家精神不仅决定了企业往哪里去，也决定了企业能走到哪里。企业家精神的强弱决定了企业的经营发展的成败。

企业家精神是企业家文化建设的核心，企业家精神贯穿于企业经营管理理念之中。广东省社科联原主席田丰认为，中国企业不缺资本、技术，最缺的是企业家精神。这种精神随着西方工业经济、信息经济到知识经济多次转型，已经发展成为一种富有价值的精神形态，并被越来越多的现代企业家认可。他认为，佛山企业家至少要具备以下五种精神才能跟上社会的“幸福潮流”。第一是科学精神，也就是伴随经济发展方式的转型，企业的管理方式转向层级化的科学管理，管理人才转向专业管理人员，管理技术转向现代化，管理文化转向人本化；其次是道德精神，即企业家讲诚信，对百姓的消费安全负责；第三是创新精神，在从要素驱动到创新驱动的战略转型期，广东企业家树立创新文化，建立崇尚创新、勇于创新、善于创新的价值取向。同时，学会辩证思维，把理论和应用、低端和高端、务虚和务实结合，提高综合创新的能力；第四是慈善精神，学会驾驭财富和不断创造赚钱方式。田丰强调，在企业营商环境恶化、存在市场不公的大环境下，企业家不仅要做市场的竞争者，还要树立公平精神，成为市场公平的推动者，不偷税漏税、坑蒙拐骗，在履行社会责任的前提下获得财富，最终才会获得尊重，在公平和快乐中赚钱。

二、企业家精神促进社会经济发展的作用

企业活力是社会经济发展的不竭动力，地区企业的发展会带动这个地区经济的发展。而作为企业主体的企业家，其企业家精神更是社会经济发展中的一个活跃因素。当一个地区有着具备优秀企业家精神的企业家群体，在发展企业的同时，也为本地区经济发展做出贡献，必然会推动这个地区社会经济的繁荣发展。

熊彼特在其著作《熊彼特经济学》中就充分肯定了企业家和企业家创新精神对社会经济发展的重要作用："只有企业家才是经济发展的主要推动者，资本主义的发展是由于企业家的创新活动。"①著名经济学家吴敬琏称："浙江是一个具有炽烈企业家精神的地方。"浙商的创业欲望和创业能力，就是一种资源和竞争力。他们每到一地，带去的是实干的企业家精神，留下的是为当地创造的就业和税收，更重要的是他们的观念和思路，是一颗启蒙的种子，这是浙商对全国人民的贡献。

三、企业家精神的衡量

P. N. 康德瓦拉（Pradip N. Khandwalla）提出"Entrepreneurial Orientation"一词，在国内通常译为"创业导向"或"企业家导向"。国内外学者们继而提出了各种相关的维度，我们也以此来做为企业家精神的测量维度。由于学者们对企业家精神的理解不同，对企业家精神的测量维度和度量指标的选择也有所差异。

（一）测量维度

1992 年，罗伯特·霍纳迪（Robert Hornaday）提出企业家精神的模糊集法，用经济创新、组织创建、在市场细分中追求利润三个维度综合评价企业家精神的水平。如图 1－1②，越接近金字塔顶端，企业家精神水平越高。

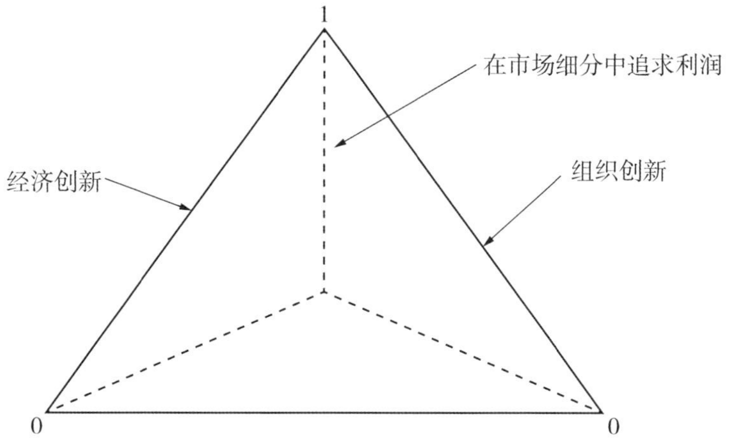

图 1－1　企业家精神的模糊集法

① ［美］熊彼特：《熊彼特经济学》，北京大学出版社 1996 年版，第 136 页。

② 图片来源：Hornaday，Rorbert W.，"Thinking About Entrepreneurship：A Fuzzy Set Approach"，Journal of Small Business Management，October 1992，Vol. 30，Issue4，P20.

1983 年丹尼·米勒（Danny Miller）提出了创新性、风险承担和超前行动三个维度，受到广泛的认可。[①] 2002 年，莫里斯（Michael H. Morris）和唐纳德·库拉特克（Donald F. Kuratko）用创新、冒险、超前行动三个维度动态地分析评价企业家精神。结合三者的综合程度即企业家精神程度和三者的发生频率即企业家精神频率分析，来得出企业家精神强度，以此评价企业家精神的动态延续。[②]

1996 年 Lumpkin 和 Dess 在三维度基础上加入“自主性”与“积极竞争”两个维度，将创业导向内涵扩展为五维度。[③]

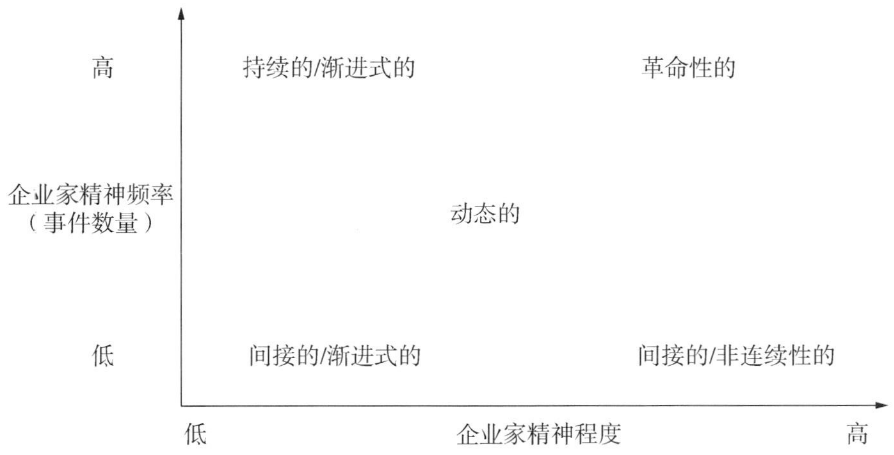

图 1－2 创新、冒险、超前行动三个维度

（二）度量指标

另外，对区域的企业家精神的度量，民营企业的数量和比率，民营企业投资者占全部就业人员的比重，一定年龄段人口中非农产业人员的数量等也可以作为企业家精神的度量指标。

① 参见 Miller D. The Correlates of Entrepreneurship in Three Types of Firms [J]. Management Science，1983，29，P770—779.

② 资料来源：Morris Michael H. and Kuratko Donald F.，Corporate Entrepreneurship：Entrepreneurial Development within Organizations，Harcourt College Publishers，2002.

③ 参见 Lumpkin GT，Dess GG. Clarifying the Entrepreneurial Orientation Construct and Linking it to Performance. Academy of Management Review，1996，21，P135—172.

表 1－1　维度和指标

维度	指标
创新性	企业发明专利的数量，企业从事研究开发活动的人数比重，企业对创新的激励制度，企业对科技活动投入经费，等等
积极竞争	行业企业数量，行业企业进入比率，企业规模变化，市场占有率，等等
风险承担	企业的资产负债率，风险收入，对风险项目的态度，等等
超前行动	对市场环境的反应速度，率先推出新产品或服务，率先引入新技术或管理方式，抢先进入新市场，等等

第二章

企业文化辨析与我国企业家文化概述

近年来，人们逐渐认识到企业文化对于企业发展甚至经济发展的重要性，关于企业文化作用的报道宣传和学术研究层出不穷，企业文化也渐渐成为很多企业重点建设的项目，在建设本企业文化上投放大量资源。文化是人类在社会历史发展过程中所创造的物质财富和精神财富的总和。特指社会意识形态，具有广义与狭义之分。广义的文化是指人类在社会历史发展的过程中所创造的所有物质财富和精神财富。狭义的文化是指人们运用文字的能力及一般知识，如学习文化和文化水平。企业文化和企业家文化，作为文化的一种，也具有广义文化的特征与作用。那么企业文化和企业家文化又有什么联系和区别呢？要了解二者的关系，首先得了解何为企业文化，何为企业家文化。

第一节　企业文化

企业文化理论兴起于20世纪七八十年代，70年代末、80年代初，美国学术界逐渐意识到日本经济的崛起，学者纷纷开始对日本企业的管理进行研究。其中包括有《Z理论——美国企业界怎样迎接日本的挑战》《日本的管理艺术》《追求卓越》《企业文化——企业生活中的礼仪与仪式》这影响深远的“四重奏”宣告了企业文化研究的兴起。

《Z理论——美国企业怎样迎接日本的挑战》将美国模式为典型的A型组织和以日本企业为代表的J型组织进行比较，指出J型组织终身雇佣制、缓慢的评估和升职过程、非专门化的职业发展模式、含蓄的控制机制、集体决策、集体负责制、关注整体等特点，而A型组织则与之相反。进而提出理想化的组合Z型组织，和包含微妙性、信任、密切的关系在内的Z型文化。

斯坦福大学教授理查德·帕斯卡尔和哈佛大学教授安东尼·阿索斯在他们的著作《战略家的头脑——日本企业的管理艺术》中提出了“7S”框架：战略（Strategy）、结构（Structure）、体制（Systems）、人员（Staff）、作风（Style）、技巧（Skills）和崇高的目标（Superordinate goals）。其中，战略、结构、体制属于硬性变量，而其余四个属于软性变量。他们认为，日本企业和美国一些成功的公司都是因为重视软性的“S”而取得成功。

《追求卓越》一书也提到了麦肯锡“7S”框架，稍有不同的是，将最后一个"S"理解为共同的价值观（Shared Value）①，只将人员、作风和共同的价值观归为软性变量。他们认为，只有软硬件相结合，才能最好地提高企业效益，并且提出卓越的企业八个特质：采取行动、接近顾客、自主和创新精神、以人为本、亲身实践和价值驱动、坚持本业、组织单纯和人事精简、宽严并济。②"我们认为，卓越的企业能够达到这样的境界，主要是因为具备独特的文化，所以能够从竞争中脱颖而出。"③

《企业文化——企业生活中的礼仪与仪式》的作者艾伦·肯尼迪（Allan A. Kennedy）和特伦斯·迪尔（Terrence E. Deal）认为："人是公司最重要的资源，对人的管理并不是直接利用电脑报告就能做到的，而是要运用文化的微妙影响。"④ 并认为企业文化有强弱之分，强文化会带来企业的成功。约翰·科特（John P. Kotter）和詹姆斯·赫斯科特（James L. Heskett）认为企业文化是指一个企业中各个部门，至少是企业高层管理者们所共同拥有的那些企业价值观念和经营实践理念。在长期研究后，他们提出文化对企业成功起着重要作用。随后出版的《企业文化与经营业绩》一书，探究企业文化与企业绩效直接的关系，开辟了企业文化研究的全新领域。

一、企业文化的概念

人们对企业文化的理解见仁见智，有人认为，企业文化就是在企业内举办的各种文体活动，如打球、唱歌、跳舞等；有人认为，企业文化就是企业形象设计，也就是CIS（Corporate Identity System）战略；也有人认为，企业文化就是企业自己办厂刊、厂报，为职工提供一个文化园地；还有人认为，企业文化就是搞思想政治教育……从这些观点来看，这些说法都不够全面。上述种种只是企业文化的表现形式，或者说是企业文化的载体，并不能等同于企业文化。应该明确的是：企业文化不是企业加文化，也不是企业与文化嫁接，更不是企业家与文化人的联谊会。国内外学者关于企业文化的概念，提出了各自不同的理解和表述。

（一）国外观点

艾伦·肯尼迪和特伦斯·迪尔认为："企业文化是价值观、英雄人物、习俗仪式、文化网络、企业环境。"企业文化，即为全体员工共同遵守，

---

① ［美］汤姆·彼得斯、罗伯特·沃特曼：《追求卓越》，中信出版社2007年版，第7—8页。

② ［美］汤姆·彼得斯、罗伯特·沃特曼：《追求卓越》，中信出版社2007年版，第10—12页。

③ ［美］汤姆·彼得斯、罗伯特·沃特曼：《追求卓越》，中信出版社2007年版，第19页。

④ ［美］特伦斯·迪尔、艾伦·肯尼迪：《企业文化——企业生活中的礼仪与仪式》，中国人民大学出版社2008年版，第14页。

但往往是自然约定俗成的而非书面的行为规范；并有各种各样用来宣传、强化这些价值观念的仪式和习俗，这些价值观念最终演化成为企业及其员工共同的精神气质。企业文化——这一非技术、非经济的因素，直接影响着企业决策的产生，大至企业中的人事任免，小至员工们的行为举止、衣着爱好和生活习惯。①

彼得·德鲁克认为，“管理虽然是一门学科——一种系统化的并到处适用的知识——但同时也是一种‘文化’。它不是一种超乎价值的科学。管理是一种社会职能并植根于一种文化（一个社会）、一种价值传统、习惯和信念之中，植根于政府制度和政治制度之中。管理受到——而且应该受到——文化的影响；但是另一方面，管理和管理人员又影响文化和社会的形成。”“管理是一门学科。但管理又受一定社会的文化的影响，并从属于其价值观、传统和习惯。”②

斯蒂芬·P. 罗宾斯在《组织行为学》中对组织文化这样定义：“组织文化是指组织成员的共同价值观体系，它使组织独具特色，区别于其他组织。”威廉·大内认为：“企业文化是进取、守势、灵活性——即确定活动、意见和行为模式的价值观。”③

威廉·大内在《Z 理论》中对企业文化是这样描述的：“公司的文化是由传统和气氛构成的。文化不只如此，它代表的是公司的价值观，如进取心、防范心或是灵活性——即规定行动、舆论和行为模式的价值观。经理通过以身作则，向雇员灌输这种模式，并向下传递给以后一拨又一拨的工人。”④

约翰·科特和詹姆斯·赫斯科特所著的《企业文化与经营业绩》中写道，“企业文化通常代表一系列相互依存的价值观念和行为方式的总和。是指企业中一个分部的各个职能部门或地处不同地理环境的部门所拥有的那种共同的文化现象，这些价值观念、行为方式往往为一个企业的全体员工共有，是通过较长的时间积淀、存留下来的。”⑤

（二）国内观点

张仁德、霍洪喜主编的《企业文化概论》一书中，认为企业文化的内

---

① ［美］特伦斯·迪尔、艾伦·肯尼迪：《企业文化——企业生活中的礼仪与仪式》，中国人民大学出版社 2008 年版，第 18 页。

② ［美］彼得·德鲁克：《管理：任务、责任、实务》，机械工业出版社 2009 年版，第 15 页。

③ ［美］斯蒂芬·P. 罗宾斯：《组织行为学》，中国人民大学出版社 1997 年版，第 522 页。

④ ［美］威廉 · 大内：《Z 理论——美国企业界怎样迎接日本的挑战》，中国社会科学出版社 1984 年版，第 169 页。

⑤ ［美］约翰·科特、詹姆斯·赫斯科特：《企业文化与经营绩效》，中国人民大学出版社 2004 年版，第 137 页。

涵可以表述为："企业文化是由企业领导层倡导的，上下共同遵守的文化传统和不断创新的一套行为方式，它体现为企业价值观、经营理念和行为规范，渗透于企业的各个领域和全部时空。"①

中国社会科学院工业研究所研究员韩岫岚认为："企业文化主要有广义和狭义两种理解。广义的企业文化是指企业所创造的具有自身特点的物质文化和精神文化；狭义的企业文化是企业所形成的具有自身个性的经营宗旨、价值观念和道德行为准则的综合。"②

张觉敏认为："企业文化是指企业组织的基本信息，基本价值观和对企业内外环境的基本看法，是由企业的全体成员共同遵守和信仰的行为规范，并经过精心培养而形成的企业成员群体的精神风貌和价值体系；是指导人们从事工作的哲学观念；是指企业职工对企业存在的意义、经营目的、经营宗旨的价值评价和为之追求的整体化、差异化的群体意识；是企业全体职工共同的价值准则。"③

企业文化是指企业在社会主义市场经济的实践中，逐步形成的为全体员工所认同、遵守，带有本企业特色的价值观念。经营准则、经营作风、企业精神、道德规范、发展目标的总和。企业文化集中体现了一个企业经营管理的核心主张以及由此产生的组织行为。

综上所述，企业文化，或称组织文化（Corporate Culture 或 Organizational Culture），是一个组织由其价值观、信念、仪式、符号、处事方式等组成的其特有的文化形象。企业文化有广义和狭义两种理解。广义的企业文化是指企业所创造的具有自身特点的物质文化和精神文化；狭义的企业文化是企业所形成的具有自身个性的经营宗旨、价值观念和道德行为准则的综合。企业文化是社会文化体系中的一个有机的重要组成部分，它是民族文化和现代意识在企业内部的综合反映和表现，是民族文化和现代意识影响下形成的具有企业特点和群体意识以及这种意识产生的行为规范。④

二、企业文化的分类

《组织行为学》中引用了杰弗里·桑南菲尔德的观点，把组织文化分为四种类型：⑤ 第一，学院型。这类公司喜欢雇佣年轻的大学毕业生，为他

---

① 张仁德、霍洪喜：《企业文化概论》，南开大学出版社 2001 年版，第 38 页。
② 韩岫岚：《注意避免企业文化建设的误区》，《中国工业经济》1996 年第 7 期。
③ 张觉敏：《浅谈企业文化》，《江苏丝绸》2012 年第 3 期。
④ 引自百度百科 http://baike.baidu.com/view/4152.html，访问时间：2016 年 8 月 1 日。
⑤ ［美］斯蒂芬·P. 罗宾斯：《组织行为学》，中国人民大学出版社 1997 年版，第 523—534 页。

们提供大量专门的培训，指导他们在特定职能领域从事专门化工作，员工在这里可以不断成长、进步。第二，俱乐部型。这类公司非常注重忠诚、承诺。资历在这类公司很重要，人员通常会被培养成通才。第三，棒球队型。这类公司重视创造发明，是冒险家和革新家的天堂。不论年龄和经验，只要有才能就能得到重用。在这类公司，员工充满干劲。第四，堡垒型。这类公司着眼于公司的生存，通常是在苦难时期衰落的公司，适合喜欢流动性挑战的员工。

《企业文化——企业生活中的礼仪与仪式》中将企业文化分成四种类型：第一，硬汉型文化。这种文化个人主义色彩浓厚，注重速度，反馈快，投资风险很高，注重冒险精神。第二，努力工作—尽情玩乐（Work Hard，Play Hard）型文化。这类文化属于低风险、高强度的模式，强调数量，强调行动力，注重发现顾客的需要，要求员工保持高水平的积极性和创造性。第三，赌注型文化，又称攻坚文化、孤注一掷型文化，属于风险大、反馈慢的模式。这类文化关注未来，重视好的想法，往往能带来优质的创造发明和重大的科学突破。第四，过程型文化，指形成于风险小、反馈慢的企业的文化模式，这种文化注重细节，强调秩序，要求尽善尽美。谨慎是这种文化的公司员工的特点。①

《企业文化与经营业绩》一书研究了以下几种类型的企业文化：其一，强力型企业文化。企业员工拥有共同的价值观，目标一致，自愿工作。这种企业文化强调人的作用，强调一个密切的联系。其二，策略合理型企业文化。不存在抽象的好的企业文化内涵，只有企业文化适应于企业环境，这种企业文化才是有效的，其适应性越强，则企业经营业绩越大。这种企业文化强调环境适应性。其三，灵活适应型企业文化。市场适应性强，协调性好，这种企业文化提倡变革，勇于冒险，注重顾客要素。这种企业文化强调市场适应性。其四，病态的企业文化。人才选拔、培训、激励等制度不完善，管理人员缺乏领导才能，不了解企业发展方向和企业文化，不注重顾客需求。这种企业文化不利于企业绩效。

三、企业文化的功能

斯蒂芬·P. 罗宾斯的《组织行为学》中认为，文化在组织中有以下功能：第一，它起着分界线的作用，即它使不同的组织相互区别开来。第

---

① ［美］特伦斯·迪尔、艾伦·肯尼迪：《企业文化——企业生活中的礼仪与仪式》，中国人民大学出版社 2008 年版，第 108—123 页。

二，它表达了组织成员对组织的一种认同感。第三，它使组织成员不仅仅注重自我利益，更考虑到组织利益。第四，它有助于增强社会系统的稳定性。文化是一种社会粘合剂，它通过为组织成员提供言行举止的标准，而把整个组织聚合起来。第五，文化作为一种意义形成和控制机制，能够引导和塑造员工的态度和行为。

优秀的企业文化对企业的发展有重大的影响，可以这么说，如果企业想要得到长期发展就必须形成自己的独特文化，企业的独特文化是企业在激烈的环境中取得胜利的有力武器，因此，企业文化又有什么样的作用与功能呢？学者们对企业文化的功能进行总结，普遍认为，企业文化有以下五个功能：

第一，导向功能。所谓导向功能就是通过它对企业的领导者和职工起引导作用，这种导向作用体现在经营哲学和价值观念的指导和企业目标的指引。企业文化可以把企业员工的个人目标引导到企业的共同目标，将人们的事业心化为具体的奋斗目标、信条和行为准则，为企业的共同目标而努力。

第二，凝聚功能。企业文化具有一种极强的凝聚力量，使员工的个人发展和企业的发展联系起来，与企业共命运，企业上下步调一致，形成统一的整体；企业文化以人为本，尊重人的感情，从而在企业中造成了一种团结友爱、相互信任的和睦气氛，强化了团体意识，使企业职工之间形成强大的凝聚力和向心力。

第三，激励功能。优秀的企业文化可以创造一种人人受重视、受尊重的文化氛围。而良好的文化氛围，往往能产生一种无形的激励约束作用；共同的价值观念使每个职工都感到自己存在和行为的价值，自我价值的实现是人的最高精神需求的一种满足，这种满足必将形成强大的激励。

第四，约束功能。企业文化的约束功能主要是通过完善管理制度和道德规范来实现。这种约束功能体现在企业制度的硬性规定和企业伦理、道德、公共舆论、人际关系等软约束对企业员工行为的规范和约束作用。

第五，辐射功能。企业文化塑造着企业的形象，优良的企业形象是企业成功的标志。包括两个方面：一是内部形象，它可以激发职工对本企业的自豪感、责任感和崇尚心理；二是外部形象，它能够更深更广地反映出该企业文化的特点及内涵；文化力不止在企业起作用，它也能通过各种渠道对社会产生影响。文化力辐射的渠道很多，主要包括传播媒体，公共关系活动等。①

---

① 金葵：《企业文化的基本理论》，《天津市经理学院学报》2008 年第 6 期。

四、企业文化的构成

（一）两部分说

美国的帕米·路易斯等人在《企业管理：21 世纪的挑战》中指出：企业文化由两部分构成，一部分是可见的具体行为；另一部分是潜在的观念、行为标准、共有价值观和宗旨。

（二）三类文化说

魏杰在《企业文化塑造》一书中把企业文化按其作用范围划分为三类：经营性企业文化、管理性企业文化、体制性企业文化。经营性企业文化，是指与企业经营活动有关的价值理念，包括主动性市场理念、内在性诚信理念、能动性创造理念、理性化双赢理念等经营理念；管理型企业文化，是指与企业管理活动有关的价值理念，包括高效性管理理念、责任权利对称性理念、共享共担性理念等管理理念；体制性企业文化，是指与企业制度运转有关的价值理念，包括忠诚理念、契约理念、团队理念等维系企业制度的价值理念，强调认同、承诺、协作等。

（三）四个层面说

刘光明在其著作《企业文化》当中提出，企业文化可以从制度层面、物质层面、精神层面、行为层面这四个层面来理解。制度层面一般包括企业法规、企业的组织机构、企业的经营制度和企业的管理制度，具有“规范性”；物质层面则包括企业生产的产品和提供的服务、企业的生产环境、企业容貌、企业技术设备等；精神层面包括企业精神、企业风貌、企业价值观、企业经营哲学等；行为层面包括企业员工在生产经营、学习娱乐中产生的文化现象。

（四）五要素说

特伦斯·迪尔和艾伦·肯尼迪合著的《企业文化——企业生活中的礼仪与仪式》一书中认为企业文化的构成要素有企业环境、价值观、英雄人物、仪式庆典、文化网络。

企业环境是企业文化的一部分，包括企业外部环境和企业内部环境。企业内部的工作环境，企业外部的社会、经济、文化、自然环境等构成了企业环境，共同影响着企业文化。不同的工作环境影响着员工的生理和心理状态和工作效率，另外，一个温馨的企业环境更能给员工带来归属感。而外部环境如市场环境、文化环境则会影响企业的行为取向和价值取向。

企业价值观是企业文化的核心。企业价值观是企业在长期实践活动中形成的一套价值观念体系。它是企业的理念和信仰，在员工中得到广泛认同和共识。它决定了企业行为的方向，为企业成员提供了一个共同的目标，同时也是企业成员的行为准则。企业精神是企业文化的基石，它表明一个企业员工的精神状态和思想境界，它渗透在企业活动各个环节，具有感染力。是企业员工积极性、自觉性和力量的一个反映，也是企业活力、生命力的一个反映。

英雄人物是企业文化的缩影。对内，英雄人物总是为企业成员树立一种榜样的形象，为其他成员所学习、效仿。他们向其他成员灌输企业的价值观，激励企业员工一致朝着企业目标迈进。对外，英雄人物在一定程度上代表了企业的形象，代表着企业的经营理念。英雄人物分为两类，先天英雄和后天英雄，企业的创始人作为与企业文化“共生”的英雄人物，他对企业文化的影响不是一朝一夕的，而是长远的。

仪式庆典是企业文化的形式，包括贯穿在企业日常生活中的礼节礼仪和工作仪式等，也包括庆典活动。它们很好地传递了企业文化，是企业文化的一种表达。办公室的礼仪、办事的程序仪式等，都从细节上很好地贯彻和体现了企业文化，而特殊的庆典活动，则是对企业文化高调诠释和传递的一个机会，也拉近了员工之间的距离，营造一种轻松和谐的氛围，身在企业的成员都能耳濡目染，理解并实践着企业文化。

文化网络是企业文化的传递渠道。这个网络是企业内部交流沟通的手段和途径。通过这个网络，企业英雄人物的形象得到深化和认可，企业的价值观念得到强调。正是通过这个网络，企业文化在得到传播和弘扬的同时也得到了深化。

第二节　企业家文化的界定与地位

一、企业家文化的界定

企业文化的建设不能忽视企业家文化的建设，企业家文化是影响企业经济增长的最重要的非经济因素。企业家是工业社会的产物，属于现代社会群体中的一个特殊阶层，拥有独特的价值观体系，思维模式和行为方式。企业家是推动企业运转的心脏，企业家要组织好生产要素，处理好人、财、物的关系，是企业的灵魂。何为企业家文化呢？顾名思义，企业家文化就是关于企业家的文化，就是研究企业家的成长历程、奋斗历程以及关于企业家个人性格特征、才华能力的文化。对于什么是企业家文化，有的学者认为企业家文化是企业管理者的经营理念，只是强调了企业领导在经营中的作用；有的学者综合了企业领导者在企业中和社会中的作用，认为企业家文化是企业经营者在长期经营管理实践中形成的精神风貌、经营理念、价值观念、品德信用、个性气质以及为适应市场经济所具备的领导能力、领导艺术、品德修养、可持续发展的行为能力和工作成果，是影响企业领导行为的领导集体共有的价值观总和。另外，国外的观点也有其独特的含义，这些看法都有各自的局限性。

企业家文化是指企业家在企业经营管理中所遵循的经营理念。企业家文化是企业家为了达到某个目标或实现自身理想，通过自身强大的意志力，深厚的见识及强大的能力综合利用外部资源所表现的人格魅力。企业家所具备的基本素质是企业家文化产生并发展的根源，有了优秀的企业家素质才会有优秀的企业家文化。企业家文化包括企业家形象、企业家能力、企业家精神三个层次，其中企业家精神是核心部分。企业家形象是指企业家所塑造的外在个人形象，例如南海商人给人低调朴实之感，顺德商人则较为高调外向，禅城商人则亲近善谈等；企业家能力则包括企业家的营运能力、学习能力、创新能力等各方面。企业家精神是企业家文化的核心也是我们关注的重点，企业家精神贯穿于企业经营管理理念之中。

企业家文化研究的对象主要是针对企业家个人的。个人具有主观能动性，在物质财富与精神文化创造的过程中占据着主动地位。诚然，企业由出色的企业家创立并发展，因此一个企业的结构框架与发展模式必然会深深地打上企业家的烙印，所以，对企业家的研究就显得尤为重要了，而企业家文化和企业文化又是存在着紧密联系、相辅相成的关系。

二、企业家文化的地位

第一，企业家文化是企业经营的“发电机”。企业家文化作为企业的一种软实力，具有很重要的地位和作用。对企业经济有推动作用，企业家的科学决策、严格管理、善于经营、诚实守信，能为企业带来成功。不少的实践例子证明，一些企业之所以亏损破产就是因为企业领导个人的原因。企业家个人的才识是带动和支撑整个企业走向现代化、国际化的动力之源。

第二，企业家文化是团队凝聚的“擎天柱”。对企业的团队具有整合力，企业家文化实际体现了企业领导的个人魅力，他们会牢牢把握住“人与文化”的根，培养团队精神，把员工的积极性、主动性、创造性激发出来，让员工在实现自我价值的同时也为企业赢利。

第三，企业家文化是文化建设的“标签”和科学发展的“标兵”。企业家文化是文化建设的一个重要组成部分，在当前倡导四大建设协调发展的背景下，企业家文化得到发展也必然会加快佛山社会文化建设的前进步伐。优秀的企业家必定是勇于承担社会责任的个体，不仅是为自己谋利，更重要的是为社会承担责任。优秀的企业家文化对城市的可持续发展也有辐射的作用和意义。

第三节　企业文化与企业家文化的关系

一、二者的联系和区别

企业文化是企业家文化的鲜明体现，是企业家文化的自然延伸。企业文化又是一个不断创新、不断发展的体系，而其中企业家的创新精神和非凡才能是推动企业文化发展的核心力量。先进的企业文化能推动企业走向成功，而企业文化的精髓则源自于企业家。作为一个企业的领导者，企业家精神及企业家形象是企业文化的一面镜子，卓越的企业文化是企业家的德才、创新精神和事业心以及责任感的综合反映。因为优秀的企业文化不是自发产生的，企业家深知肩负塑造企业文化责任的重担，在企业文化的建设中，企业家从本企业的特点出发，以自己的企业哲学、理想和价值、伦理观和风格，融合成企业的宗旨，使企业价值观逐渐被广大员工所认可、遵守、发展和完善。

从一定意义上讲，企业家文化是企业文化的灵魂。企业家文化则是企业文化的一个本质内容，企业家文化通过企业文化对企业产生影响，而企业文化是企业家文化的表现形态。不论是企业家文化还是企业文化，都是共性与个性的统一，都是继承与发展的，都是与时俱进的。《企业文化——企业生活中的礼仪与礼仪》的作者特伦斯·迪尔和艾伦·肯尼迪提到企业文化有强弱之分，而不少学者也提出了测量企业家文化强度的维度，可见企业家文化也是有强弱之分的。“从一定意义上说，以企业精神为核心的企业文化，是企业家的人格化。”[①]企业文化的形成与发展受企业家精

① 刘光明：《企业文化》，经济管理出版社 1999 年版，第 365 页。

神和文化的影响较大。作为企业的灵魂人物，他在企业活动中体现的意志，表现出来的企业家文化和精神，是鼓舞企业，引领企业，促进企业发展，促进企业文化发展的。

首先，企业文化是一个企业形成的先进的群体意识，在企业里形成一种向心力，鼓舞士气，推动企业发展。它的主体是一个企业；而企业家文化是一个企业家个体的个人意识、思维，或者从某个企业家群体中抽象概括出来的区别于其他群体的意识形态和价值体系。企业家文化的主体可以是多层次的，可能是一个人，或者是一个地区的企业家群体，或者是企业家这一整个阶层。其次，企业文化的形成受到的影响因素更多更复杂。企业家文化与遗传因素、企业家的经历、文化、制度等因素有关，企业文化的形成更为复杂，它不仅受企业家个人的影响，也与企业本身的成长历史息息相关，与企业内外部环境等都有着密不可分的关联。再次，企业文化有优劣之分。优秀的企业文化起正面的作用，落后的惰性的企业文化则会阻碍企业的发展。而企业家文化没有优劣之分，只有强弱之分。

二、企业家对企业文化建设的作用

第一，企业家是企业文化主旨的设计者。企业家们的价值取向影响着企业的价值观形成，企业家精神决定着企业文化的个性和方向，其决策、行为也渗透在企业文化里面。企业文化不是员工自发形成的，而是在企业家的领导下，在其行为取向的影响下形成的。

第二，企业家是企业文化的塑造者。企业家们通过对企业文化的塑造，使原本不可见的企业文化变成能让员工们感知的东西，通过向企业员工渗透自己创办和发展企业的理念和价值观，使全体员工感知并达成认同，形成一个共同的目标。

第三，企业家是企业文化的实施者。企业价值观确定后，需要员工的遵循和实施，而企业家就起到了引导的作用，通过潜移默化，树立榜样。

第四，企业家是企业文化建设的积极倡导者。企业文化的体系一旦形成，其倡导和推动也全面展开，企业家作为企业的核心人物，需积极强调企业价值观，做企业文化的倡导者。

第五，企业家是企业文化更新和转换的积极推动者。只有企业家发现企业文化存在的问题，大胆创新，才能建立起能推动企业发展的新文化。

综上所述，企业文化是企业家文化的鲜明体现，是企业家文化的自然延伸。从一定意义上讲，企业家文化是企业文化的灵魂，是企业的发动机。但上述两者不是一回事，从性质和作用上看，两者都有很大的差别。

企业文化是群体文化的现象，是企业精神的一个象征；而企业文化的形成和发展受企业家文化影响较大。所以，对于企业家文化，在认识上要提高关注，也要加大力度发展。

第四节　我国企业家文化概述

一、商人和商帮

中国古代有与“企业家”相近的“商”和“贾”。“商人”阶层起源于殷商，崛起于春秋战国时期。古代的商人们就很关注农业生产变化动向和市场供需情况，当供给过剩，商品低价抛售时，商人们反其道而行，大量买进，待到大多数人愿意高价买进时，大量抛售，从而赚取其中的差价。

司马迁在《史记·货殖列传》① 中记叙了从事“货殖”活动的杰出人物，字里行间也反映了自己的经济思想和态度。认为“善治生者，能择人而任时”“廉贾归富”。在司马迁笔下，“朱公以陶为天下之中，诸侯四通，货物所交易也，乃治产积居，与时逐，而不责于人。……十九年之中三致千金，再分散与贫交疏昆弟。”②“白圭乐观时变，故人弃我取，人取我与。……能薄饮食，忍嗜欲，节衣服，与用事僮仆同苦乐，趋时若猛兽挚鸟之发。”“长袖善舞，多财善贾……其财能聚，又复能散。”③

先秦的商人如计然、白圭、范蠡等人都根据经商的经验结合自己的学识，总结出经商致富之道，可以说在当时形成了商家学派的学说理论。计然认为“积著之理，务完物，无息币。以物相贸易，腐败而食之货勿留，无敢居贵。”白圭还提出了商人素质的四个要求“智、勇、仁、强”：“吾治生产，犹伊尹、吕尚之谋，孙吴用兵，商鞅行法是也。是故其智不足与权变，勇不足以决断，仁不能以取予，强不能有所守，虽欲学吾术，终不

① “货殖”是指谋求“滋生资货财利”以致富，即利用货物的生产与交换，进行商业活动，从中生财求利。司马迁所指的货殖，还包括各种手工业，以及农、牧、渔、矿山、冶炼等行业的经营。

② 出自《史记·货殖列传》，朱公指的是范蠡。

③ 出自《史记·货殖列传》。

告之矣。”① 司马迁在《史记·货殖列传》中说：“天下言治生祖白圭。”

另外，范蠡也留下了《陶朱公商训十二则》：

一、能识人。知人善恶，账目不负。

二、能接纳。礼文相待，交往者众。

三、能安业。厌故喜新，商贾大病。

四、能整顿。货物整齐，夺人心目。

五、能敏捷。犹豫不决，终归无成。

六、能讨账。勤谨不怠，取行自多。

七、能用人。因才施用，任事有赖。

八、能辩论。生财有道，阐发愚蒙。

九、能办货。置货不苛，蚀本便经。

十、能知机。售贮随时，可称名哲。

十一、能倡率。躬行必律，亲感自生。

十二、能运数。多寡宽紧，酌中而行。

由此可见，古代对商人应具备精神特质的认识有，商人具有知人善任、敏锐发现商机的眼光和准确把握机会的决断、勤劳节俭的品质、心系国家的气节、仁义的思想等。

明清时期，商人会馆兴盛，而由地缘关系组建的会馆占绝大多数。具有极强烈的排他性和割据性。康熙年间，都察院左佥都御史张德桂为广东商人在北京正阳门外黄皮胡同所建仙城会馆撰写的碑记道：“乡人同为利，而至利不相闻，利不相谋，利不相一，则何义？故会之。会之，则一其利。以讲义也，以是谓由义也”“惟有斯馆，则先一其利而利同，利同则义恰，义恰然后市人之抑塞吾利者去，牙侩之侵剥吾利者除，以是为利而利得，以是为义而义得也。”②

明清时期，显示地缘特征的商帮崛起，各个地方商帮都形成了自己的商业文化和伦理精神。它们既各有特点，又有共性。徽商“贾而好儒”，受儒家思想的影响，讲究“见利思义”“以义取利”，乐善好施、爱国救民；晋商供奉关公像、拜关公，将关公的诚实守信作为经商的原则。另

① 译文：我做买卖，就像伊尹和姜太公那样有计谋，如孙膑和吴起那样善于判断，还能像商鞅执法那样说到做到。有些人的智慧不能随机应变，其勇敢不能当机立断，其仁爱不能恰当地取舍，其倔强不能坚持原则。所以，这种人跟我学经营之道，我也不会教他的。

② 张德桂：《创建黄皮胡同仙城会馆记》，康熙五十四年中秋。李华主编：《明清以来北京工商会馆碑刻选编》，文物出版社 1980 年版，第 16 页。

外，“勤”“俭”等中国传统文化，可以说是各个商帮共有的文化精神。商帮文化不仅造就了明清时期商帮的辉煌，也使得商帮这一经济组织经历了700多年的时局变化，至今依然活跃在经济舞台上，成为经济活动中举足轻重的一股力量。

“无商帮，不成镇。商帮是一个深刻而宏大的话题……它如一面镜子折射着整个时代、整个国家的命运与方向，其中最直观而精准的映像，便是商帮对区域经济的影响……商帮对区域经济的影响并不局限于本地，他们汇通中国，交流世界，通过市场规律和商业交易，逐渐将企业家精神提升为社会主流价值取向，又将其普及为做人处世的基本准则，这便是区域经济发展的‘软实力’。时至今日，重塑商帮精神、发扬传统文化仍不失为振兴区域经济的一条捷径”①

国内学者普遍认为古代的商人不能算是企业家。在男耕女织，自给自足的小农经济中，“重农抑商”的传统思想根深蒂固，中国传统社会的商人地位不高，他们通常是以获取的利润买屋置业，修缮祖坟，而不是把钱用来积累资本，扩大再生产。因此不少国内学者认为这个时期并没有形成真正的企业家精神。尽管如此，作者认为，古代商人的精神传统和明清商帮文化，很多在今天还是适用的，对我们研究中国特色的企业家精神也有很大程度的参考意义。

也有学者进而提出，不是所有的商人都是企业家。马云在很多演讲中都提到了他对企业家精神的看法，他认为，做企业的分为生意人、商人、企业家三种：生意人是完全的利益驱动者，为了钱他可以什么都做；商人“重利轻离别”，但有所为，有所不为；而企业家是带着使命感要完成某种社会价值的。在由中国企业家杂志社主办的“2008第七届中国企业领袖年会”上，他提出这三者的不同主要在于价值观的不同，“这个世界缺失的不是钱，商业社会缺失的是企业家的精神、企业家的梦想、企业家的价值观，是价值观的缺失，是梦想的缺失。”从生意人、商人到企业家，差别在于他们对社会的贡献，企业家的梦想应该是改变世界。

二、近代商人产生的根源

如果说古代的商人还不能称作企业家，那么中国近代商人的起源应该在哪里寻找呢？傅国涌认为，要找到这个答案，应该把目光转移到“实业救国”的那个时代。他提出，企业家的根不在传统旧商人身上，也不在

---

① 陈润：《商帮背后的企业家精神》，《中国民营科技与经济》2012年第9期。

“洋务运动”后崛起的“官商”“买办”身上，而是在“那些开创了各种新式工业的民营企业家身上”。[①] 甲午战争后，日本可以在我国的通商口岸设厂，允许民间办厂也是从那个时候开始的。“实业救国”大潮兴起。那个时代涌现了许多诸如刘鸿生、范旭东、荣氏兄弟、张謇等实业家。企业家群体正是从那个时期出现的。他们将企业的成败跟国家的荣辱联系在一起，怀着一腔爱国热忱办企业。

而浦玉生认为，“企业家是工业革命后，资本主义商品经济高度发展，生产力和科技日益增长，特别是大生产、大股份公司迅速成长的产物。解放前在经济文化落后的中国没有严格意义上的企业家，即便有，如范旭东、张謇，也如凤毛麟角，更谈不上企业家理论。”[②]

作者认为，近代的实业家虽然可能还不足以谈企业家理论，但是他们敢为人先，创办新式工业，改变了旧中国经济结构，促进当时社会经济的发展，于一定意义上讲，确实可以认为那是中国企业家阶层形成的起源。西方的资本主义工业是经过资本原始积累，以自然科学理论发展为基础，慢慢发展，水到渠成的。加上受到基督教思想的影响，西方的企业家把信仰放在很高的位置，也把办企业当作信仰一般，他们追求利润，同时追求自身的价值。而中国的企业家却是在外来入侵的背景下产生的。如果说，西方企业家起源的那个时代，他们的企业家精神的主题是“冒险”。那么在“实业救国”那个时代，我国企业家精神的主题则是“爱国”。

我们对这个时期的企业家进行研究，发现他们不仅有强烈的爱国思想和社会责任感，还具有“勤”“俭”“耐苦”等传统美德。张謇提出，“夫世界今日之竞争，农工商业之竞争也。农工商业之竞争，学问之竞争，实践责任合群阅历能力之竞争也”[③]，而“勤勉、节俭、任劳耐苦诸美德，为成功之不二法门”[④]。另外，穆藕初作为引进西方现金管理科学的第一人，还拥有先进的管理思想。

三、新中国的企业家

在社会主义改造后，私有制被消灭，因此那段时期，不存在企业家这一阶层。国内很多学者和企业管理者都有着相同的观点：国有企业不存在企业家。2010 年 12 月 15 日，“全球华人领袖峰会”上，中坤集团董事长

① 傅国涌：《大商人》，中信出版社 2008 年版，前言。
② 浦玉生：《论中国特色的社会主义企业家》，《企业活力》，1990 年第 5 期。
③ 《张季子九录·教育录》卷四《敬告全国学生》。
④ 《张謇全集》（第 4 卷），江苏古籍出版社 1994 年版，第 112 页。

黄怒波提出，“国企老总不是企业家，他们是政府派的官员。”① 春华资本集团创始人兼董事长胡祖六也认为，“国企老总是管理者，不是企业家，因为他们是风险规避者，而不是敢于冒风险的企业家。”②

十一届三中全会后，民营企业才开始发展起来，个体户、私营企业、乡镇企业等相继发展起来，相应地，企业家阶层也慢慢发展壮大。民营企业对经济发展的贡献越来越大，是创造就业和投资重要的源头，也是税收收入的重要来源。跟旧社会商人地位低下不同，今天的企业家们在经济舞台上大放异彩，举足轻重。渐渐也成为人们眼中“财富”的象征。他们备受关注，其致富传奇、理财手段乃至人生体验都成了人们感兴趣的话题。随着经济全球化的发展，历史上实业强国的民族情绪逐渐变淡，对利润的追求，对高效率的追求作为企业家的动机可能会更加放大，但由此引发的问题也接连而来。私利和机会主义滋生，企业的诚信问题越来越频繁地出现。

四、国内企业家精神的特点

由于因受到各种因素的影响，不同的国情，不同的政策，不同的文化氛围下形成发展的企业家文化也显现出不同的特征。我国企业家精神的特点有：

（一）儒家“仁义”思想

中国企业家精神扎根于中国现实的土壤，以优秀的传统文化思想为养分，吸收了儒家的“仁义”思想，形成中国企业家精神特色。“君子喻于义，小人喻于利。”“富与贵，是人之所欲也；不以其道得之，不处也。”在中国企业家精神上体现为社会道德和社会责任，而“敬事而信”的主张影响下形成的中国企业家精神中有敬业、诚信的特点。

（二）地域帮派及商帮观念

我国地域辽阔，人口众多，古代商人在经商中形成的传统帮派思想在今天仍有一定影响。在外经商的企业家的同乡常常体现出同乡情谊和团结精神。我们也经常按地区来划分商人，从明清时期到现在，商帮仍然活跃。

---

① 参见搜狐财经：《黄怒波：国企没有企业家 国有房企对降房价没作用》，http://business.sohu.com/20101215/n278319271.shtm，访问日期：2013年2月21日。

② 参见网易财经，胡祖六：《国企老总不是企业家》，http://money.163.com/12/0905/10/8AKPQVS600254S6K.html，访问日期：2013年3月5日。

（三）民族情绪及报国情怀

在中国近代史上，有许多企业家都是抱着“强国”的一腔热忱而投身近代工业，将个人成功欲望与中华民族的崛起紧紧相连，如佛山市华侨众多，他们爱国爱乡，亲眼目睹西方强盗掠夺中国的现实，自身通过经商积累了一定的资本，于是便回到家乡办实业，以救国富民，中国第一家民族资本近代企业继昌隆缫丝厂就是这样诞生的。今天，随着经济全球化的发展，这种民族情绪逐渐变淡，但仍有新生代企业家抱有发展实体经济、打造面向世界的中国品牌的热忱。

（四）对政策的敏感度

国外学者的理论普遍认为企业家是善于发现市场机会然后从中获利的一群人，他们对市场机会极其敏感。而在我国，由于民营企业的经营受到政府政策的较大影响，因此，我国企业家对政策的敏锐甚至甚于对市场的敏锐。在这样的大背景和政策敏锐的心态下，他们要化费更多精力和时间研究政府出台的政策及各种登记，部分企业家行为出现了非市场化的倾向。

（五）社会责任与个人价值

由于中国特殊的国情，贫富差距的问题是一直备受关注的问题。我们一直喊着“先富带动后富”的口号。那么作为中国的企业家，势必应当承担相应的社会责任。2003 年 7 月 25 日，中国企业家论坛举行了中国企业家论坛首届弥勒论坛，以“企业家西进与企业家精神”为论坛主题，上海复星集团董事长郭广昌在论坛上发言表示：“做企业就是要为社会创造价值，在为社会创造价值的时候也要为自己、为员工创造价值。不要认为你所做的这一切是为社会而做，社会就理解你，如果这样认为一定会头破血流。我做企业的目的只有一个，把自己修行成一个企业家，把荣辱放在一边，以进取的精神做理智的决策，以平和的心态对待合作伙伴。只有把追求社会价值和追求个人价值两种精神结合起来，才是中国需要的企业家精神。”

第五节　中外企业家文化差异

一、价值观念差异

企业家的价值观念既是企业家对经营管理活动在理念上的期望与选择，又是影响以致决定企业家经营管理行为的内在因素。研究表明，即使企业家追求的目标相同，但是由于其价值观念上的差异，也将会导致他们在管理行为上的不同。

美国企业家个人主义价值观的核心是追求个人发展、崇尚竞争冒险。美国企业家在企业管理中，强调自由竞争为自由企业的突出特征，有信奉“自由企业”原则的固有传统。所以，在美国，个人与个人之间，企业与企业之间都有一种公开竞争的强烈意识。在企业内部，美国企业家崇尚个人负责、权责分明以及各项严格的规章制度，以保证整个企业组织结构的有序协调，并保证每个人在规定的范围内享有充分的独立思考和独立选择的权利。

英国企业家的价值观念在两个方面表现得十分突出：一方面，英国企业家事事以个人为中心，崇尚个人主义；另一方面，则有其英国传统观念的深刻烙印。和其他英国人一样，英国企业家极为讲究社会等级和社会地位，他们努力地向上爬，力图爬到社会最上层的贵族地位，并永远保持这种地位。在英国的企业里，同样也存在着明显的等级差异。凡事不因环境改变而异，总是按惯例或习惯办，英国企业家沿袭其习俗的世袭观念可见一斑。

日本企业家价值取向最显著的特点是“集体主义”精神。所谓“集体主义”经营价值观，系指旨在维护集团利益，使企业经营管理的目的和行为保持集团协调而充分发挥集团的力量。而在决策过程中，则强调团队式的集体决策。日本企业家的集团主义价值取向延伸到企业员工身上，强调企业员工对企业的“归属”感，要求员工对企业要有强烈的荣誉感和认同感。

中国企业家的价值观念有浓厚的儒家色彩，具有经世济民的社会抱负、以人为本的经营理念、自强不息的奋斗精神和道之以德的价值观念等。深受儒家思想影响，在文化氛围和深厚的历史传统当中，部分企业家一旦初获成功即所谓“出人头地”之后，很容易衍生出一种“小富即安”

的心态，进一步发展的欲望和追求便会逐渐弱化。很多成功的企业家在企业管理中贯彻德治、人治的管理模式，认为对有理智、有人格、有情感的员工，不能简单地采取西方的“法—理—情”的管理方式，反对只以权势压人、以制度卡人，主张按中国的“情—理—法”的思维模式进行企业管理。

二、中、美、英、日企业家经营动机

企业家经营观念的核心是经营动机，即企业家从事企业经营管理最根本的目的。各国企业家从事企业经营活动，一般说来都是为了追求最大限度的物质利益。然而，在美、英、日三国的现实生活中，只注重物质利益，而忽视从社会中受到尊敬和得到地位的企业家是很少见的。这就是说，作为“社会人”的企业家，驱动其献身于企业经营活动的主要文化因素是追求生活的意义，并从中寻求崇高的社会威望与地位。

在西方世界，美国是个新兴的、后起的资本主义国家，是一个没有经历过封建制度的特殊国家。因而，美国在相当长一段时期内，其门第、身份等的社会阶层制度均未固定，人们只要能寻找到发挥社会作用的职业，就可生存下去。在经济领域取得了成效或较大业绩的企业家，立即受到人们的敬重。所以，早从18世纪起，美国一些企业家们就靠丰裕的财富和强大的经济实力而享有崇高的威望和社会地位。美国企业家经营企业的目的在于提高产量，改善质量，扩大销售量，积累雄厚资本，增强企业实力，并以此来夸耀和提高自己的威望与社会地位。他们不需要追求英国企业家那种生活方式和土地贵族的物有价值观念。美国企业家的行为方式形成了美国社会文化结构的基础。

同美国相反，英国企业家千方百计地使自己加入贵族社会，以此来确立本身的威望和社会地位，而往往并不是用优异的管理成效来证明自己的社会价值。英国企业家经营企业的目的是希望从中获取大量利润，积累雄厚资本，以便早日将其转移企业以外，用来购买土地，从而创造进入地主贵族社会的先决条件。英国企业家的首要任务只是维护企业的平安，确保企业长期稳定的利润，以补充购买土地或社交生活所需的资金。

同美、英两国的企业家的企业经营动机比较起来，日本企业家把企业的经营管理看作“国事”的强烈意识，是他们一心一意地献身于企业的经营活动的巨大驱动力。在历史上，中国饱受西方国家的侵略、掠夺和封锁，民族工业发展受阻，力量薄弱，长期以来，在西方人眼中，中国是一个贫穷落后的国家，中国产品质量低劣、一无是处，这深深刺痛了中国企业家们的民族自尊心。振兴民族工业，创世界名牌，跻身“世界五百强”成为中国企业家奋斗拼搏的不竭动力。

三、中、美、英、日企业经营风格

中、美、英、日四国企业家在经营风格方面，由于各自所处的文化环境不一样，也就必然会反映出其不同的文化特征。中、美、英、日企业家在不同文化背景之下形成的经营风格上的差异性，通常在以下六个方面表现出来。

（一）激励机制

美、英二国激励机制基本上以个人为考核单位。企业家对员工的激励方式都是着眼于个人，也就是按照每个员工的工作绩效和工作表现及态度来发放奖金或红利。此种激励办法尽管造成员工对企业集体的经营状况不够关心，但是可使每个员工感到自己的利益同自己的工作绩效息息相关。

与此相反，日本企业家对员工的激励办法却着眼于所谓“集体”，以“集体”为考核单位。企业通常发放奖金或红利的依据，主要取决于工作小组的表现而不仅仅是看员工的个人表现。日本企业家的这种激励办法，既可使每个员工对企业整体的经营状况与前景极为关注，又可使每个员工感到自己的利益同企业利益息息相关。

我国企业激励机制是在着眼于集体的基础上结合个人。也就是只有个人所在的集体完成了分配的任务，个人才可能有丰厚的奖金和福利，否则，即使个人工作表现突出、业绩显著，也很难得到应有的奖励。这种激励方法虽然可促使员工关心集体的经营状况，但由于存在着一定的“平均主义”现象，在某种程度上会削弱员工的积极性。

总的看来，美、英二国企业家在激励时比较注重予以金钱或其他物质方面的奖励；而日本企业家则相对重视精神鼓励与物质奖励并重的激励方式；中国企业家比较侧重精神激励，物质激励的力度略显不足。

（二）人事考评

人事考评是对员工能力和素质所进行的综合考核。美国企业家对其下属人员的工作表现与态度所进行的人事考评一般采取较激进的方式，涉及员工的评价与晋级决策迅速，他们认为这样做可使最能干的人员不被埋没。

日本企业家则采用较保守的人事考评方法，他们认为这种做法既可以使得员工真实的工作能力有效表现出来，从而做到识才得当，选拔准确，又可以防止某些员工通过投机取巧、哗众取宠的方法获得晋升。

英国的企业家则采取一种折中的方式，既不像日本那样保守，又不像美国那样激进，而是比较强调“论资排辈”，所以采取一种“四平八稳”式的人事考评办法。

中国企业也是采用较保守的评价和升级制度。和日本不同的是，这种提升方法并没有形成一种传统或文化，下级或部门经理的的晋升除了关乎个人业绩的好坏，还受上级的喜好、人际关系的亲疏等主观因素影响较大。不过近年来，情况明显有了好转，随着国外人力资源管理理论传入我国，国内企业对国外企业成功的管理经验有所借鉴，企业各种人事考核逐渐科学化和规范化，一些有真才实学、能力突出的人才很快能脱颖而出，被委以重任。

（三）经营目标

西方经济学家在评价美、英、日三国企业家对待经营目标的态度上，有个极为形象的说法：日本的企业家比较“耐心”，英国的企业家过于“保守”，而美国的企业家则过于“急躁”。与此相适应，美国企业家拼命地追求短期内最大的利润和股票价值；英国企业家尽管也同美国企业家一样，把利润摆在第一位，但有所不同的是，他们追求长期稳定的利益；而日本企业家则追求长期的稳定发展和市场份额，从而保证长期的最大利润。中国企业家在对待经营目标的态度上介于美国企业家和日本企业家之间，既不“急于求成”，又不“四平八稳”，与此相适应，他们既追求企业稳步发展和市场份额的逐渐增长，又追求企业利润和股票价值的快速增长，这也许是受中国儒家的“不为最先、不为最后”折中思想影响的缘故。

（四）决策过程

在美国，企业家常用的决策方式是自上而下的“等级决策制”。所谓“等级决策制”，实际上就是“个人决策制”，即给予各级主管负责人规定一定的权限，让每个人在自己的权限范围内进行个人独立的决策。采用这种决策方法，尽管很干脆，也很快，可是贯彻执行起来却很慢。

英国的企业家，在这一点上同美国的企业家大致相同，基本上也是采用“个人决策制”。而日本的企业界，有其独特的“决策观”。他们认为，重要的不是决定本身，而是人们对决定负责和了解到何等程度。日本企业家惯用的这一决策方式谓之“禀议制”，即自下而上的所谓“合议制”。在“合议制”中，是由“集体”作出意见一致的决策。每个有关人员当要作出重要决定时都要参与，反复协商，直到取得真正一致的意见。采用这种方法决策，需要很长时间，但往往能做出中肯的决定，而且一旦作出决定，有关人员都会给予支持，促使决策能较快地得到贯彻。日本这种“集体”决策是以共同的价值观和信念为基础的。

中国企业家的决策观与日美两国有很大不同，这缘于中国的整个经济体制和其他许多社会因素，而且企业内部组织结构也有差异。在国有企业中，中国企业家的决策行为具有以下特点：第一，企业决策的综合性，即企业决策往往受到政治因素、计划因素、国家宏观政策的强烈影响。第二，决策时间较长、效率较低。在做出决策时要征求多方面意见，考虑到多方面的因素，处理好各种关系，因而决策所花时间较长。相比之下，在民营企业和私营企业中，企业家决策和执行比较迅速，但又常常带有明显的“家长制”“一言堂”色彩。

（五）经营体制

美、英两国企业家一般都采用合同雇佣制与职务工资制来构建经营体制。在美国企业中，通常是短期雇佣制，辞职和解雇是经常发生的。同时，美国企业家认为，在劳动工资中，每个职工的绩效以及反映这一绩效的职务是最重要的决定性因素，而其他一些因素如资历和学历都是次要的。相反，英国的企业家则认为，资历和学历在员工职务工资制中，应占据极其重要的地位。

日本实业界同美、英两国实业界不一样，日本企业家是以终身雇佣制与年功序列制为基础来构建其经营体制。终身雇佣制尽管强调的是长期或终身雇佣，但也是以合同契约的方式来规范劳资双方的权利。就全日本说来，占劳动大军35 %的人能在大企业和政府部门中享受终身雇佣制。日本的企业被明显地分成了等级。日本的学校也被分成了等级，只有名牌或帝国大学的毕业生才能享受到终身雇佣制。日本的大企业，只到各个帝国大学（如东京大学）招雇毕业生。在日本，同终身雇佣制相呼应，在报酬制度上则推行年功序列工资制，也就是说，按照企业职工的资历和学历来决定其工资水平。在这里，务必讲明的是，近年来，日本企业中贯彻执行的终身雇佣制，由于种种原因，正面临着严重的挑战。

我国经营体制从整体上来说和日本很相似。在改革开放之前，中国实行计划经济体制，企业吃国家的“大锅饭”，员工吃企业的“大锅饭”，员工只要进了一家企业，只要不违法犯罪，就往往一直在那家企业干到退休，员工基本不流动，也没有被解雇和辞退之说。自从改革开放后，随着“三资企业”、股份制企业和乡镇集体企业等新的所有制形式的出现，在用工制度上也响应地出现了一些变化，全员劳动合同制、聘任制等新的用工形式也相继出现。但从总体上来说，大多国有企业虽然出现下岗、待聘等形式，但在用工制度上的“吃大锅饭”现象尚未真正打破，我国企业还是实行长期雇佣制。此外，我国企业家认为，在劳动工资中，职工的业绩和职务是最重要的决定因素，其次是资历和出勤，而其他一些因素则较为次要。

（六）经营战略

企业家旨在达到企业既定的经营目标而制定的一整套经营方针与原则，称为企业的经营战略。所谓经营战略，从某种意义上来说，也就是企业家的一种事业战略、发展战略和竞争战略。

美国企业家的经营战略，通常具有下列两个特点：其一，所谓“外部发展”战略。这就是通过对自己的部分公司的拍卖和出售，对现有企业的合并和收买，来集中资金打入或扩大效益的领域，迅速地撤出利润率低的领域，以此来迅速获得短期内较高的收益率，从而保持自己的竞争优势。其二，所谓“改进产品”战略。企业家在这一战略指导下，刻意追求的是产品款式的更新和新颖，企业家据此制定竞争策略和战略规划，进而确定企业发展、改造与转变的重点。

与此相反，英国的企业却是采用一种不求突破、不求冒险，能使企业长期处于一种较稳定经营状态的战略，通常不太重视实施竞争和发展的经营战略，主要是因为深受企业外部环境的制约，特别是旧的传统因素的影响。需要指明的是，当今新一代的英国企业家，则完全以新的姿态出现，已转向采取同美国企业家相类似的经营战略，也就是大力面向国内外市场的产品竞争战略，采取重视产品质量、多角化和国际化经营战略。

日本企业家同美、英两国企业家不一样：首先，在市场上，日本企业家通常奉行“长期操纵市场”的战略。其次，日本企业家在企业内部生产率的发展、重视制定技术和能力的开发的同时，重视利用企业集团的社会联系，实现企业间长期稳定的伙伴关系，并在其中得到发展。

中国企业家的经营战略主要有以下两个特点：一是企业规模扩张战略。这就是通过对生产要素的不断追加，对其他企业的兼并，对生产经营领域的扩大，来扩张规模，做大做强。从而改变过去那种资金少、技术水平低、人才有限、素质不高、业务简单、规模小、力量弱的状况，以降低经营风险，增强市场竞争力。二是名牌战略。由于技术水平的限制，我国产品整体水平不高，在国际市场上缺乏竞争力，在国内市场公司企业文化建设研究也受到外国产品的严重挑战。为改变这种状况，我国企业家格外关注产品质量的改进和快速提高。在产品的研制、开发、包装、宣传等方面投入大量资金，以期跟随乃至超越世界先进水平。这一战略以初见成效，出现了像海尔、长虹、联想等一批中国名牌。

第三章

佛山企业家文化历史审视

地域商人集团的产生和发展，是我国明清经济中一个十分引人注目的历史现象。诸如山西“晋商”、安徽“徽商”、福建“海商”和广州“行商”等，早已为人们所熟知。然而，在上述商人存在、生长的同时，还有一支重要的商人力量在形成和发展，这就是佛山商人。所谓佛山商人，是指以佛山镇为中心，包括石湾和周边乡村、以及外地落籍于佛山的商人。乡志载“佛山一镇，绅衿商贾，林林总总。”① 可知商人数量之众和种类之多。佛山作为一个历史文化名城，在沧海桑田的岁月更替中，也自然形成了它自身特有的历史文化，其中包括佛山企业家（简称“佛商”）文化，佛商文化是在佛山的现实土壤中滋养生长起来的，是吸取佛山的传统商业文化精神的有益部分作为自己的养分，立足佛山工商业发展历史，与时代内容相结合，逐渐形成的适应社会主义市场经济发展和符合佛山实际的企业家精神。因此研究佛山的企业家文化，离不开对佛山传统的商业文化精神的探究和对佛山工商业发展历史的了解，研究佛商文化发展的历史和不同时期经营的特征对深刻了解佛山企业家的历史文化具有重要意义。

第一节　唐宋时期行业的兴起与演变

佛山商业行业及商人有诸多品质和形态，不是一时一日便可形成的，是一个长期的历史演进过程。佛山作为一个历史文化名城，在岁月更替中，也自然形成了它自身特有的历史文化现象，其中包括佛商文化。季华乡改称“佛山”，意为“佛家之山”，简称“禅”。在古时，佛山是个洲岛渔村。西晋时，已有海外商船过往。唐代的佛山，因兼内河外海航运之利，发展为广州的一个内港，外舶也停泊于此。由此，佛山就成为了我国南方的商贸重镇。南汉刘岩政权割据岭南时，改广州为兴王府，并仿唐代首都长安建置，析南海县一部分设常康县（在兴王府附郭）和咸宁县，以拱卫都城，咸宁县一说在今顺德北窖附近的简岸。从唐末五代以后，西、北江汇流后通广州的主航道，因芦苞涌和西南涌淤浅而转移到佛山涌。

宋灭南汉政权后，开宝五年（972 年）将番禺县也并入南海县。宋代以后，佛山的航运业，就取代了昔日官窑的地位。交通位置的优越，商品流通范围的扩大，使佛山的手工业不断发展，经济日益繁荣。四方商旅，

① 道光《佛山忠义乡志》卷十二，《金石》下，叶汝兰《乾隆五十三年重修佛山经堂碑记》。

络绎于途。连朝廷中有些大臣的蟒袍也送来佛山缝制。宋代以“路”代替唐代“道”，今广东即由“广南东路”简化而来。南海县由此成为广南东路治，直到北宋皇祐三年（1051 年）始恢复了番禺县，两县同治今广州。宋代政区按户口一般分六等，南海县属广东仅有的九个望县之一，即最高一个等级，显示宋代珠江三角洲经过大规模开发，经济已达到相当高的发展水平，南海是它的核心开发地区。佛山也于宋代兴起为市镇，故乾隆版《佛山忠义乡志》曰：“佛山成聚，相传肇于汴宋”。

元代佛山地区政区建置沿袭宋代，南海和番禺二县同为江西省广东道广州路治。佛山作为岭南的一个综合性手工艺生产基地，大抵是从唐代开始形成的。石湾的宋窑叠压着唐窑遗址，联系石湾西北部奇石一带密集的“瓦渣岗”和唐、宋古窑址，说明唐代石湾一带的陶瓷生产已具有颇大的规模。始建于宋代的祖庙，地下 1 米多深，仍是铁渣和泥模，连接着祖庙旁边累积起来的“泥模岗”，也说明了佛山的铸造业唐代已有一定规模。纺织业虽然在佛山尚未发现出土的东西，但从文献记载，也能看到一些信息：北魏郦道元的《水经注》中，记载了东吴的交州刺史步骘路过广州时，看见南海一带一片沃野，尽是桑园和农田，说明佛山附近，比唐代早几个世纪，已有繁盛的桑蚕业。唐朝诗人王建在送别郑权尚书到南海的一首诗中写道：“白氎家家织，红蕉处处栽”，可见唐代佛山的纺织业也很兴盛。陶瓷、铸造、纺织成了佛山最古老的支柱产业。这三大产业又带动了其他许多产业的发展。佛山的商业，在鸦片战争前，曾持续了近千年的繁荣，这与它具有深厚的手工业基础是分不开的。

宋初，全国商业发展比唐为盛。佛山也由乡市而成为商业市镇。据民国冼宝干纂修《佛山忠义乡志》，宋开宝四年（971 年），广州成为当时全国最大的外贸口岸，设立了“市舶司”。那时佛山处在广州海湾的边缘，兼有西北两江航运之利，具备内河外海的交通优势，因而设立了“市舶务”，专门管理日益发展的进出口贸易。据赵汝适《诸蕃志》记述，当时中国商人到东南亚各地做买卖的都用陶器和清白瓷器作贸易。从文献记载结合考古资料看，石湾窑的产品千百年来一直大量外销，对外贸易的发展，对佛山商业的迅速发展起了推波助澜的作用。南宋时期，金人入主中原，中原人民大规模南迁。正在发展中的佛山，吸引了大批移民。而大批移民带来中原的先进文化和技术，加速了佛山农业、手工业和商业的发展。南宋时的珠江三角洲，已开始兴修水利。当时广东的粮食不但能自给自足，还能供给福建、浙江等地。佛山陶器、织造、铸铁、银朱丹粉、竹木器具、农具利器等行业已颇具规模，当时佛山已成为全国手工业生产和商业重镇。

一、农业与经济作物

明代，南海西樵山成为茶叶产地，“西樵号称茶山……今山中人率种茶”[①]。明末清初顺德、南海种植荔枝、龙眼也很多。“顺德有以稻田种者，田每亩，荔枝可种二十本，龙眼倍之。”[②]“顺德有水乡曰陈村，周迴四十余里，……居人多以种龙眼为业，弥望无际，约有数十万株。荔枝、柑、橙诸果，居其三四，比屋皆焙取荔枝、龙眼为货，以致末富。”[③]

顺德县龙山在嘉庆初年全乡“通计土客，复不下十余万人，其口食尽仰给于他乡”[④]。龙江在道光年间也是“乡无耕稼，而四方谷米云集”[⑤]。乾隆时佛山“举镇数十万人尽仰资于粤西暨罗定谷艘，日计数千石。谷艘至稍希，则米肆拥先以增价”[⑥]。雍正时“向于省城，佛山二处额设米行……又在省城、佛山二处于额设米行之外，添设经纪米谷总埠各一处。官为设立牙行，遇有粤西谷船暨乡村米谷，必须投至总埠始准发卖”[⑦]。其时佛山镇成为广东最大的米粮批发贸易中心，粮价报价成为全省的标准价，即“广东谷以佛山镇报价为准”[⑧]。

基塘农业是佛山的一个特色农业，主要分布在南海、顺德。明代，南海九江和顺德形成果基鱼塘区；清前期，果基鱼塘被桑基鱼塘所代替，塘中养鱼，塘基植桑，桑叶饲蚕，蚕沙喂鱼，塘泥植桑，形成良好的生态循环。在明末清初南海县九江乡已是“鱼塘十之八，田十之二”[⑨]。而到道光年间，龙江乡亦是“旧原有田，今皆变为基塘”；顺德县的大良、陈村一带也达到了“民半树桑”的程度[⑩]。光绪年间，顺德县“禾田多变基塘，莳禾之地不及十一”[⑪]。

随着这些经济作物的种植和推广，逐渐出现了专门化的农作物区，设有专业茶市的南海西樵官山，经营果品业的顺德县陈村，蚕桑之乡南海、顺德。促进了鱼花、茶叶、果品、桑蚕贸易。其中，九江的鱼花更是处于

---

① 屈大均：《广东新语》卷一四，《食语》。
② 范端昂：《粤中见闻》卷二九，《物部》。
③ 屈大均：《广东新语》卷二，《地语》。
④ 嘉庆《龙山乡志》卷四。
⑤ 道光《龙江志略》卷一。
⑥ 乾隆《佛山忠义乡志》卷三，《乡事志》。
⑦ 《宫中档雍正朝奏折》第十八辑，台北故宫博物院 1978 年版。
⑧ 道光《佛山忠义乡志》卷十一《艺文》下，《佛山赋》。
⑨ 顺治《九江乡志》卷二，屈大均《广东新语》卷二十二。
⑩ 刘伯渊：《广东蚕业调查报告书》，1922 年。
⑪ 民国《顺德县续志》卷一。

全省的垄断地位，远销省内各地和广西、福建、湖南、江西等省。

二、四大行业和广纱中心

历史上，佛山最出名的行业有纺织、陶瓷、铸造、医药四大行业。佛山一些地方在西汉时期（前206—23年）就已经开始养蚕缫丝了。三国时（220—265年），佛山已成为蚕丝的生产加工基地并具有较大规模，公元220—280年，东吴派步骘作交州（即今广州，汉置）刺史，他到任看到南海、番禺一带“负山带海，博敞渺目……高则桑土，下则沃衍”，证明那时种桑养蚕已相当普遍。

唐代丝织业在南海兴起，宋徽宗年间（1101—1125年）南海筑桑园围，植桑养蚕，并出现织土绸的机户、机坊。南宋时顺德龙山、龙江一带也已经开始手工缫丝。明代，手工缫丝品开始商品化。到了明代中叶，国际丝价急剧上升，顺德人、南海人抓住机遇，纷纷“弃田筑塘，废稻树桑”。清朝，广州成为全国生丝唯一对外输出港口，带动了了南海九江、顺德的龙山、龙江以及高鹤的坡山乡一带蚕桑业的发展，纺织业到了兴盛时期，织布户遍布市内。嘉靖九年（1530年），佛山丝织业在原分为十八行①分工分业生产的基础上，又增至二十四行。当时所产的“牛郎绸”“五丝”“八丝缎”“花绫”“宫纱”和“贡绸”等都负有盛名，畅销国内外。明嘉靖四十一年（1562年），据当年版《广东通志》载：当时顺德县的龙江已生产出著名的丝织品——“玉阶”“柳叶”和绒绸，并列入广东的贡品。民国初年，南海民间又发明了“扯花”机，首创名闻四海、广东特有的“香云纱”。

三、“石湾瓦，甲天下”

佛山市有“南国陶都”“中国陶瓷名都”之称，自古有“石湾瓦，甲天下”的美誉。建于明代正德年间的南风古灶，是世界现存最古老的柴烧龙窑，薪火相传至今500多年，被誉为“陶瓷活化石”。

佛山地区制陶工艺源远流长，早在五六千年前的新石器时代晚期，石湾先民们便在石湾东面的大帽岗一带，采集陶泥、岗沙制作陶器。汉代以

① 十八行，即八丝缎行、什色缎行、元青缎行、花局缎行、宁绸行、蟒服行、牛郎纱行、绸绫行、帽、绫行、花绫行、金彩行、扁金行、对边行、栏杆行、机纱行、斗纱行、洋绫行等。佛山市档案馆编：《佛山史料汇编》二，第234页。

后制陶日渐兴盛，至唐代，石湾制陶手工业形成，并且有一定规模[①]。宋代，石湾发展成为我国著名的陶瓷基地之一[②]。关于石湾窑的生产源流，在时间上说，有认为石湾窑的生产始于晋代、宋代、明代之异；在地域上说，有迁自阳江县、东莞县和源自佛山石湾本地之不同。从对阳江县石湾村、佛山石湾镇和佛山地区一些古窑址的调查发掘中可知，佛山石湾地区的窑业生产在唐代已初具规模，阳江和佛山的窑业在宋代更为发展，但两地产品的材料质地、制作手段和艺术风格都迥然不同。石湾窑位于广东省佛山市石湾镇，是我国陶瓷史上著名的民窑，形成于唐宋时期，繁荣兴盛于明清，流传发展至今天。千百年来，薪火不息，世代相传，自成体系。其产品以种类丰富、胎体敦重、釉层厚实、釉彩光润绚丽为特点。明清后因善仿钧釉及历代名窑产品而名扬天下，被称为“广钧”；因是陶胎，又被称为“泥钧”。

石湾窑仿中有创，创中有新，尤其是明清后生产出大量以人物、动物等为造型的艺术陶塑，集历代陶瓷美术技艺之大成，以崭新的面貌在中国陶瓷发展进程中异军突起，独树一帜，成为我国陶瓷艺苑中一朵奇葩。汉代以后，从佛山市博物馆馆藏零散出土的唐以前陶瓷器物看，器形主要有碗、盘、钵、罐、瓶、魂瓶、坛等日用品或葬丧冥具，釉色以青釉、青黄釉、酱黄釉为主。至唐代，石湾制陶手工业形成，并且具有一定规模。1957 年和 1962 年广东省博物馆在石湾大帽岗下发现唐宋窑址。南宋元年，中原各地名窑工匠为避战祸纷纷南迁，佛山是中原移民聚居地，南迁的窑工把先进的陶瓷技术带到石湾，与石湾原有的制陶经济和特有技艺发生融合互补，对提高石湾制陶技术水平起了相当大作用。这样大量名窑制品和先进的烧造技术、经验被窑工传来石湾，为石湾窑以“善仿善创”“无窑不仿，无仿不精”之名立于中国陶瓷之林立下不可磨灭之功。从大帽岗和奇石唐宋窑址的考古资料看，宋代石湾窑产品种类比唐代丰富许多，仅碗的器型就有敞口、敛口、卷口的，又有深腹浅腹、凸唇折唇高低圈足之分，釉色也比唐代多。由此可见，唐代石湾窑发展已成熟，至宋代，由于窑灶的革新，烧制技术的进步，产品质量提高，石湾窑的生产已十分具有规模，成为当时广东生产贸易陶瓷的中心基地之一。[③]

明清时期，石湾制陶业进入了历史上的鼎盛时期，分工更细密，专业化程度更高。在乾隆年间，石湾陶业分为海口大盆行、大盘行、横耳行、花盆行、白釉行等 23 行，成为综合性的陶瓷生产基地。生产的产品有日用

① 《佛山市陶瓷工业志》第一章，广东科技出版社 1991 年版。
② 曾广亿：《论石湾窑艺术陶器》，《石湾窑精粹》，岭南美术出版社 2002 年版。
③ 黄晓蕙：《广东佛山石湾窑的形成、发展及繁盛成因探析》，《四川文物》2005 年第 6 期。

陶瓷、建筑陶瓷、手工业陶瓷、丧葬陶器以及美术陶瓷五大类，品种繁多，约有千种以上。① 嘉庆年间，石湾人口“六七千户，业陶者十居五六”②。清代“石湾陶业全盛时代，共有陶窑107座，容纳男女工人六万有奇。”③ 清代文人屈大均在《广东新语》记述：“石湾之陶遍二广，旁及海外之国。谚曰：‘石湾缸瓦，胜于天下。’”④

四、南方铸造中心

佛山的铸造业始于2000多年前，源于汉代。宋代时佛山所铸鼎、锅、钟、塔等闻名全国。唐时已是岭南综合性的生产基地，到明代佛山的铸造技术已达相当高的水平，成为南中国冶炼中心。明代的佛山八景就有“孤村铸炼”一景，此时佛山的铸造技术汇集中原地区的精华，达相当高的水平，达到了冶铸的辉煌时期，成为南中国冶铸中心，尤以铸铁业为主。明清时全国管理铁矿的机构有13个，称铁厂（所），广东的铁厂就设在佛山镇。

乾隆年间，佛山计有“炒铁之炉数十，铸铁之炉百余”⑤“春风走马满街红，打铁炉过接打铜”⑥ “铸犁烟杂铸锅烟，达旦烟光四望悬”⑦。康、雍、乾年间，估计佛山整个冶铁业的生铁消耗量约为五千万斤，产值约一百万两。乾隆十五年（1750年），估计铸铁行业工人约有一二万人，炒铁行业工匠5000—7000人，加上其他铁行，整个冶铁行业工人不下二三万⑧。

当时佛山铸造的产品种类繁多，有铁锅、铁线、铁链、铁打、铁砧、铁针、农具、军器、钟鼎等，质量都有口皆碑。其中铁锅是最为有名，也是产量最大的，著名铸锅世家冼氏家谱记载道：“佛山商务以锅业为最。”⑨ 张心泰在《粤中小识》中道：“盖天下产铁之区，莫良于粤，而冶铁之工莫良于佛山。”⑩ 铸造业不仅享誉全国，更是产品遍及海内外。因此称“佛

---

① 《佛山市陶瓷工业志》第一章，广东科技出版社1991年版。
② 道光《南海县志》。
③ 李景康：《石湾陶业考》，《广东文物》卷十，上海书店出版社1990年版，第1020、1025页。
④ 屈大均：《广东新语》卷十六，《器语》。
⑤ 道光《佛山忠义乡志》卷十二《金石》下。
⑥ 乾隆《佛山忠义乡志》卷十一，《艺文志》，陈昌坪：《佛山竹节词》。
⑦ 乾隆《佛山忠义乡志》卷十一，《艺文志》，何若龙：《佛山竹节词》。
⑧ 罗红星：《明至清前期佛山冶铁业初探》，《中国社会经济史研究》，1983年第4期。
⑨ 冼宝干：《鹤园冼氏家谱》卷六之二。
⑩ 张心泰：《粤中小识》。

山之冶遍天下"[①]。

无论在总体规模、产品种类、产品质量、销量、市场范围上，佛山的铸造业都已跻身国内首位。佛山铸造业能有这样的发展，除了丰富的铁矿资源和很好的水利条件，还有"官准专利"的政策保护："通省民间日用必须之铁锅农具，必令归佛山一处炉户铸造，所有铁斤运赴佛山发卖。"[②]。同时也是顺应了农业对铁农具的需求和国防的需要，佛山所铸大炮就在鸦片战争中发挥了重要作用。

五、岭南成药之乡

佛山手工业发达，工人时有工伤发生，另外佛山人尚武，难免跌打损伤，佛山中成药业应运而生。佛山中成药最早出现在明代，兴盛于清，拥有400多年的历史，素有"岭南成药发祥地""广东成药之乡"的美称。涌现出了"黄祥华"如意油、"冯了性"药酒、"源吉林"甘和茶、"李众胜堂"保济丸、"马百良"七厘散等一批老字号名药，形成医馆林立的局面，始创于1573年的佛山梁仲弘蜡丸馆是中国最早的中成药厂之一。

佛山中成药产品种类齐全，有药膏、药丹、药丸、药散、药油、药酒、药茶七种。成药业的兴盛时期，有厂店近百家，出售成药数百种，从业人员逾千，产品不但畅销国内，还远销国外。现在，港澳和东南亚等地很多传统的中成药，他们的老祖宗均发源于佛山。

佛山将所产的朱纸、铁锅、铁丝、铁锤、陶瓷、土布等大量销往各地，其中尤以铁器为最多。"两广铁货所都，七省需焉，每岁浙、直、湖、湘商人腰缠过梅岭者数十万，皆置铁货而北。"[③] 佛山铁锅"贩于吴、越、荆、楚""铁线则无处不需"[④]。石湾陶器则"通行二广……吕宋诸国"[⑤]。佛山的成药不仅畅销华南地区，还销往华北、西北各省，甚至远销新、马、印、菲、日、美等10多个国家和地区。顺德县九江乡的蚕则是"行于省佛，贩出外洋"[⑥]。辛亥革命（1911年）后，中国收回关税权，佛山被划为二等市，出口关税比广州低，因此，南海的西樵、民乐、盐步和顺德、广州等地的纱绸都运往佛山转运出口，佛山成为全省纱绸的重要集散

---

① 屈大均：《广东新语》卷十六，《器语》。

② 阮元：《两广盐法志》卷三十五，《铁志》。

③ 陈子龙等：《明经世文编》卷三六九，霍与瑕：《上吴自湖翁大司马》。

④ 乾隆《佛山忠义乡志》卷之六，《乡俗志》。

⑤ 范端昂：《粤中见闻》卷二三，《物部三》。

⑥ 朱次琦，冯栻宗：《九江儒林乡志》卷三，《物产》。

地，跻身全省丝绸贸易重要中心。

除这几大行业外，当时还有剪纸、木版年画、炮竹等民间工艺，有染纸业、食品酿造、造船业、印染晒莨业、五金加工、竹木藤器、涂染料业、纸伞、牙刷、迷信用品业以及其他用品等。屈大均《广东新语》中所说“大抵岭南藤类至多，货于天下，其织作藤器者十家而二。五羊、汾水之肆，衣食于藤，盖多于果布也。”① 中的汾水，指的就是佛山。

明成化十七年（1481 年），石湾太原霍氏族谱记有其世祖“酿酒生财”之道。清嘉庆年间又创制了柱侯酱、盲公饼等闻名遐迩的传统食品。乾隆二十四年（1759 年），制造出许多精美的名牌产品，如佛山的“四箔金花”、顺德的螺钿红木家私等。“乡多年货，几门神、门钱、金花、通花、条香、爆竹之类，皆以一岁之力为之。至是乃列贩于市。四方来贾者肩摩踵接，喧闹为广郡最。”② 海外输入的商品也通过佛山销往各地。佛山市面上的珍奇洋货充斥，有胡椒、槟榔、锡蜡、象牙、玛瑙、玻璃、珊瑚、翡翠、火齐、木难、方诸、阳燧、鹤顶、龟筒、犀角、象鼻、羽绒，等等。

六、佛山镇的商贸繁荣

商品化的农业，日益发展的手工业，促使了佛山地区商业的发展，而当时的佛山镇更以其交通便利，为西、北江物资集散地，商贾云集，会馆遍布。佛山镇兼内河外海航运之利，在唐代已发展为广州的一个内港，外舶也停泊于此，成为岭南的综合性生产基地，商品经济发达。

宋朝时佛山镇逐渐由乡村墟市发展为工商业市镇，设对外贸易的市舶务，手工业、商业和文化事业都已相当发达，坊间有“佛山成聚，肇于汴宋”之说。

明代中叶，手工业等经济蓬勃发展，带来了商业贸易的繁荣。至清代中期，佛山已跃身成为岭南一个巨镇，与湖北汉口镇、江西景德镇、河南朱仙镇并称为我国“四大名镇”；同时与北京、苏州、武汉并称为我国商业繁盛的天下“四聚”。

清康熙年间，佛山镇的商业繁荣超过广州，其繁荣在古时资料记载中可见一斑。当时有记载道：“四方商贾之至粤者，率以佛山为归。河面广逾十寻，而舸舶之停泊者，鳞砌而蚁附。中流行舟之道至不盈数武。桡楫

① 屈大均：《广东新语》卷二十七，《草语》。
② 乾隆《佛山忠义乡志》卷六。

交击，争沸喧腾，声越四五里，有为郡会之所不及者。沿岸而上，屋宇森覆，弥望莫极。其中若纵若横，为衢为街，几以千数。阛阓层列，百货山积，凡希购之物，会城所未备者，无不取给于此。往来络绎，骈踵摩肩，廛肆居民，盈逾十万”①。《岭南杂记》也有记载：“佛山镇离广州四十里，天下商贾皆聚焉。烟火万家，百货骈集，会城（广州）百不及一也。”②

雍正十年广东巡抚杨永雄有奏疏道：“广东省城洋商贾舶云集，而一应货物俱在南海县属之佛山镇贸易”③。乾隆年间，佛山已是“商车洋客，百货交驰”④。至道光年间，佛山镇的商业发展至高峰，“佛山一镇，绅衿商贾，林林总总”⑤，“佛山居省上游，为广南一大都会，其地运之兴衰，东南半壁均所攸关”⑥，“川广云贵各省货物皆先到佛山，然后转输各省，故商务为天下最”⑦。咸丰年间，有《南粤游记》也写道：“俗称天下四大镇，粤之佛山与焉。镇属南海，商贾辐辏，百货汇集，夹岸楼阁参差，绵亘数十里。南中国富饶繁会之区，无逾此者。”⑧

七、墟市与街道发展

随着生产和贸易的发展，当时佛山镇的街区和镇貌也在迅速发生变化。佛山镇最早的市场是宋代在栅下铺的米艇头，后来又从明代的三墟六市发展到了清朝的六圩十七市。道光年间佛山的市场成为专业街市，遍布全镇28铺。大街小巷共有622条，户数达3万余户，20多座桥梁，60多处渡口⑨。

康乾年间，佛山镇的手工业区域和商业区域已基本形成。冶铁业主要集中在镇西南部地区，陶瓷业主要集中在石湾一带，纺织业主要集中在东部和东南部的乐安里、舒步街、经堂古寺、仙涌街一带。商业闹市区则集中在北部、中部地区⑩。

---

① 康熙二十三年，广东布政使奉天郎廷枢《修灵应祠记》。

② 吴震方：《岭南杂记》。

③ 雍正《朱批谕旨》五十二册，第13—14页。

④ 乾隆《佛山忠义乡志》卷一，李绍祖《佛山赋》。

⑤ 道光《佛山忠义乡志》卷十二，《金石》下，叶汝兰：《乾隆五十三年重修佛山经堂碑记》。

⑥ 道光《佛山忠义乡志》卷十二《金石》下，叶汝兰：《乾隆五十三年重修佛山经堂碑记》。

⑦ 《佛山忠义乡志》卷五，《乡俗》。

⑧ 陈微言：《南粤游记》。

⑨ 江佐中、吴英姿：《佛山民俗文化》，广东人民出版社2009年版；参见《广东省志》。

⑩ 白寿彝：《中国通史》第十卷。

第二节　明清时期商人阶层的形成

根据文献分析，佛山商人的兴起，是与明清时期佛山及其周边地区的商品发展紧密相联系的。道光年间，仅佛山镇就有220多行手工业、70多行商业和服务业，共计300多个行业。有三四千种商品生产，3000多间商铺。据乡志记载，佛山衰落之时的光绪年间，手工业行业还有一百七十八行[①]。

佛山发达的手工业和商贸的繁荣，吸引不少劳动力和资本。佛山秋色的兴起始于明永乐年间（1403—1424年），与发达的手工业和农业有密切的关系。手工业的发达，造就了不少能工巧匠，也为佛山秋色艺术提供了大量的原材料。珠江三角洲以及四乡各县的百姓纷纷汇聚到这里打工谋生或做生意。乾隆年间，“四方商贾萃于斯，四方之贫民亦萃于斯。挟资以贾者什一，徒手而求食者则什九也”[②]。康熙年间，鹤山人冯绍裘的先世“迁佛山，占籍南海，治铁冶，有锅炉数座”[③]。顺德人梁俊伟“来佛创立机房，名梁伟号，因家焉。诚实著闻，商业遂振”[④]。

当时，佛山地区在外经商也不乏其人，顺德县龙山乡商人于嘉庆年间，“或奔走燕齐，或往来吴越，或人楚蜀，或客黔滇，凡天下省郡市镇，无不货殖其中”[⑤]。咸丰年间（1851—1861年），顺德县碧江乡商人梁炜也“去而事贾，走豫章、吴会间，遂成巨富”[⑥]。

商业行会兴起，全国18行省在佛山镇均设有商务会馆，外国人也设有22家洋馆。[⑦] 据记载，佛山镇清中晚期，手工业行会、商业行会达224个，手工业会馆（堂）、商业会馆（堂）、地缘性会馆达80个。[⑧] 随着商业的曰益发展，商人队伍不断壮大，佛山地区的商人和珠三角其他地区商人一并发展成为所谓“粤商”，与同时代的徽商、浙商、晋商、闽商相比毫不

---

① 民国《佛山忠义乡志》卷六，《实业》。

② 乾隆《佛山忠义乡志》卷六，《乡俗》。

③ 民国《佛山忠义乡志》卷十四，《人物·冯绍裘》。

④ 民国《佛山忠义乡志》卷十四，《人物·梁俊伟》。

⑤ 温汝能：《嘉庆龙山乡志》卷四。

⑥ 郭汝诚、冯奉初：《咸丰顺德县志》卷二，《列传》。

⑦ 江佐中、吴英姿：《佛山民俗文化》，广东人民出版社2009年版；吴荣光：《道光佛山忠义乡志》卷五。

⑧ 朴基水：《清代佛山镇的城市发展和手工业、商业行会》，《中国社会历史评论》2005年第2期。

逊色。

据统计，道光年间各县商人所负担的捐饷比例：南海县占60%（农业和手工业各占20%），顺德、新会县各占40%，番禺、东莞、新安（宝安）县各占30%，增城县占20%，香山县占10%。[①] 这也从一个侧面说明当时的佛山地区的商人是为数不少的，是粤商的重要组成部分。

明清时期的佛山商人，即“佛商”阶层的构成主要有：

第一，铁商。其人数居各种商人之首。依经营方式的不同，铁商又可分为两类。一为坐贾，即屯积货物以坐收厚利者。正统年间，“佛山商务以锅业为最”。锅商冼灏通，把持了佛山的铁锅贸易。“各省巨商闻公信谊，咸投其家，乃人人又益喜，辄厚谢之。公以故家饶于财。”嘉靖年间，石湾霍氏从事佛山铁版的买卖。其家训称“凡人家积钱，不如积货。所积亦有其方，难收易坏者不可积，人家用少者不可积。如佛山铁版无坏，石湾之缸瓦无坏之类者，可积也。”屯积铁版，已成为当时坐收厚利的可靠生财之道。乾隆年间，黄玉阶“自己积有多金，生业当铺、铁锅店、铸锅炉。自建大屋一所，八柱宫厅、土府及傍屋等座后。”这些铁商，拥有仓房、店铺，交易活动就在有己店里或家中进行。二为行贾，嘉靖、万历年间，李白作为李氏家族冶铁产品推销商，远贩闽赣，“往来樟江、清源，千里外如出一手。”其兄李壮，号同野，是冶铸起家的大富，也亲自出马参加商品运销，“尝挟巨货遨游吴楚钾”，“出入樟江，一时名辈咸乐与之游，海内莫不知有同野公。”万历年间，霍权艺世父冶铸，“己而家计大烧”，商旅于南京。当其七十悬弧寿时，亲家李氏“曾走益睦数千里问寿”。这些铁商，挟货而行，四方出售，在外省建立了自己的推销网点。

第二，陶商。自明正德年间，石湾建造了新式龙窑，烧造出五彩斑斓的彩釉陶瓷后，石湾陶器便成为人们争相采购的对象。明清时期，石湾陶瓷品的买卖，以陶户的自产自销为主。正德年间，石头霍氏经营石湾陶瓷生产，其家训称：“凡石湾窑冶，佛山炭铁，登州木植，可以便民同利者，司货者掌之。年一人司窑冶，一人司炭铁，一人司木植。岁入利市，报于司货者。司货者岁终，咨禀家长，以知功最。”[②] 这里的“司货者”，显然是石头霍氏的商业总管，各司其业的三人，则是总管属下的商人，其中一人为陶商。“岁入利市”，就是赚取的商业利润。嘉靖年间，以窑冶为业的石湾霍氏也以屯积“石湾之缸瓦”为其牟利的手段。清顺治年间，石湾陶业进一步发展。据碑刻记载，石湾居民“以陶为业，聚族皆然。陶成则运

---

① 龙廷槐：《敬学轩文集》卷二。

② 霍韬：《霍渭厓家训》，《货殖第三》。

于四方，易粟以糊其口。官司量其船之大小，薄征其税，以抵正赋，听其自输自卖”。官府以征取商税来抵偿石湾乡的正赋，可见税源充足。这说明入清以后石湾陶商迅速增多，陶瓷产品交易十分兴旺。

第三，布商。明清时期佛山及其周围乡村家庭棉纺织业普遍发展，印染业随之兴旺。因此佛商中以贩布为业的不少。乾隆年间，冼似水“自设粤德布庄，货行苏、浙间”，与淞、宁之布商角逐。道光年间，黄世楚“自弱冠雄城贸易，谋献经纶罗绮为家室计，适为汾江大贾”。又如简祖寅，“随舅服贾汾江，谨慎勤劳，处事而事治，接物而物平，人皆重之。……既而合股伙友设布肆。”①

第四，丝商。生丝出口，是明清佛山的重要商务。故而经营土丝者亦不乏其人。乾隆年间，有马进贤、马任贤两兄弟，居佛山梨巷，“荣业土丝生理。”稍后的潘佑安，“设号于香江（香港），业花纱丝茶，价如其货，……人谓公之起家以信义，不虚也。”

第五，药商。佛山成药业始于明代，盛于清代。其发展与佛山城市人口密集和冶铁、陶瓷等高温作业易出工伤事故不无关系。因此成药商人，也成为佛山的重要职业。乾隆年间，佛山参药行有二十七家堂店。道光年间，其中“称姜仁圃者，伯仲于羊城”。除参药行外，经营各类丸药店的商人更多。乾隆年间，潘晓修“市隐禅山，丸药济人，远近沾溉，业以大起。”同时的潘联子，“居佛镇药肆数十年，同业称其仁厚。”此外，还有设肆于澳门者。乾隆年间，何建鼎“壮年服贾濠镜，业药肆至城，与人市货论价一二言而决。嘉庆年间，肆业扩大，其子何文彩率领弟、侄数人赴澳门接办经营，药肆和收租之铺增加到四间以上。”②

第六，米商。明清时期，广郡民食尽仰籴于广西、湖南之米，而地处西、北两江会流处的佛山则成了广东的米粮贸易中心。佛山的米户，把持着米市，垄断了价格。乡志载：“举镇数十万人尽仰资于粤西暨罗定之谷艘，日计数千石。谷艘至稍希，则米肆拥先，所籴以增价。”③“广西谷艘一日不到佛山镇，则囤户便联增米价。”④ 因此佛山米商对佛山乃至广州的经济生活有着举足轻重的影响。佛山最重要的米商称“七市米户”，据碑刻记载：乾隆五十五年，“佛山镇铺民梁太盛、梁异平、黄兴臣等呈称：蚁等向在佛山镇七市开张糙白米铺生理，每铺或雇工七八人、十余人不等，俱系随籴随碾，日逐发卖。”一铺雇工有十余人，经营规模实属不小。

① 《粤东简氏大同谱》卷十，《家传谱》。
② 《南海烟桥何氏家谱》卷九，《杂录谱》，《徐佩韦致何文绮书》卷七，《家传谱》。
③ 《佛山忠义乡志》卷三，《乡事志》。
④ 《鹤园冼氏家谱》卷六，《人物谱·列女》。

除镇丙七市米户外，石湾、澜石、罗定、澳门等地都有佛山米商设肆经营。

第七，柴商和木商。佛山周边不产木材，即炊柴亦须贩自粤西。乾隆乡志就有梁舍人往粤西贩柴的详细记载。乾嘉以还，由于城镇发展，营建大兴，木材贸易也颇为活跃。《鹤园冼氏家谱》载："木贩某者，向在街首营生，逋负多。先数日逃去，及是欲归死。铺门被业主钉锁。"买木者预先付了定金，木贩某却不能如期交货，造成"逋负多"，可见需要木材的人很多。

第八，行商。明清时期，主要的商业市镇杯设有"牙行"。所谓"牙行砂"，实际上就是"牙店""行家""行户"的通称。行商由身家殷实者承充，官府发给执照。其职能主要是替客商收集专卖品。因其主富商巨贾的兴贩，所以"牙用"的收入，常常获利甚厚。清代的行商，只要有资产，也从事着商业活动。在佛山，行商不仅设立仓栈，而且砌造码头。

第九，典当商。清代佛山典当业尤盛。据《粤东例案》记载："乾隆十九年七月，抚部院官批本司详查得佛山同知详称：佛山镇、当、按铺按钱扣底一案，嗣后凡当货物，照例取三分之外，丝毫不许苟取。"可见佛山当时已有典铺、当铺、按铺之别。典当业堆放货物的地点叫"质库"，形如近代的碉楼。当时"佛山多典肆。以御盗故，高其墙垣。……河道日狭，质库日高。"典当业一经设立，其触角必定会从城镇伸向乡村。与此同时，银铺业在佛山也方兴未艾。

第十，船商。佛山以水运为主，船商也是一个重要行业。在长期的江海航行中，佛山船商积累了丰富的营业经验，这对后来的佛山商人经营近代轮舶业无疑有深刻影响。

第十一，盐商。佛山地近省城，也有从事盐运者。

第十二，珠宝商。广东濒海，广州此前一直为南洋、波斯各地犀玉丛聚之地，经营珠宝乃是极易致富的行业。因此佛商也有到广州交易珠宝的人。

除上述种种商人外，佛山还有颜料商、成衣商、线香商、烟草商、鞋袜商、铅商、铜商、糖商、果商，等等。乾嘉道之间，佛山的工商店号在三千家以上。铺户贸易和转运贸易成为当时主要的贸易形式。

明清佛山商人活动的地理范围相当广阔。他们经营的业务，不是仅限于佛山、石湾一隅，而是伸展向省内，省外各地。[①] 据查了解，明清时期佛山商人最集中的地点是广州。广州与佛山这两个城市，相辅相成，时人

① 罗一星：《明清时期的佛山商人》，《学术研究》1985 年第 6 期。

并称为“广佛”或“省佛”。当时各省出口的货物，皆先集中运往佛山，再由此转输广州。而各省所需的中外货物，也通过佛商到广州置办。佛山和广州，正如两座巨大的桥头堡，而千百个佛山商人，便如一条无形的桥梁一般连接着两头。所有这一切，都说明了从明朝中叶至鸦片战争这300多年间，佛山随着商品经济的发展，资本主义在佛山社会萌芽、缓慢地发展着。佛山之所以能成为中国近代工业的诞生地之一，孕育很多有影响的近代工业先驱，有其深刻的历史背景和条件。

第三节　近代民族企业家实业救国

鸦片战争后，帝国主义列强对中国实施霸占、瓜分，经济上疯狂掠夺，大量倾销他们的商品，掠夺中国廉价的原材料和劳动力资源。在商品经济发展比较早的佛山地区，其破坏力与影响更显严重。城市手工业受到严重打击和破坏，大批手工业者破产。19世纪末年刘桢麟这样记述：“中国自通商以来，洋货日销，土货日绌。……以吾粤论，佛山针行，向称大宗，佣工仰食以千万计，自有洋针，而离散殆尽矣；乡邑妇女，多借纺织以谋食，自有洋布，而土布无人过问矣；其余钮扣线袜，向之著名专利者，亦冷落无趣，势将坐食。吾粤如是，余省可知矣。”《（民国）佛山忠义乡志》记载：“（铁砖行）前有十余家，今则洋铁输入，遂无此业者矣”。“（铁线行）道咸时为最盛，工人多至千余，后以洋铁线输入，仅存数家。”咸丰《顺德县志》记载：该县特产的斜文布，“女工遍布县市，自西洋以风火水牛运机成布，舶至贱售，女工几停其半”。[①] 手工业者的破产，催生大批靠出卖劳动力为生的农民和城市贫民，加速了资本主义工业生产方式的发展。

然而即使是在这样的时期，佛山地区并没有就此衰落，反而得风气之先，兴办民族资本企业，发展近代工业，佛山轻工业体系是由近代手工业发展起来的。佛山手工业的发展，促使雇佣关系开始产生，资本主义有了萌芽。面对外国资本主义的侵略，一批先进的中国人看到西方资产阶级成功地建设了现代国家，提出向西方学习以救国富民，在当时，有火柴、印刷、玻璃、蚊香、酿酒、酱料、饼食等行业。

佛山华侨众多，创办近代工业的佛山人，很多都是华侨商人。他们爱

① 咸丰《顺德县志》卷三，第45页。

国爱乡，亲眼目睹西方资本主义国家工业革命后建成富强国家的现实，自身又通过经商积累了一定的资本，于是便回到家乡办实业，以救国富民。中国第一家民族资本近代企业继昌隆缫丝厂就是这样诞生的。陈启沅在其所著《蚕桑谱》中讲述办厂的旨意："……耕禾种果，是以我国之物而易本处之财，得失仍归我国。惟养蚕缫丝，是以我国之物而易他国之财，岂非大有益之事业乎！况蚕丝是制衣之物，非独外国可用，即我国亦必所需之物也……若此，非天下之大务耶?"这充分表达了华侨积极兴办和发展中国近代工业的想法。

1873 年，佛山市南海西樵华侨商人陈启沅在家乡创建中国首家民族资本近代企业——继昌隆缫丝厂，俗称继昌隆丝偈，带动了珠江三角洲机器缫丝业的发展。1872 年，陈启沅从安南（今越南）回国，在家乡广东南海西樵简村堡开办继昌隆缫丝厂。陈启沅结合当时的中国国情，改进缫丝技术，走多种缫丝方式并行的发展道路，缓和了机缫与手缫的矛盾，提高生产效率，使缫丝业得到了更大的发展，同时也带动了种桑、养蚕业的发展。珠江三角洲一带掀起"弃田筑塘，废稻树桑"热潮。经营桑蚕业收入的增加，使蚕桑业的地位从副业上升到了主业，也使分散、原始的缫丝生产模式迅速发展为一项现代产业。这些缫丝厂的原料蚕茧，主要依靠南海、东莞、顺德、香山等县的桑叶养蚕供应。

到 20 世纪初期，广州及附近的顺德、南海等地的蚕丝业日渐鼎盛。"桑基鱼塘"成为当地数十万户居民的生产方式，并出现"家家早起夜眠迟，生丝要赶趁圩期"的忙碌景象。当时有民谚："一担桑叶一担米，一船丝出一船银归。"形容的就是当时的空前盛况。产品很快畅销于欧美和东南亚各地，继昌隆缫丝厂由此驰名于世。在它的影响下，珠江三角洲的机器缫丝厂像雨后春笋般发展起来。据统计，光绪十三年（1887 年），仅顺德县的机器缫丝厂已达到 42 家，19 世纪末增至 100 家；宣统三年（1911 年）增至 142 家；1912 年增至 162 家，不久增至 300 多家，丝车女工达 15 万人之多，远远超过同期上海、无锡两地的机器缫丝厂。继昌隆缫丝厂创办以后，南海县最早的一批近代产业工人也随之诞生了。

陈启沅创办的继昌隆缫丝厂，尽管在发展过程中受尽阻挠，但由于该厂成效显著，又得到清政府的承认与支持，于短期内迅速发展壮大，成为珠三角地区的领头羊，并不是偶然的。这与当时国际、国内商业贸易繁荣的形势密切相关，亦与陈启沅立志振兴实业，还哺祖国的崇高思想，自身的商业素质，高超的经营之道密不可分。继昌隆缫丝厂是中国缫丝业的第一家民族资本主义企业，是中国最早的机器缫丝工厂，也是最早由私人经营的近代工业企业之一。"继昌隆缫丝厂的创办和发展，标志着缫丝工业进入了新的历史时期，促进了珠江三角洲，乃至全国缫丝工业的发展，增强了我国丝的出口在国际市场上的竞争能力。一业兴，百业旺，缫丝工业的发展，带动了各有关行业的兴旺，为我国民族资本的投入指明了方向和道路。陈启沅使中国缫丝业从手工作坊走向企业规模化管理、机械化生路。陈启沅使中国缫丝业从手工作坊走向企业规模化管理、机械化生产、系统化经营，掀起了中国纺织业的第一轮工业革命，开创了当时珠江三角洲甚至全国纺织业的新篇章，从而对中国缫丝业及社会经济的发展，做出了重要的历史贡献。”①

何启（西樵人，1858—1914 年）、胡礼垣（三水乐平人，1847—1916 年）大声疾呼“奋然改革，政令从新”，政治上要求实行君主立宪，经济上鼓呼和要求发展民族工商业。他们认为，“富国者莫先于利民，利民者莫先于便民，民得其便，则向之农田，以十亩为率者，今且从事于百亩也。向之作贾，以千员为志者，今者相期以万员也，而矿务不难于崛兴，机局不难于竞起，铁路不难于网布，货物不难于丰饶”。从农、工、商、交通运输等方面发展民族工业，国家采取“轻税利民”的政策，中国就可以富强起来。康有为领导戊戌维新运动，更提出了学习西方建设资本主义强国的蓝图。他提出一系列的具体改革主张，“夫富国之法有六：曰钞法，曰铁路，曰机器轮舟，曰开矿，曰铸银，曰邮政”，即设银行，修铁路，发展机器、轮船、矿务、邮政，而且“吾民集款，力能自举，无使外国收我利权”。这些先进的思想，代表了当时寻求救国富民路径的中国人的理念，一些有眼光、有魄力、敢为天下先的佛山人，本着实业救国的理想，开始兴办近代工业，成为中国近代工业发展的先驱。

光绪五年（1879 年），广东肇庆人卫省轩在佛山文昌沙创建的巧明火柴厂，是中国第一家民族资本办的火柴厂，至今已有百余年历史。火柴是瑞典人发明的，世界第一家火柴厂于 1833 年在瑞典创办。1865 年火柴传入中国，是由外国人作为向清朝皇帝进贡的“珍品”而传入的，所以火柴被称为“洋火”“自来火”。中日甲午战争后，日本火柴大量涌进中国。卫省轩在青年时代到日本留学、经商，他看到中国从东洋输入火柴，国内财源外流，非常焦急，决心学习火柴制作技术，他一边经商，一边留心学习。回国后，他看中佛山的工商条件，选择了靠近广州、有手工业基础的佛山文昌沙创办巧明火柴厂。通过旅日广东同乡在神户开设的办庄，将日本的火柴盒片输回佛山，又以经销名义，专用一个或几个牌号，委托日本火柴厂代制火柴运回国内销售，甚至用高价购买日本火柴厂畅销的牌子，

① 邢甲志：《清末广东南海继昌隆缫丝厂创办人陈启沅》，《中国商界》2009 年第 6 期。

作为自己的商标（如“舞龙”和“舞狮”）去包销日本火柴。

巧明火柴厂初时规模不大，全靠手工操作，工人多是水上居民。每天生产火柴仅有十余笠（每笠1200小盒），但却因此打破了由外国垄断火柴市场的局面。卫省轩很能体谅工人，他允许工人携带年幼的子女入厂开工，也发火柴盒外工给工人加工，如今佛山家庭的前辈，许多人都向巧明火柴厂领料做过火柴盒。随后，巧明火柴厂业务扩大，迁到缸瓦栏（今中山路火车站附近），转用机器生产。据《（民国）佛山忠义乡志》记载：“巧明火柴厂在缸瓦栏，多用机器制作，工人执业如切纸、染药各有专职。制火柴盒，多用女工，附近敦厚乡妇女多业此者。每成盒一千，工值一角，日可获一二角。亦女子家庭职业之一种也。”巧明火柴厂搬来搬去，厂址都设在汾江河边，原因是便利运输，也利于消防。巧明火柴以后来使用的商标有舞龙、舞狮、鲤鱼、发财、猴鹿、光明、巧明、国货巧明等多种，并在火柴盒上印“提倡国货，挽回权利”“中国人应用中国货”“报国”等文字，充分显示了民族企业对祖国的热爱。在巧明火柴厂的影响下，广州近郊的芳村等地先后办了好几家火柴厂。1886年，天津自来火公司成立；1889年，重庆森昌泰火柴厂成立；1890年，上海燮昌火柴公司成立。至1900年，中国共办起了19间火柴厂。产品不仅行销国内各省和港澳，还销往南洋群岛、檀香山等地。

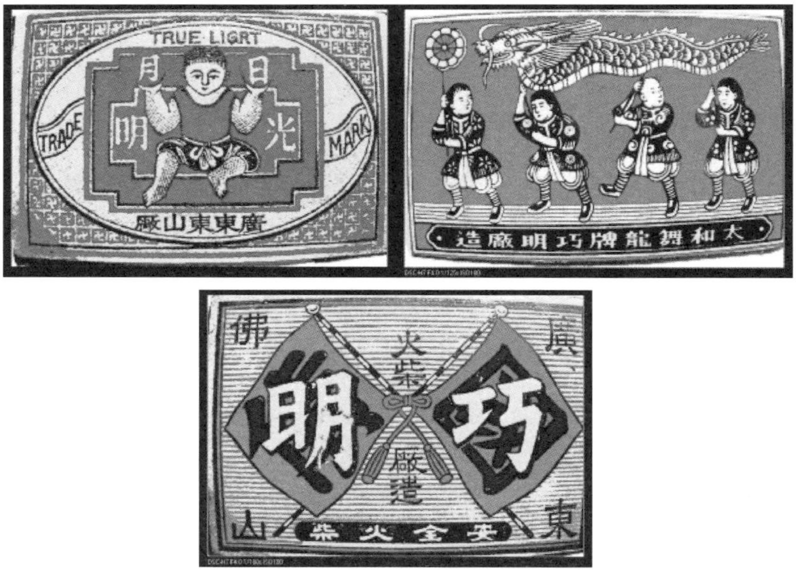

图3－1　文昌沙兴办巧明火柴厂图案

光绪八年（1882年），佛山市南海盐步人钟星溪创建了广东第一家机器造纸厂，钟星溪招股白银15万两，在家乡水藤购地30亩建机器造纸厂。

光绪十五年（1889 年）正式投产，日产纸 3.1 吨。当时以向清政府缴交白银 1000 两为条件，取得 10 年的专利权。纸厂的整套机器设备从英国柏川公司购进，监造师、工程师均聘请英国人，雇请一些曾在美国造纸厂工作过的中国工人及当地工人合共 100 多人。造纸原料主要是稻草，纸质优良，称为“宏远堂纸”，也叫“西洋纸”，大部分出口外销。光绪三十二年（1906 年），购进国外印刷设备，开展机器印刷业务，石印、铅印亦逐步传入。这是我国第二家、广东第一家机器造纸厂。佛山印刷业也成为其轻工业最早使用进口机器生产的行业。

广东南海人简照南、简玉阶兄弟在香港创办广东南海烟草公司，针对外商英美烟草公司垄断中国卷烟市场的状况，提出“中国人吸中国烟”，改进产品质量，扩大销售市场，企业不断扩展。简氏兄弟曾在神户自设东盛泰商号，经营瓷器和布匹批发；曾在香港开设怡兴泰商号，由简玉阶主持，贩运杂货于日本、中国香港和暹罗之间。

图 3－2　南洋兄弟烟草公司生产景图

简照南则独自经营航运业，创设顺泰轮船公司，租船来往于越南和缅甸之间。后又购置广东丸汽轮一艘，为了向日本政府注册，简照南于 1902 年入籍日本，取名松本照南。不久，广东丸失事沉没，于是放弃航运业，有志于烟草业的发展。鉴于卷烟是列强输入中国的主要商品之一，不忍市场为外烟独占，利益外溢，于是与越南华侨曾星湖等在香港创设广东南洋烟草公司，与天津的北洋烟草公司，同兴国货，共挽利权。1905 年开业后，招致英美烟公司的打击，业务一蹶不振，迫于 1908 年亏本歇业。但简氏兄弟并不气馁，马上求助于南洋华侨，并由其叔父多方奔走设法，筹得现款十多万元，重振旗鼓，鼎力再起，于宣统元年（1909 年）集资再起，改名为广东南洋兄弟烟草公司。向香港当局注册，照南任总司理，玉阶任副司理。自 1911 年起，公司由亏损转为盈余。抗战期间，公司资产四分五裂，工厂处于日本军事的管制之下，港沪及内地厂务多为官僚资本所操纵，生产陷于窘境，简玉阶依然一直关心着公司的发展，在经营上力求革新，使生产的“双喜”“飞马”“白金龙”“红金花”“大长城”和“大喜”等牌子的卷烟备受顾客的欢迎。抗战胜利后，公司在官僚资本集团的控制下，设备残旧，机构臃肿，流动资金减少，简玉阶面对公司有倒闭危险的惨淡局面，还是竭尽全力，把南洋兄弟烟草公司维持到新中国成立。

光华电气股份有限公司创始于清末民初，由陈振南、梁季典、冯恩三、李佩鸣、肖瀛洲、陈石明、梁仁甫等 7 人在南海市（今南海区）发起创办。以广东双银毫为单位，10 元为 1 股，共发行 25000 股，收足股银 25 万。厂址设在佛山镇缸瓦栏（今中山路），办公楼设在北胜街（今富文路），陈振南任总经理。设备有 200 匹机 4 部、300 匹机 1 部、600 匹机 2 部。民国元年（1912 年）完成设备安装发电投产。雇佣工人 100 多名。开业成功不久，利用粤北山区廉价丰富的木炭资源作为能源动力，在韶关筹办了韶关发电厂。①

清光绪二十年（1894 年）南海里水人陈春泉，引进上海毛巾织造的技术，在家乡创办了捷兴毛巾厂，是广东毛巾业的起源，被后人誉为“里水陈启沅”。

1911 年到 1927 年，顺德龙江镇美里坊人薛广森分别在顺德、广州、佛山②等地开设了 10 家机器碾米厂，成为广东机械碾米产业的先驱。1915 年成功地制造出第一台国产柴油机。1918 年后，薛广森在大量生产柴油机的同时，兼营榨糖、榨油、采矿灯等机械装备，是民国时期的机器大王。引领着民族工业的发展，并引发出一系列近代民族企业的诞生。

佛山市玻璃工业始于清末民初。20 世纪二三十年代，佛山 8 人以上的玻璃厂有 4 家，其中以裕隆和泰兴隆较大。此时的佛山玻璃工业都是作坊式生产，工艺原始落后，产品有煤油灯及灯罩、汽灯灯罩等杂件。泰兴隆产品以“鹰唛”为注册商标，裕隆商标用“双鸡球唛”，产品销售往本地附近乡村和广州等地。泰兴隆玻璃厂是罗恩波于民国二十一年（1932 年）在上沙开设的，以碎玻璃为主要原料，日耗近千斤。有从业人员 40 多人，为建国前规模最大的工厂。

---

① 《南海市工商联志》第七章，第 180 页。

② 行政区划当时属于南海县。

抗日战争期间，佛山沦陷，百业萧条。抗战胜利后，内战又起，各行业仍不景气，从业者更迭频繁。唯有食品、印刷、土纸等业尚可维持。至建国前夕，轻工业仍以家庭手工业或工场手工业为主，除印刷业外再无机械作业。

第四节　新中国成立后工商业的稳步发展

新中国成立后，据 1949 年 10 月资料，佛山全镇有座商 2004 户，从业人员 8317 人，资本总额 437 万元（折现币）；工业总产值 1543 亿元（旧币，折成现币 1543 万元），其中工场手工业生产的产值占 87%；全佛山有私营商业、饮食业、服务业 7181 户，其中座商 2004 户，固定摊贩 2800（分 38 类 120 个组），流动摊贩约 1405 户，石湾 626 户（包括摊贩），郊区 346 户（包括澜石、环市、张三个区、乡），从业人数约 1 万人。那时的工业有 229 个自然行业，半机器生产的工业户只有 14 家，十人以下的手工业户 4338 家，从业人员 11885 人，产品品种有 2200 多个，工业设备简陋，技术落后，劳动生产率低。

在 200 多个行业中，陶瓷、丝织（晒莨）、土布、雨伞、铸造、成药等仍是主要的传统行业。从事迷信品生产的行业（如大光金银、金银纸、金花、锡箔、染磨纸等等）有 382 家，占全部手工业户的 10%。不少行业保留着“把头”及生产者的人身依附等半封建制度，而且带买办性的商业资本也操纵着手工业的经营。当时的商业同广大农村（指番禺、南海、顺德、三水、花县等）的关系不密切，南海县各区、乡所需的商品，70% 流向广州购买。佛山商业的营业额，60% 靠镇内居民，40% 依靠附近农村。绸布、米粮、纸料、花纱、山货等行业的批发生意较为兴旺，从而带动了酒楼、旅业及其他商业的发展。1949 年 12 月下旬，佛山治安开始稳定。1950 年 4 月中旬，商店营业逐渐恢复。

1950 年，绸布、米粮、纸料、花纱、山货等行业较繁荣，商品主要销向香港、澳门、广州及西、北江各县，批发占销售额 75%。从 1950 年起，政府对市场进行有计划的改造。首先对关系国计民生的重要商品，严禁投机倒把，严禁损害生产者和消费者的利益。对于经营米谷、牲口、绸布、花纱、酒楼茶市、迷信品等一些客户，便相继歇业或转业。随后相继建立国营粮食、花纱、百货、贸易、医药、油脂、水产、食品等公司和职工消费合作社，以领导市场、掌握物资、平抑物价，私营商业则随着市场变化和政策的指导而发生变化。国营商业建立后，一些私营商业便转为经销、代销。

1954 年 5 月开始，米粮、面粉、花生、食油、芝麻、糖、生猪、木柴、棉布、纸烟、酒等实行统购统销。12 月 23 日，对居民口粮实行定量供应。当时，私营商业还占社会商品零售总额的 70%。1955 年 1 月，棉布实行定量统销。相继成立工业民用器材和化工原料等公司。1995 年年末统计，国营商业占社会商品零售总额的 28.6%，经销、代销占 35.41%，私营商业仍占 34.71%。1956 年，对私营商业进行以公私合营为主要形式的全行业改造，批准参加公私合营的座商有 1119 户，从业人员 3819 人，组成 25 个公私合营商店，摊贩也纷纷要求组成合作商店，经过国营公司的帮助，组织起 375 个合作组织，加入的摊贩有 4221 户 5921 人，占摊贩总户数的 99.1%。1957 年，佛山提前 10 个月完成第一个五年计划。一批现代化的新工业，如佛山酒厂、红棉丝织厂、华侨造纸厂、佛山变电站、新光针织厂、粤中印刷厂、佛山水泵厂、公记隆丝织厂等相继建成，加上农业丰收，城市完成全面性的工资改革，城乡人民生活水平显著提高，市场空前活跃。1957 年的社会商品零售总额实现 5022 万元，比 1949 年增长 60.3%。1957 年，全市有商业网点 3505 个，平均每千个居民有 19.7 个，基本满足人民生活的需要。

1958 年商业组织“大跃进”。全市私营商业，公私合营全部过渡转入国营，国营九个公司（百货、纺织、针织、文化用品、医药、药材、五金交电、化工、贸易）也改组合并为 4 个经理部（日用百货、民用器材、纺织品、医药）。小商贩 67 个行业，4231 户，5583 人转入国营商店。全市商业网点精简了 85.9%。“大跃进”三年，商业经济效益下降，物资、商品、资金的浪费损失达 975 万多元。1961 年，贯彻“调整、巩固、充实、提高”的方针。国营商业将 6 个经理部（日用百货、民用器材、纺织品、医药、食品蔬杂、糖烟酒）分为 9 个专业公司及 1 个办事处。同时从 5 月下旬开始，恢复 26 个行业 181 个合作组织，从国营商店退出 2581 个摊贩。这一年，为了稳定人民生活，规定 18 大类必需品的价格由中央控制。①

① 《佛山市商业志》第二章，第 36 页。

第五节　改革开放工商业再次腾飞

党的十一届三中全会开启了我国社会主义现代化建设事业的新时代。在波澜壮阔的改革开放和现代化建设进程中，佛山人民秉承了先辈们的“敢为人先、敢于创新、敢于胜利”的精神，敢想敢干，敢闯敢试，敢破敢立，担当了改革先锋的历史角色，创造了许许多多奇迹，为全国提供了许多改革的先行经验，也使千年古镇的佛山走上了新的辉煌之路。

改革开放之初，在“左”的思想影响根深蒂固的环境与氛围下，一批受惠于家庭联产承包责任制的南海农民“洗脚上田”，办起了一批小五金、小冶炼、小化工、小塑料等个体私营企业，拉开了南海非公有制经济发展的帷幕。当时的县委县政府就以“敲锣打鼓贺富裕”的形式旗帜鲜明地鼓励扶持，并提出了县、乡、村、联户、个体“五个轮子一起转”，多层次发展乡镇企业的决策，使经济发展走上了民营化的道路。1982 年，全县、乡、村三级工业企业达 4101 家。1983 年，县、乡、村三级工业企业收入 7.41 亿元，占当年农村经济总收入 12.77 亿元的 60%。20 世纪 80 年代后期，在许多地方为非公有制经济姓“资”姓“社”争论得沸沸扬扬之际，南海却明确提出对民营经济实行“政治上鼓励、政策上扶持、方向上引导、法律上保护”的方针，尽可能创造宽松的发展环境。

1978 年 12 月，中国共产党召开了十一届三中全会，确定以经济建设为工作重点。1979 年，广东实行“灵活措施”的政策。佛山国营商业提倡恢复传统经营特色，并提出：“扩大商品流通，把生意做活，实行购销并举，活跃城乡经济”。“三品楼”的柱侯鸡，“得心斋”的酝扎蹄以及有地方风味的菜式、小食，如“绉纱鹅掌”“百珍扒大鸭”“百花凤凰卷”“石湾鱼腐”“煲仔饭”“桑枝粥”“牛腩粉”等 100 多款，纷纷上市。1980 年，佛山商品流通体制进入初步改革阶段。开放农贸市场，开辟多渠道流通，发展批零兼营商店，试行扩大企业自主权。国营商业加入市场竞争，增设商业网点 260 多个，成立货栈 9 个。这一年国营商业评议价纯购进 1633 万元，比上年增加 15%；议价纯销售 2083 万元，比上年增加 6 倍多。人民生活消费品基本实现敞开供应，凭证定量分配供给的商品只剩针棉织品、棉布、蜂窝煤及引火用木柴等。

1981 年新的商业网点如雨后春笋般出现。社会各种商场、商行涌现，如珠江大酒店、时代洗染服务中心、公兴隆饼家、福贤烧腊庙、永安信托商店、石湾新华美容院等等，均在这年开业。商办工业有 8 个产品获奖："兰花牌"纯莲蓉月饼获国家金质奖，"双钱牌"合桃酥获商业部优质奖，"得心斋"酝扎蹄获省食品加工质量第一名。1982 年，佛山的传统工业（纺织业、陶瓷业、制药业）以及新发展的电子工业、塑料工业等都有不同程度的飞跃，农业也有较大发展，提供的商品量显著增加，因而商业的发展更为喜人。这一年商业国内纯购进 45497 万元，国内纯销售 31684 万元。社会商品零售总额 35484 万元，全市零售商业网点 11559 个，个体商贩发展到 764 户（1978 年只有 41 户）。全市最大的，有 9600 多平方米营业面积的综合性的、多功能的"兴华商场"，也在当年 12 月 25 日开业。这年市区农贸市场空前繁荣，北方鲜蛋、台山肉蟹、珠海咸鱼、南海烧鹅、顺德香蕉、广西药材和西北、西南各省来的干杂货琳琅满目。单是烧鹅档就有 51 档，每天上市千只以上。当年农贸市场的成交额近 2000 万元。

自改革开放后，进口的交电商品充斥市场，近几年里，许多家庭的黑白电视机换上"彩电"；收录机从一般到中、高档，进一步又发展为组合音响；十分之四五的家庭拥有电冰箱；台扇、吊扇普及到各家各户，有些家庭还装上空调机。曾有公司在 1985 年错估形势，大量购进空调机等商品，致背上"洋货包袱"，大量积压资金。交电商品，既有国产、又有进口。五金、交电商品品种多，有七八千种，在经营上注意花式品种齐全，使顾客有充分的选购余地。五金、交电商品技术性强，质量要求严格。如电动五金工具、家用电冰箱等，如不符合技术质量标准，损害消费者的利益较严重，甚至危及人们生命。故经营必须十分认真，严格把好标准关和质量关。不少五金、交电商品既是生活资料又是生产资料。如自行车在城市主要作生活资料，在农村却主要作生产资料；图钉、电风扇等，在消费者用时是生活资料，在生产者用时是生产资料，故必修认真研究同一商品的消费结构，合理组织和分配货源。五金、交电商品还有更新换代、卖修结合、销售竞争激烈等特点，经营时须认真研究商品的生命周期，搞好售后服务，搞好商品陈列和广告宣传，不断提高企业掌握市场的能力。①

以桑基鱼塘著称的顺德，在改革开放之初就开始了大规模的产业转换，发展现代工业成为顺德人的目标追求。为了集中资源加快工业发展，当时的顺德县委县政府确定了"三个为主"（以集体经济为主、以工业经济为主、以骨干企业为主）的经济发展思路，全力推进工业化进程。这就使政府从政治领域一下子站到了经济发展的前沿，对工业发展实施超前引领与推动，不仅为企业的资金作担保，还想方设法为企业搞原料、跑市

① 《佛山市商业志》第五章，第 62 页。

场、引技术、找人才，成为经济发展的组织者和实施者。这种“全局一盘棋，一心抓经济”，上下同心，休戚与共的局面，使顺德乡镇企业异军突起，引起举国关注。从1978年到1992年，顺德的工农业总产值增长了20倍，工农业产值比例从45：55变成了92：8，财政收入居全国县级之冠，顺德人用14年的时间完成了农村工业化的历史性转变。在这一过程中，顺德不仅彻底改变了自身的产业结构，同时，为中国的改革开放探索了一个农村工业化的成功模式——顺德模式。

20世纪80年代初，顺德最早的一批乡镇企业纷纷冒出来；从1992年开始，乡镇企业经历了改制风潮，美的、科龙等乡镇企业纷纷进行股份制改造，其后大的企业集团纷纷上市，从资本市场融资加快企业的发展；改制前后，顺德的小家电企业依托大企业的力量，借助海外资金和市场，稳步发展。当然这一时期也是大浪淘沙的时期，不少以前很响的品牌逐步淡出了市场，而一些名不见经传的品牌则冒出头来，这跟经营者的素质有关。由于顺德小家电企业的不少老总都是从田野中走来的，文化素质不高，当企业发展到一定程度时，老板的素质跟不上，又没有聘请到好的职业经理人，企业就会出现经营管理不善的情况，一旦企业技术、产品不占有优势，就会被挤出市场。另一方面，20世纪90年代中后期开始，家电市场从卖方市场进入买方市场，在激烈的竞争中，没有很强的盈利能力就会被淘汰。现代小家电市场的竞争到了综合实力比拼的年代，考的是盈利能力，技术、生产管理、销售，任何一个环节不行都会影响竞争力，所以品牌建设被越来越多的企业重视。目前政府正通过创立行业技术创新中心、推动中小家电企业上市的手段来提升中小型家电企业的管理水平、技术开发、市场销售能力。

经过改革开放以来的快速发展，到20世纪90年代初，顺德的现代工业体系已基本形成，实现了传统农业经济为主向现代工业经济为主的经济大转换，创造了巨大的经济辉煌。但是在这辉煌的背后，同时潜藏着巨大的风险，集中体现在“无钱靠贷、有钱分晒（有钱分完了）、企业亏损人走晒（企业亏损人走光了）、最后政府背大债”。善于改革创新的顺德人，面对这个发展现状，通过深刻反思，坚定了推进企业产权制度的决心。他们在邓小平南方谈话和党的十四大提出建立社会主义市场经济体制目标的鼓舞下，于1993年下半年，出台了《关于转换企业经营机制，发展混合经济的试行办法》，按照“抓住一批，放开一批，发展一批”的思路和“靓女先嫁”的理念，顶住压力，排除非议，敢担风险，义无反顾地开展了公有企业产权制度的改革探索，将华宝空调等一批优质企业大部分股权卖给外商。“靓女先嫁”的理念当时相当部分人不理解，认为是“国有资产流失”“国有经济瓦解”，但改革取得巨大成功，激发了企业发展活力。

1997 年 11 月 5—7 日，《人民日报》连续三天报道顺德综合改革经验，给予充分肯定和高度评价。顺德在公有企业产权制度改革上先走了一步，发挥了示范作用。在改革开放初期，佛山就确立了加速发展民营经济的方针，先后制定了一系列护持和促进民营企业做强做大的具体措施。全市民营企业经济出现了快速发展，提升发展的喜人局面，成为推动佛山经济持续、快速发展的重要力量。2003 年以来，全市规模以上民营工业年均增长 30% 以上，2007 年全市规模以上民营工业企业完成工业总产值 4833.79 元，增长 34.3%，占规模以上工业总产值的 57.5%。

改革开放以来，佛山以先行一步、敢为人先的气魄，以科学发展观为指导，不断创新思路，转变发展方式，推动经济和社会各项事业又好又快协调发展，城市综合实力不断提升。改革开放后佛山经济发展迅猛。1980 年，国内生产总值 GDP 仅为 17 亿元，1990 年 GDP 为 136 亿元，1995 年 GDP 为 545 亿元，到 2000 年 GDP 为 948 亿元，2001 年 GDP 已突破千亿大关。佛山经济发展近 20 年呈跳跃式，增长近 60 倍，“九五”期间佛山经济年均递增 13%，经济总量占 1/100，占全省第三位。且佛山已成为中国较早的商品出口基地之一，产品远销一百多个国家和地区。通过创新招商引资机制，出台优惠政策，降低营商成本，吸引外来投资，招商引资成果显著。2007 年，全市实际外商直接投资 15.73 亿美元，增长 38.3%；进出口总值 378.5 亿美元，增长 22.2%，其中进出口 261.9 亿美元，增长 23.9%；引进投资超千万美元项目 87 个，新增世界 500 强项目 17 个，引进奇美薄膜液晶显示器、英威达氨纶纤维等一批科技含量高，带动能力强的龙头项目。

通过改革开放 20 年来的建设，佛山的产业结构不断优化，新兴产业和高新技术产业不断得到发展。21 世纪初，佛山工业已形成了以纺织、电子、陶瓷、塑料、电器、建材、食品饮料、机械等行业为骨干的主导产业群和以电子信息、智能绿色家电、光机电一体化、生物工程、新材料等行业为主导的高新技术产业群。其中佛山照明、佛山陶瓷、佛山塑料、顺德科龙、顺德美的、顺德格兰仕、南海发展、三水健力宝、高明高丰等大型企业（集团）都有雄厚的经济和科技实力，在国内同行业中也居于领先地位。2002 年上半年，佛山市抓住我国加入 WTO 的机遇，外经贸工作整体运行良好，各项指标保持快速增长。1—6 月，全市出口总值 36.2 亿美元，增长 21.6%；进出口货运量 514 万吨，增长 23%；直接合同利用外资 3.89 亿美元，增长 44.6%；直接实际使用外资 3.5 亿美元。增幅分别高出全省 0.7 和全国 7.5 个百分点。值得注意的是，机电产品和高新技术产品出口继续起着龙头作用，机电产品出口 21.8 亿美元，增长 35%；高新技术产品出口 6.3 亿美元，增长 52.1%。与此同时，出口市场多元化初见成效，全市远洋出口 19.6 亿美元，主要出口市场亚洲、北美洲、欧洲保持高速增长，大洋洲、非洲等新兴市场也大幅增长。

佛山市利用外资呈现良好的发展态势。德国 ABB，美国沃尔玛、托克海姆，法国阿尔斯通，韩国现代重工、LG 产电，日本旭光，芬兰株淳集团等世界著名的跨国公司纷纷前来佛山市考察及洽谈投资项目，一批新的投资合作项目正在落实。佛山市现有的外商投资企业增资扩产也十分踊跃。佛山市利用外资的质量和水平进一步提高，跨国公司在佛山市设立产品、技术研究开发中心有突破性进展。

改革开放以来，佛山人以“敢为人先”的精神，创造了一个又一个的辉煌成绩，城乡面貌发生了翻天覆地的变化，人民生活水平有了大幅度提高，千年古镇焕发出了勃勃生机与活力。近年来，佛山市先后获得“国家卫生城市”“全国城市综合实力 50 强和投资硬环境 40 优”“全国环境综合整治优秀城市”“全球 98 个人类住区优秀范例之一”“全国科教兴市先进市”“国家园林城市”“中国优秀旅游城市”等多项殊荣。2015 年 2 月 28 日，全国精神文明建设工作表彰大会在北京举行，中央文明委正式授予佛山“全国文明城市”称号，市委书记刘悦伦赴京代表佛山领奖。今天的佛山已成为镶嵌在祖国南海之滨的一颗璀璨夺目的明珠。

一、五虎腾跃，各显雄风

佛山现在的五个区在经济上各有特色，都各自发挥着独特的作用。合并后可谓是“五虎腾跃，各显雄风”。作为广东“四小虎”的南海、顺德就像是整个佛山经济的火车头，带动其他三个区发展。

（一）南海区

民营经济雄厚，是全区经济增长的主要力量。1984 年南海县[①]提出“三大产业齐发展，六个层次一齐上”的经济发展方针（六个层次是：县、区、管理区、村、个体、联合体），明确提出民营经济要与国有经济同步发展，为民营企业发展求得了保护，形成了“南海模式”。

南海区现在的主导产业为有色金属加工、纺织服装、装饰板材、五金、制鞋制革、玩具等。传统产业改造提升成效显著，全区有色金属、纺织等 12 个特色产业都纳入广东省技术创新试点。汽车及零件、电子通讯设

① 当时行政区划还是县。

备、新型显示、绿色照明、新材料、新光源等产业快速崛起，金融服务、动漫网游、软件服务等都市型产业发展迅速。

南海区是国家信息化试点城市，信息基础设施建设、信息技术应用和信息产业发展走在全国前列，南海软件科技园是广东省重点扶持的四大软件园之一。

（二）顺德区

顺德是中国著名的制造业基地，工业基础雄厚，十一届三中全会后，顺德县也提出“几个层次一齐上”，但重点还是大力发展乡镇企业，乡镇企业成为其工业经济的半壁河山，走出了“顺德模式”。

20 世纪 80 年代末，佛山顺德市出产了中国第一台双门冰箱，拉开了佛山家电发展之路的新里程，改革开放以来家电行业更是发展迅速。不论技术水平、生产规模、知名度、市场占有率都位居全国同行前列。顺德是我国重要的家电、涂料、家具生产基地，是重要的花卉种植、博览中心。目前，顺德制造正向“科技、绿色、低碳”方向发展，电子信息、节能环保、新能源、物联网、工业设计等新兴产业发展加速，逐步形成了以高新技术为依托，以家用电器、机械制造、信息电子电讯、建材家具等轻工制造业为支柱的现代化工业体系。

顺德重视发展品牌和培养行业的龙头，不仅培育了不少中国的名牌，而且培育了行业里一批有实力的企业，力争在全省率先形成世界名牌。形成了名牌战略和龙头带动战略格局。出现了品牌林立的局面。在家用电器行业，有科龙、美的、格兰仕等；在化工涂料行业，有华润、德美、鸿昌等；在机械制造业方面，有科达、震德等。此外，松本、顾地、联塑、顺联、名匠轩、顺峰药业等一大批品牌，正活跃在顺德各行各业的中小企业之中，使顺德的中小企业在市场上赢得了较大的空间。“顺德家具”成为全国首个区域集体商标。

（三）禅城区

禅城基本上就是古时的佛山镇，位于市域中部，是佛山市人民政府驻地，是佛山政治、金融、文化、交通、信息中心。禅城素有“南国陶都”美誉，目前已成为国内最大的综合性陶瓷生产基地和建陶产品出口基地。而且陶瓷产业正加速向总部经济和会展经济转型，成为中国重要的陶瓷展销、研发、物流信息中心和陶瓷艺术、陶瓷文化旅游中心。中国陶瓷城、华夏陶瓷博览城集散能力居全国前列。不仅是陶瓷业，近年来，机械、电子、塑料制品、针织、童装、有色金属、不锈钢、针织、童装等传统支柱产业优化提升也取得重大突破。

另外，电子信息、LED、新 IT、新能源新材料等战略性新兴产业加速培育发展，金融保险、商务会展、科技服务等生产性服务业发展快速。在建立发展品牌方面，禅城区致力打造“区域产业品牌”“产品品牌”和“企业品牌”。为此启动了“佛山陶瓷”“佛山童装”品牌化工程，创建“名牌大区”。并且拥有一批著名产品和企业品牌，如佛山照明、海天味业、兴发铝材、东鹏、鹰牌、新中源、新明珠、金舵、上元、蒙娜丽莎、金舵陶瓷、兴发铝材、星星冷柜、中宝光缆、佛斯弟摩托车等。

（四）三水区

三水有“中国饮料之都”“国家食品安全示范区”等多个美誉。现形成以建材、纺织和饮料工业为三大支柱的工业体系。新兴产业势头正劲，重点发展光伏太阳能等产业。产业集群初步形成。三水区被认定为广东省太阳能产业基地、省食品饮料和通信天线产业集群升级示范区，其乐平镇被认定为全省首个光伏产业专业镇。三水新城的发展目标为依托周边产业园区，发挥生态、服务优势，建设“广佛肇绿芯”；功能定位为佛山高新区核心园区 RBD，内涵包括三水新城市中心区、区域休闲度假区、区域产业服务区、区域优质生活区、绿色低碳示范区；形象和景观定位为“南国水都”。

（五）高明区

高明是新兴产业之城，拥有国家地理标志产品“合水粉葛”等一批知名农产品品牌。随着“绿色崛起示范区”建设全面推进。三新（新能源汽车、新能源、新材料）、光电器材通信与旅游文化三大战略性新兴产业加快发展，纺织服装、食品饮料、金属材料加工、石化塑料与装备制造五大传统产业改造提升，初步形成了高明特色的“八大产业集群”。佛山市高明区拥有派系列服装、威鹏牛仔服、波顿服装、万和消毒柜、顾地排水管、正野电器、串屋食品等一批名牌产品，畅销全国，并出口欧、美、东南亚等多个国家和地区。更有合水粉葛、鸿基龙眼、三洲黑鹅、“高绿牌”大米等一批国家绿色产品享誉海内外。

二、商贸业繁荣兴旺

佛山在历史上就是重要的商贸中心，改革开放后，商贸业更是蓬勃发展，有着市区水产批发市场、张槎玉带针织城、石湾陶瓷建材批发市场、南海盐步环球水产交易市场、西樵轻纺城、木材市场、大沥有色金属市场、平地电器市场、三水西南耕牛市场、顺德龙江和乐从家具市场等具有较高知名度的专业市场。

三、产业特色鲜明

佛山形成了以纺织、电子、陶瓷、塑料、电器、建材、食品饮料、机械等行业为骨干的主导产业群，并逐步向外向型、科技型、系列化、集团化发展。它有着广东大部分的特色重镇和特色产业，拥有一大批知名品牌，是珠江三角洲经济增长的重要一极。

四、围绕实体经济，谋产业升级

（一）实体经济为主

佛山经济的一个鲜明特点就是实体经济占主导，实体经济是佛山经济发展的基础和命脉所在。佛山人向来务实，致力于谋实业、做实业、兴实业。工业制造业更是实体中的实体，是佛山的根基。“佛山制造”享誉海内外。经过多年改革和发展，佛山现已逐步建立起具有相当规模的工业体系，形成了机械装备、家用电器、金属材料加工及制品、陶瓷建材、纺织服装、电子信息、食品饮料、精细化工及医药、家居用品制造等优势行业，汽车及零配件、光电、新医药、新材料、环保等先进制造业和新兴产业发展迅速，逐步形成配套能力日趋完善的现代工业体系。

（二）产业结构优化

产业与金融、科技等要素融合，是佛山推进产业转型升级的重要法宝。大力开展科技创新，并以金融创新支持实体经济的发展。传统产业改造提升形成新优势。通过改造提升，机械装备跃升为全市第一支柱产业，而作为佛山传统产业的纺织工业和陶瓷工业，改革开放以来，在继承和发展传统工艺技术的基础上，依托现代科学技术而得到振兴，产品档次不断提高，产业逐步实现优化。塑料工业也已从一般性的传统加工工业发展成拥有现代先进技术设备，能生产各类高附加值新型材料的先进产业，在全国同行中处于领先地位。战略性新兴产业发展迅速。目前，佛山的光电显示和光照明产业链条日趋完整，成为全国三大光电显示示范基地之一；光伏产业、物联网产业、文化创意和工业设计等新兴产业方兴未艾。

五、内外源型经济协调发展

佛山市坚持外资经济和民营经济“双轮驱动”、协调发展发展战略。

民营经济是推动佛山经济持续、快速、健康发展的重要力量。佛山市坚持以民营经济为主，同时充分发挥地处沿海、邻近港澳的人缘、地缘优势，发展外源型经济。近年外商投资企业在佛山发展，主要分布在电气机械、装备制造、通信设备、金属加工、食品饮料等行业。如奇美电子、旭瑞光电、彩虹 OLED、一汽大众、中显科技、中建材光伏、海尔、可口可乐、汇丰等。佛山建筑陶瓷基地成为国家外贸转型升级专业型示范基地。

六、品牌经济

佛山是国家商标战略实施示范城市、中国品牌经济城市，拥有美的电器、佛山照明、海天调味品、新中源陶瓷、健力宝饮料、联塑非金属管道、溢达纺织等一批著名品牌和商标。目前全市有中国驰名商标65件、中国名牌产品65个、广东省著名商标349件、广东省名牌产品288个、国家地理标志证明商标5件、集体商标17件，参与研制国家及行业标准730多个。

七、集群经济富区强镇

佛山以专业镇和工业园区作为产业集群发展的重要载体。全市现有国家级产业集群升级示范区4个、省级产业集群升级示范区12个，国家级特色产业基地26个、省级特色产业基地10个，中国产业名都、名镇41个，“广东省专业镇”35个（如表3－1），形成了家电、陶瓷、铝型材、家具等区域性优势产业集群。

表3－1　佛山市“广东省专业镇”一览表

序号	专业镇	特色产业	批准年份	区域
1	南庄镇	陶瓷业	2002	禅城区（100%）
2	石湾街道	陶瓷业	2002	
3	石湾街道（澜石）	不锈钢	2002	
4	祖庙街道（环市）	童装	2005	
5	张槎街道	针织业	2000	

续表

序号	专业镇	特色产业	批准年份	区域
6	桂城街道（平洲）	鞋业	2002	南海区（100%）
7	桂城街道	机械装备	2006	
8	狮山镇	汽配	2005	
9	狮山镇（官窑）	玩具业	2002	
10	狮山镇（松岗）	小家电	2005	
11	大沥镇	有色金属	2002	
12	大沥镇（盐步）	内衣业	2001	
13	西樵镇	纺织业	2000	
14	丹灶镇（金沙）	小五金	2001	
15	里水镇	袜业	2005	
16	九江镇	金属材料加工	2005	
17	罗村街道	照明灯饰	2006	
18	乐从镇	家具业	2000	顺德区（80%）
19	陈村镇	花卉种植业	2000	
20	伦教街道	木工机械	2001	
21	龙江镇	家具业	2004	
22	勒流镇	小家电、小五金	2004	
23	均安镇	牛仔服装业	2004	
24	北滘镇	家电制造业	2004	
25	大良街道	电气机械	2005	
26	荷城街道	塑料生产	2006	高明区（100%）
27	杨和镇	金属材料加工	2004	
28	更合镇	不锈钢产品制造	2006	
29	更合镇	养殖业	2001	
30	明城镇	建材	2007	
31	大塘镇	蔬菜种植业	2002	三水区（71%）
32	西南街道	电子电器	2008	
33	芦苞镇	旅游	2008	
34	白坭镇	新型建材	2008	
35	乐平镇	光伏产业	2010	

目前，佛山正加快建设“3+9”特色产业基地（如表3－2），全力打造“白色家电之都”“平板液晶显示产业基地”“陶瓷之都”。

表3－2　佛山市“3＋9”特色产业基地表

定位	特色产业基地
世界级产业基地	白色家电之都
	平板液晶显示产业基地
	陶瓷之都
国家级特色产业基地	专业机械装备产业基地
	医药与保健品产业基地
	金属材料加工与制品产业基地
	家具产业基地
	新材料产业基地
	汽车及零配件产业基地
	食品及饮料产业基地
	纺织服装产业基地
	节能环保产业基地

资料来源：佛山政府网

第六节　佛山商业经济的发展趋势

随着新一轮改革开放的脚步，佛山将更加致力于实现环境、经济和社会效益的统一，加快信息产业化和产业信息化的发展，加快率先基本实现现代化的步伐，把佛山建成“以高新技术产业为主导，第三产业发达，环境优美的现代化历史文化名城”。佛山市在建设为广东省第三大城市的过程中，将成为广东省从经济大省向经济强省跨越的重要力量。①

佛山作为广东省第三大城市，其发展蓝图之一是要配合广州进行一体化建设。广佛地铁线的开通，标志着广佛同城化已进入了一个实质性阶段。广佛地铁线一期（广州西朗—佛山魁奇路段）所经地段是佛山传统商圈，如祖庙、季华、桂城商圈，还有未来重点发展的千灯湖金融高新区；二期工程通车后，佛山段将可直达至东平新城。未来陆续还会有多条交通线路经过以上商圈对接广州。这些商圈都位于广佛同城产业布局的核心地

① 王仁杰：《佛山：从古老城镇向广东第三大城市迈进》，《江苏商论》2003年第2期。

带，以发展总部经济、金融保险、商务会展、商贸、文化创意为主。广佛同城所带来的经济效益相当明显，佛山定位为广州的后援基地，在政策配合下佛山现代服务业发展将被拉动。佛山的 GDP 目前已超过 8630 亿元，稳步的经济发展得益于民营企业实力强大，由此也让佛山经济构成以内源型经济为主。内源型经济相对外源型经济稳定，受外界环境影响较少。佛山未来的产业发展方针仍以制造业为主，另外还有配合工业发展而衍生出来的第三产业，包括：总部经济、物流业、创意产业、会展业、商贸业、服务业等，以工业拉动其他产业的发展，以其他产业来促进工业的转型。中心城区产业升级转型，以现代服务业为未来发展重点。①

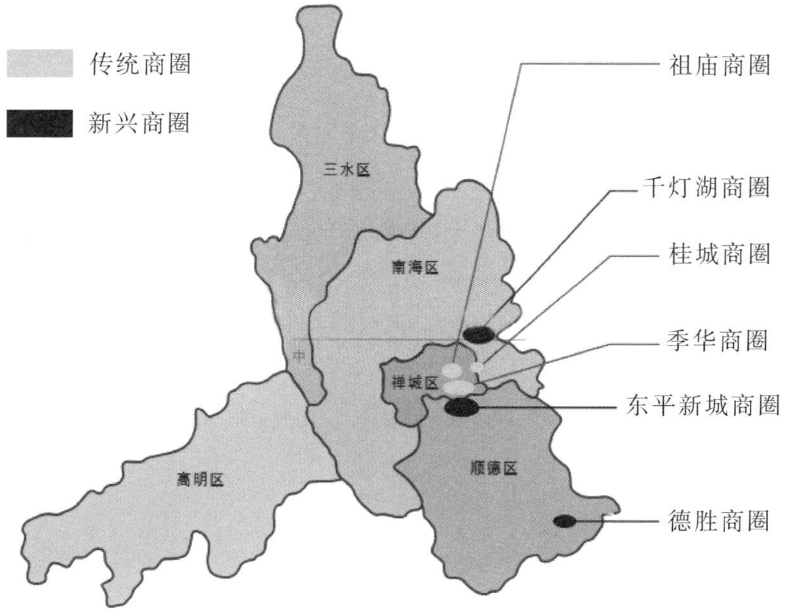

图 3-3　佛山六大商圈分布图

地铁广佛线首段（广州西朗—佛山魁奇路段）于 2010 年 11 月开通，沿途在南海区设置金融高新区、千灯湖、蠕岗、南桂路、桂城五个站点，而在禅城区则设置了朝安、普君北路、祖庙、同济路、季华园、魁奇路六个站点。所经地段皆是佛山重点规划的地区，包括传统的祖庙、季华、桂城商圈以及千灯湖金融高新区，值得一提的是，广佛线现通车段终点站——魁奇路，距离未来新城区东平新城只有一公里，广佛线二期于 2016 年 12 月 28 日正式通车，共有四个站点，分别是澜石、世纪莲、东平和新城东。就佛山目前所公布的八条地铁线路规划来看，有五条都和广州对

① 《佛山商业房地产发展趋势报告》2011 年 11 月 21 日。

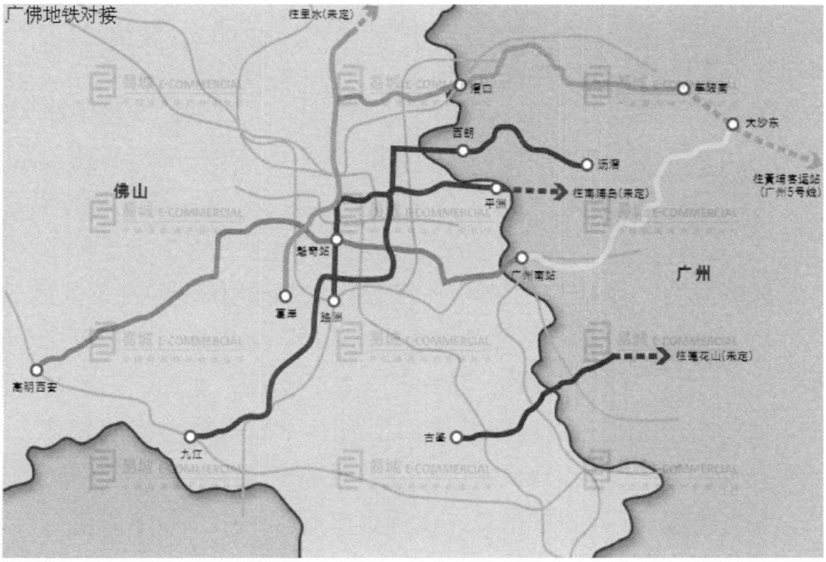

广州段

— 5号线　— 7号线

佛山段

— 1号线(广佛线)　— 2号线　— 5号线　— 6号线　— 7号线

广州	佛山	对接点	广州段进程	佛山段进程
广佛线（广州沥滘 - 佛山路洲）		无	（魁奇路 - 西朗段）于2010年11月开通，2012年将全线通车	
7号线（广州南站 - 大沙东）	2号线（高明西安 - 广州南站）	广州南站	将于2013年开通	将于2015年初开工建设，2020年中建成通车
5号线（滘口 - 黄埔客运站）	5号线（[illegible]岸 - 广州滘口）	滘口	广州5号线一期（滘口 - 文冲）于2009年开通，二期预计2020年前开通	未有具体计划
10号线（天河客运站 - 海南）	6号线（九江 - 平洲）	未知	未有具体计划	未有具体计划
17号线（佛山古鉴 - 广汽基地）	7号线（古鉴 - 广州莲花山）	未知	未有具体计划	未有具体计划
12号线（大学城南 - 槎头）		无	槎头西延至佛山里水，规划已获相关部门批准	

图 3－4　广佛地铁对接

接，佛山正向东承接广州。由下图可见，地铁规划途径地区相对集中，主要分布在行政区——禅城区，甚至涉及南海区、顺德区，都是佛山地区较发达的城区。广佛同城优先带动禅城区、南海区、顺德区。广珠城际线（广州南站—珠海站），已于 2011 年 1 月通车，途径佛山市顺德区、中山市，佛山直通珠海的时间缩短为 1 小时。而广珠西线一旦与港珠澳大桥连通，前往香港的企业产品和原材料的运输不需要船来接驳，物流和运输业的经济和时间成本大大降低。广佛肇、广佛环线目前已经动工，开始建造。未来广佛轻轨的蓝图，广佛城区将作为核心，依赖广佛环线，多条放射线通往其他城市。与地铁规划相通，轻轨的线路依然集中在佛山的禅城区、南海区、顺德区。结合广佛未来交通规划来看，短期内广佛发展的核心仍然在经济较发达的地方。而交通的便利、快捷会给地区带来发展与商机。因此，禅城区、南海区、顺德区未来的发展空间很大。随着佛山社会经济的发展，城市中心区域一路南移，从祖庙到季华路，然后是东平新城。东平新城是佛山“十二五”总体规划确定的重点发展区域，且东平新城要新建“六横七纵”主干道路网、佛山地铁等交通项目。计划用五至十年时间打造为佛山未来的核心城区。

伴随着经济的迅猛发展，佛山的交通事业突飞猛进，发生了巨大的变化。其一，公路网络更加发达，佛山相继建成了广州—佛山高速公路、广州—三水高速公路和佛山—开平高速公路。其二，站、场建设日新月异。2017 年 7 月，佛山新火车站（西站）将正式投入使用，有助于佛山高铁运输实施西进战略，粤桂黔高铁经济带有望成为佛山市新的经济增长点。2017 年 2 月，佛山—香港九龙直通车已经开通，佛山成为我国第二个直通香港的铁路口岸。佛山汽车站、南海汽车站、顺德汽车站、三水白沙铁路货场等一大批大中型客货运输基地如雨后春笋般在佛山崛起。其三，港口、码头加速发展。陆续建成佛山新港、顺德容奇客运港（口岸）和扶西港等一大批具有一定规模的港口，使佛山形成了一个多口岸的港口群，充分发挥了水路运输主枢纽作用。

佛山经济的发展，贯穿于南海区内的广佛路功不可没，它在广州、佛山两地的经济中曾扮演了重要的角色。昔日的广佛路繁华喧闹，交通繁忙，各类专业市场林立于沿路两旁，马路经济风光一时，广佛商贸走廊因此蜚声海内外。随着经济的高速发展，落后、单调、缺乏文化的传统商业发展模式已亟待改善，市、区各级政府为此成立专家小组，进行了广佛都市圈协调发展中的南海东部地区发展战略规划研究，明确通过板块式、组团化发展，打造最有竞争力的“广佛黄金商贸走廊”，实现区域共赢。2004 年，根据城市新规划，黄岐、盐步、大沥、松岗将建成 30 万— 50 万人口规模的城市组团，加快组团内城市基础设施的建设、互通与共享，以广佛路、穗盐路、佛山一环为干道的“四横五纵 ”之“井”字型城市交通网络，强化组团内部交通有机连接和商贸信息的聚集，凸显南海东部板块的城市地位，为打造“广佛黄金商贸走廊”注入新的动力。交通的改善为人们的生活环境提供了更多的方便，同时也为商业的发展提供了充实的基础。一些发展商、投资者早已闻风而动，抓住千载难逢的商机，抢先开发了一批上规模、具档次的商业项目，东方广场、家天下等商场的出现迅速改变了佛山的传统商业理念、经营方式，促进了佛山整个现代商业的发展，同时为热衷于投资的人们提供了更为开阔的投资途径。

发达的园区经济是佛山的特色经济，也是佛山独有的优势。经过二十多年的迅速发展，家用电器、陶瓷建材、塑料五金、食品饮料、金属材料加工及制品等强大的支柱产业和行业引领着佛山的经济走向全省乃至全国的前端。目前，佛山重点建设的园区分别有国家高新技术产业开发区、南海软件科技园、南海国家生态工业示范园区暨华南环保科技产业园、顺德高新技术产业开发区和三水大塘工业区等十大重点工业园区。通过推动工业项目进园区，佛山实现产业整合聚集，园镇互动；加快了物流、金融、商贸、会展、信息、担保、旅游、中介服务等现代服务业的发展。①

交通规划顺联着经济发展，在物流方面，顺应广佛商圈的崛起和珠三角一体化的趋势，佛山市在2009年提出十二个现代服务业片区。其中千灯湖广东金融高新技术服务区、岭南天地民俗文化区、东平新城中央商务区、陈村花卉世界、乐从电子商务现代服务区、平洲广佛现代商贸区，均是以围绕物流而欲大力发展的商圈。尤其是美旗国际采购与区域物流区，定位为珠三角国际采购与区域物流中心，建成后其辐射力覆盖整个珠三角地区，直接带动佛山华南物流中心的崛起。桂城商圈“以南海广场、城市广场和深国投商业中心为基础，与千灯湖公园周边建设相配套，东起平一路，西至南海大道，南起南新一路，北至海八路”，整个商圈范围基本上就是桂城中心区。目前，该商圈已具备了较大的商业基础，有着浓厚的商业氛围，南海广场、城市广场是桂城商圈的两大商业网点，也是目前该商圈的两大核心。至目前为止，桂城已形成包括便利店、连锁超市、大型购物中心、酒楼食街、特色购物街、专业市场、农贸集市等在内的商业体系，这一商业体系还在不断完善与扩大中。如深国投商业中心现已建成，千灯湖保利水城商圈正在形成，这些大型项目的投入使用及开业，将极大地丰富南海桂城商业的内涵。

商业已成为佛山市场经济运行的起点，以连锁经营为主导的业态多元化（百货店、超级市场、便利店、专卖店、购物中心都等）的新格局正在形成，规模扩张和跨区域发展的趋势更加明显，市场销售份额进一步向大型零售企业集中。随着佛山商业的不断发展，流通规模的不断扩大，市场呈现出多种流通业态并存的特征，再加上连锁零售业特有的多品种、小批量、快速配送等特点，使得整个物流活动异常复杂。因此，佛山传统的只提供单一的运输、仓储功能的商业运输公司已无法满足对商业物流服务能力与水平的更高要求。目前，佛山的大型商业企业已陆续建成了自己的物流配送中心，各种百货公司、综合性超级市场以及零售连锁企业自建、共建的物流配送中心都在迅速发展，具有跨区域配送能力的商业物流中心的建设也在不断推进和实施。佛山将重点建设11个物流园区，立足于佛山，辐射“广佛经济圈”“泛珠三角”，面向全球的“区域性物流商贸中心”。

经过多年的建设，佛山已成为一个商业购销畅旺，城乡市场繁荣的城市，形成了遍布全市城乡、辐射国内外的多成份、多层次、多渠道、多形

---

① 《佛山提速“大佛山”》，《亚太经济时报》2004年4月17日，第C01版。

式的商业贸易流通网络。目前，全市已拥有各类市场300多个，其中广东省文明市场17个，全国文明市场4个。市区的水产批发市场、南海西樵布匹市场、酒类市场等专业市场，都具有较大规模和较高的知名度。尤其是以商业为主的佛山兴华股份有限公司在深圳证券交易所的成功上市，更促进了佛山商业企业的发展，为佛山的繁荣作出了贡献。佛山正大力推进整个流通领域的系统化、连锁化、规模化、标准化建设，实现与港澳市场的接轨，并力争到2013年达到商品零售总额1600亿元的目标。

佛山的商业发展历史源远流长，有着“广纱中心”“南国陶都”的美誉。悠久的历史孕育了佛山独具魅力的岭南传统文化：佛山是粤剧的发祥地；也是著名的武术之乡，是中国功夫杰出代表黄飞鸿的故乡和李小龙的宗祖地。今日的佛山已成为历史底蕴和现代气息共同交融、经济与文化竞相辉映的现代化城市。佛山作为历史文化名城，文化底蕴深厚，而且市场经济活跃、民间资本多，科学发展、转型升级又走在全省前列，这些都为引导和动员社会力量发展文化提供了好的基础。佛山市在政府主导、社会参与，用市场配置文化资源方面，在全省有先进经验，佛商文化建设大有可为。希望这种优势发扬光大，为引导和动员社会力量办文化探索更多有益经验。

第四章

佛山企业家文化实践考察

为了掌握佛山企业家文化研究的第一手资料，作者组织课题组分别到佛山市南海区、三水区、顺德区、高明区、禅城区进行实地调查和访谈，包括深入各类企业、工商联及地方志办公室、图书馆、档案馆等进行了采访调查及文献收集，重点选择佛山企业家作为调查对象，再配合进行佛山市各区民众抽样问卷调查。

首先分析企业家的问卷及访谈。在针对企业家的有效问卷中，涵盖大、中、小型企业，佛商在各区所占比例如图 4－1 所示。而参与调查的企业组织形式包括有限责任公司占 49. 1%、股份有限公司占 10. 9%、个人独资企业占 21. 8%、合伙企业 7. 3%、外资企业 7. 3%，其他 3. 6%；涉及的行业分布极广，各行业所占比例如图4－2 所示。同时整理 2008—2016 年的佛山市政府工作报告以及收集佛山市“十二五”“十三五”发展规划期间的各项经济数据，客观地分析了佛山企业家的基本状况，佛山企业家文化建设的现状、存在的问题以及相关应对措施，旨在为佛山企业家文化发展提供现实的借鉴。

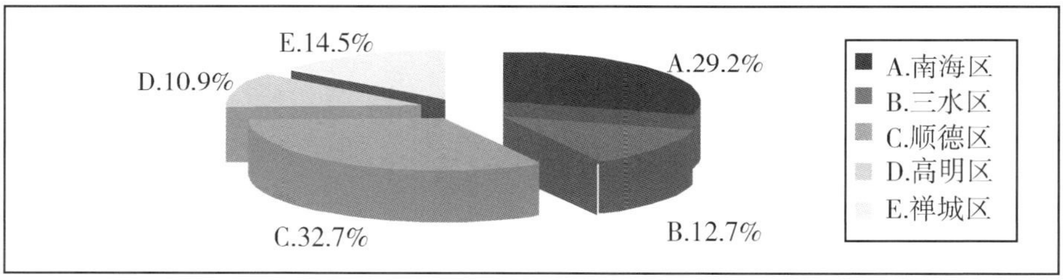

图 4－1　企业家问卷区域分布

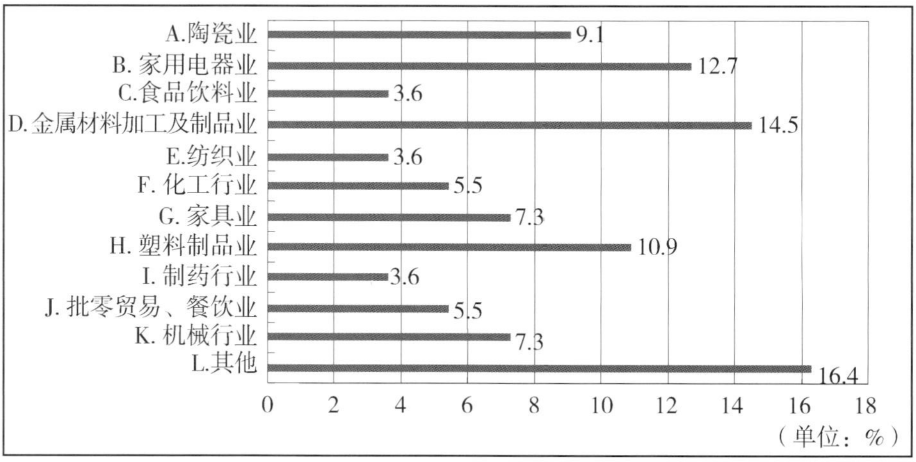

图 4－2　参与调查的企业家的行业分布

第一节　企业家调查的基本概况

一、企业家以青壮年男性为主体

在佛山市委宣传部和佛山市工商联、总商会及各区的工商联和商会的大力支持下，历经三个多月的时间，作者组织课题组选取了佛山市165位比较有代表性的企业家进行了调查，在受调查的企业家当中，超过80%为男性企业家，女性企业家比例则低于20%。他们的年龄分布如下：

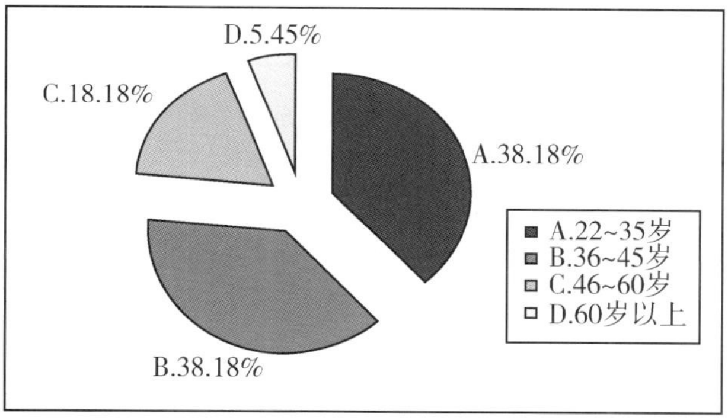

图4－3　企业家年龄结构图

由图4－3我们可以看到，有将近80%的企业家年龄在22—45岁之间，46—60岁之间的也占一定的比例。由此可见现代佛商呈年轻化的趋势，青年企业家逐渐成为推动佛山经济发展的主体力量。如何加强青年企业家之间的学习交流，培养他们的社会责任，建立有助于他们的发展机制，应该成为相关社会治理者的关注点。

二、实践经验重于接受学历教育

由图4－4可见，在接受调查的佛商当中，从初中以下到研究生以上各占一定的比例，但是大部分还是集中在大专以下，接受过本科以上（有不少企业家是工作后函授的大专和本科）学历教育的人数偏少，这在一定程度上跟我国20世纪七八十年代不稳定的教育环境和佛山传统民营企业家比较注重经验传承有关。数据显示目前（截至2015年5月）佛山企业家的受教育程度虽然有向高层次发展的趋势，但仍普遍偏低。相关研究表明企业家的受教育程度对企业家的战略制定能力及创新能力具有决定性的影响，而这两项能力恰恰是企业家对企业贡献较大的部分。此外，较低的受教育程度对企业家个人的持续发展和当前佛山产业的升级和转型也会产生不利的影响，因此，这也是一个需重点关注的问题。

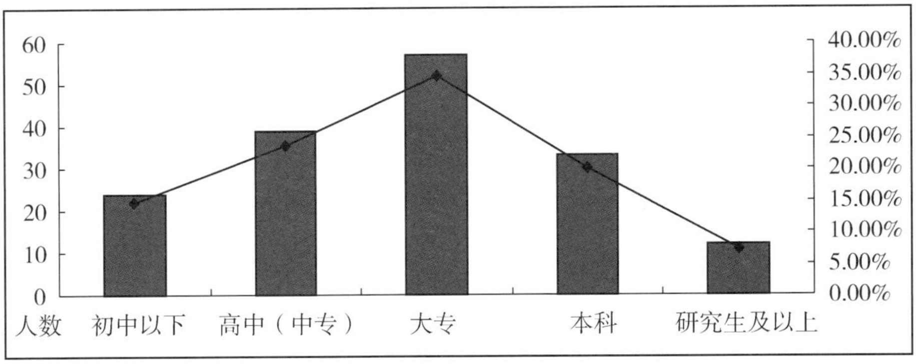

图 4－4　企业家学历分布图

三、企业以现代公司制度为主

从图 4－5 中可以看到，有近 60% 的企业是以有限责任公司和股份有限公司的形式建立的，还有 21.8% 的企业是个人独资企业。企业法人制度、自负盈亏和责任有限是现代公司制最大的特点，这有利于平衡企业和企业家之间的利益，企业也可以吸收利用社会资本，促进企业的持续发展，这部分企业在制度上基本上能适应现代经济的发展，体现了企业家的远见卓识和应变能力。相对地，有将近 5% 的企业是其他形式的，即企业所有者要对企业承担无限责任，这更容易产生道德风险，影响企业家群体在公众心目中的形象，同时此类企业难以利用社会资本也约束了企业的进一步发展，这类型企业更难以向银行进行贷款。虽然大部分企业家都实现了企业的现代公司制改革，但是仍有 21.8% 企业家偏向于一人控制的个人独资企业，这可能与以下因素有关：第一，企业家对企业有全盘控制的偏好；第二，企业家拥有充足的资本，认为完全可以应付企业的经营发展需求；第三，沿袭企业创立以来的制度，企业家没有改变的意愿；第四，企业已有比较稳定的客户群，担心成本增加，体现小富则安的思想。

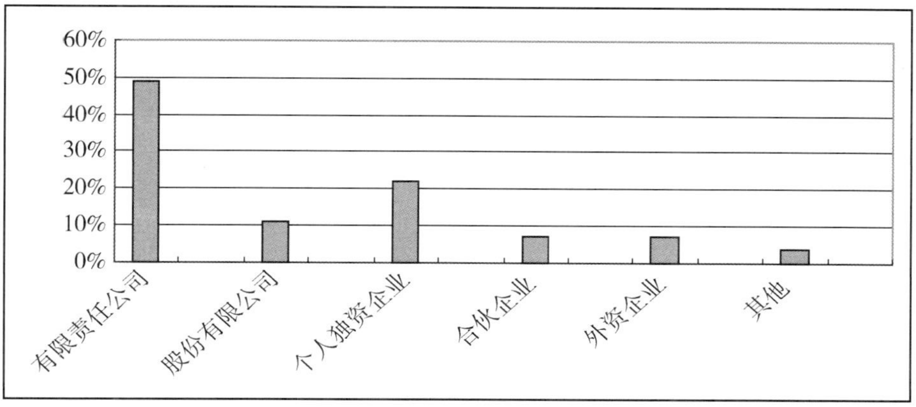

图 4－5　企业组织形式统计图

四、传统佛山制造业突出，高科技少

从图 4－2 所示，受调查的佛商所从事的行业，以传统制造业为主，其中家用电器业、塑料制品业、金属材料加工及制品业和陶瓷业所占比重较大，这几个行业对佛山工业产值的贡献也是比较大的。同时，从整体上看，佛山比较有代表性的企业家分散在各个行业，避免了在某个行业过度集中而引起恶性竞争。另一方面，代表性企业行业结构也说明了佛山工业发展后劲不足，新兴行业的发展没有进入领先行列。近年来长三角地区经济发展比珠三角强劲，高端人才供给的充足和产学研的结合发挥着不可忽视的作用，作为珠三角重要城市的佛山在这两方面存在着劣势，邻近的大城市广州作为珠三角地区人才培养的中心，同时经济实力雄厚的广州、深圳也成为了人才聚集地，而经济实力相对较弱的佛山在吸引人才方面则显得较为乏力。佛山传统行业大多是企业所有者即为企业经营者，民营企业家往往能成功地创办企业，但是由于自身限制又很难实现企业的进一步发展，因此，吸引高端人才辅助传统企业管理者实现企业的升级发展是势在必行的，而这又与佛山自身存在吸引人才乏力的情况相矛盾。

第二节　对企业文化及企业家文化的不同理解

一、企业家群体对企业家文化的认识

首先，在调查中我们发现有超过70%的企业家认为企业家文化和企业文化是有区别同时又有相互联系的，只有少数企业家对二者关系持相反的看法，要么认为二者是同一概念，要么就认为二者是完全不同的事物，也有极少数企业家对其的区别和联系是完全不了解。从第二章对企业家文化和企业文化的概念表述中我们可以得知，企业家文化其实是企业文化的本质内容，企业文化是企业家文化渗透到企业经营管理中的外在表现，二者是既相互区别又相互联系的关系。

其次，每个企业家心目中都有对其影响深远的商帮文化（除了佛商），范围基本上囊括了中国的八大商帮，其中浙商、晋商、粤商、徽商的受关注度是较大的，而这几大商帮文化也是发展的比较完善和繁盛的，历史悠久，长盛不衰。从这点可以知道佛商表现出了对不同商帮的关注，期望通过对其他商帮的了解和学习获得自身的发展进步。

再次，对于佛商形成和发展的影响因素这一问题，企业家的看法表现了高度的一致性，他们认为佛山优越的地理条件和佛山及其周边地区的商品生产发达的物质基础雄厚的环境是佛商形成和发展的最大因素，当然其他因素例如国家政策、佛山的历史文化也产生了一定的影响，但是前二者产生的影响是最主要的。综上所述，我们可以发现佛商对于自身群体文化表现出比较多的关注和比较深刻的了解，对于影响自身发展的外在环境因素尤其是优势条件，都有比较充分的认识。通过他们对其他繁盛商帮文化的了解和关注，我们也可以看出，佛商也正在不断的努力，期望提高本群体的实力和社会影响力。

二、公众对企业家文化概念的了解

为了更加充分和客观地了解佛商文化发展现状，我们不仅要对企业家自身的看法进行了解，而且也需要了解社会公众对佛商文化的看法，从多角度进行分析，才能得出最接近真相的答案，因此我们需要将企业家的看法和社会公众的看法进行对比分析，分析公众的问卷和调查结果。本次问

卷调查采用随机的方式在佛山各区进行，同时兼顾年龄、职业和文化程度的分布，其中向公众发放1800份，共回收有效问卷1767份。其中南海区占26%，禅城区占24%，顺德区占22%，高明区占15%，三水区占13%。参与调查的男性占56.4%，女性占43.6%，年龄结构以中青年为主。人群中绝大部分市民教育程度为高中（含中专）及以上。参与公众的职业分布较为平均，主要有政府公务员、企业管理者、企业员工、事业单位人员、学生、农民、军人、待业及退休人员等构成。

企业文化，是由一个组织的价值观、信念、仪式、符号、处事方式等组成的其特有的文化形象。而企业家文化是指企业家在企业经营管理中所遵循的经营理念。然而从调查所得数据可知，41%的公众不能区分甚至不清楚企业文化和企业家文化的内涵。可见一般公众也对企业文化与企业家文化内涵存在误解。有接近10%的公众和企业家分别认为企业家文化和企业文化两者完全不同，事实上两者既有联系又有区别，只有对两者都重视，企业才能在激烈的竞争中保持优势，实现企业的可持续发展。

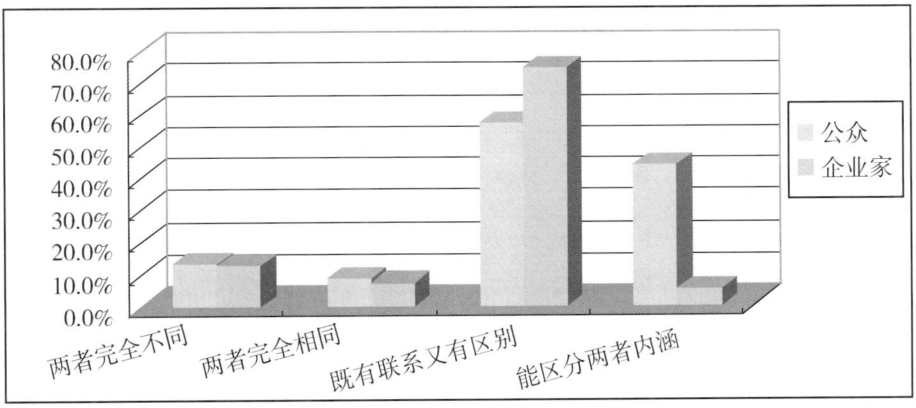

图4-6　公众及企业家对企业家文化及企业文化的认识的差异

三、公众及企业家对商帮文化的重视程度

在针对公众的问卷调查中，大部分人都有了解或关注过“徽商、晋商、浙商等”，公众普遍认为印象中最有影响力的商帮是粤商，其次是徽商、晋商和浙商，这也和企业家问卷调查有区别（见本节一、企业家群体对企业家文化的认识）。

四、公众对佛商文化的理解程度较低

相对于企业家，公众对佛商文化的了解可谓捉襟见肘。当问及对佛商的熟悉程度以及一些关于佛商文化的基本问题时，只有 5% 左右的人曾关注过佛商这个群体，表示“很熟悉”；不到 25% 的人表示曾听说过佛商文化，对此“一般熟悉”；但同时有 65. 8% 民众表示对佛商“听说过，但不了解”。这说明佛商文化即使在佛山本地也并没有深入人心。

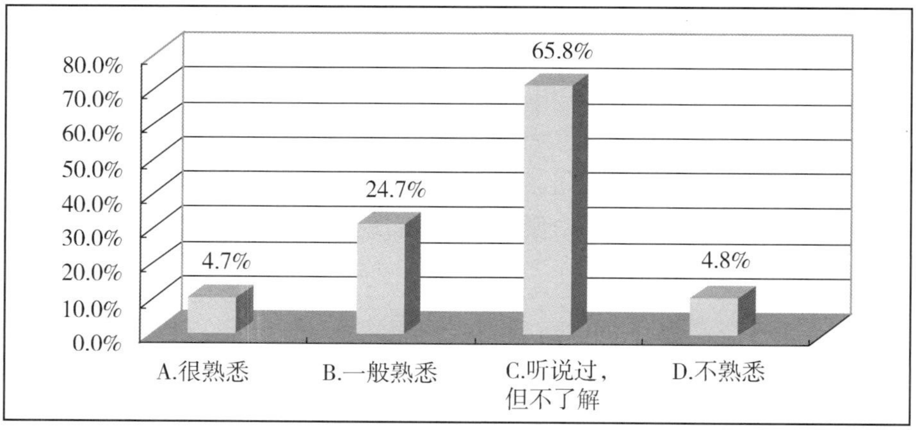

图 4－7　公众对佛商文化的熟悉程度

究其原因，见图 4－8，有将近 40% 的公众认为商帮的知名度取决于当地的经济发展水平，另外也有 20% 的公众认为取决于宣传力度。这说明，弘扬佛商文化，必须大力发展经济，且在此基础上不可忽视对佛商文化的大力宣传，在宣传佛商形象、增进人们对佛商文化的了解方面，有赖于佛山企业、行会、工商联以及政府的共同协作与推广，商会、本土学者应该发挥应有的作用。

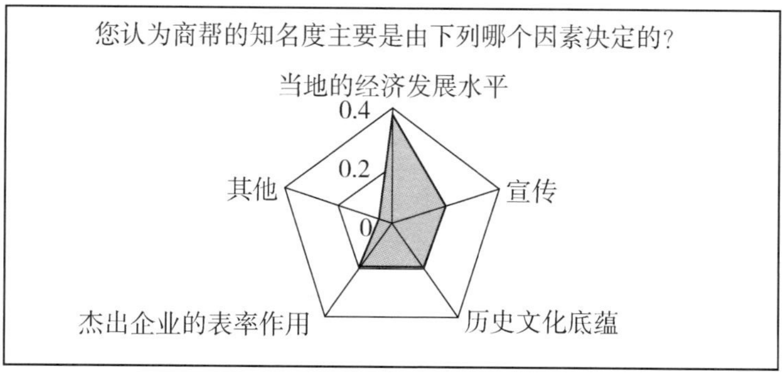

图 4－8　公众眼中商帮知名度的决定因素

第三节　佛山企业家文化的精神及作用

一、佛山企业家对大行商道的思考

通过第二章对企业家文化内涵的阐释，我们可以知道企业家精神是企业家文化的核心组成部分，它渗透到企业经营管理的方方面面。

通过问卷调查我们可以得出以下结论：佛山企业家重视的精神特质主要是“敢为人先、勤奋务实、以人为本、团结协作”。佛山企业家群体认为践行敢为人先的进取精神、艰苦奋斗的实干精神、以人为本的团队精神以及顾客为上的诚信经营是推动佛山企业家及企业发展的精神动力。与此同时绝大部分的企业家认为大行佛山商道有利于推动个人、企业及全社会的发展，有必要在全社会中宣传弘扬佛商精神，并且鼓励有志之士对佛商精神价值进行研究和探讨。

二、佛商精神表现出高度的一致性

首先，在佛商形成发展的主要因素上，公众与企业家表现出高度的一致，认为地理环境和周边物质的富足是佛商发展的主要原因。当然，还有其他如改革开放政策环境、历史文化传统等次要因素。

其次，公众所了解的佛山企业表现出的主要特点分别是：诚实信用、抓住市场需求、锐意进取，同时他们心目中的佛商精神是“敢为人先、勤奋务实、诚信经营、承担责任”，这与企业家所表现的性格特质和注重以人为本的经营原则基本吻合的。

图 4 –9 比较直观地显示了一般公众与佛山企业家对佛商精神的印象，公众与企业家均一致认为“敢为人先的进取精神与艰苦奋斗的务实精神”是佛商精神的典型。

另外在走访企业家过程中笔者也了解到，有近 24% 的企业家认为“诚信”是企业所秉承的核心价值，更有 36% 的企业家认为其成功之道（经商理念）是诚信经营，可见诚信经营在佛商的分量和地位。

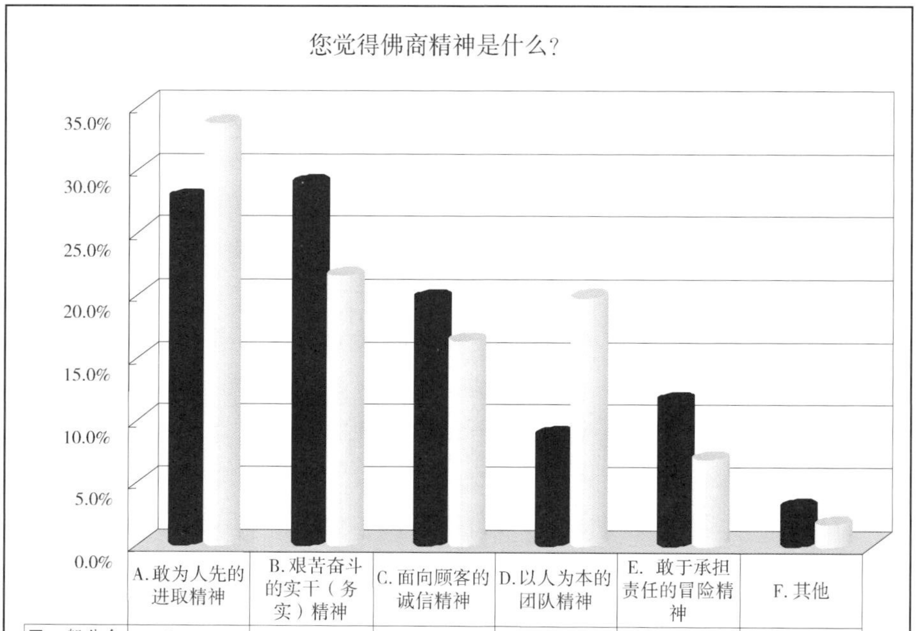

	A.敢为人先的进取精神	B.艰苦奋斗的实干（务实）精神	C.面向顾客的诚信精神	D.以人为本的团队精神	E. 敢于承担责任的冒险精神	F. 其他
■一般公众	27.7%	28. 9%	19.8%	8.8%	11.6%	3.1%
企业家	33.6%	21.6%	16.4%	19.8%	6.9%	1.7%

图 4－9　公众和企业家眼中佛商精神的比较

三、最能代表佛商的行业和企业家

在被问及“哪个行业最能代表佛商文化的精神”时，从图 4－10 显示，绝大部分公众认为是陶瓷业，家用电器次之，再就是家具业和纺织业。中国是陶瓷的故乡，而在中国所有陶瓷产区中，佛山可谓风光无限，

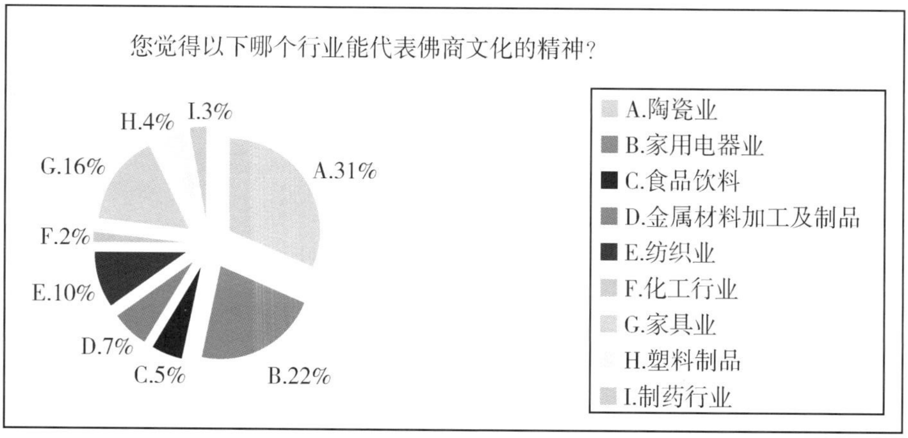

图 4－10　公众眼中最能代表佛商文化的精神的行业

引领潮流。佛山陶瓷市场的兴旺不仅是依托强大的产业基础，也依托“陶都人”与时俱进、不断拓展、不断创新的精神。

佛山陶瓷创新的营销手段便是一个典型例子。佛山陶瓷业率先在厂区展示厅各出奇招，吸引了不少大小经销商前来取经。在1997—1999年展示厅的兴起之初，东鹏、樵东、鹰牌便是最先获得展示厅利益的代表。在2000年末至2001年初，当全国许多地方相继在厂区建设销售展示厅的时候，佛山陶瓷企业又走出厂门，在陶瓷销售兴旺地段以重磅炸弹之势，兴建了更大规模的营销中心，这一下子就将全国的陶瓷销售商们吸引了过来。由佛山陶瓷企业首推的套餐式营销也逐渐成为中国陶业的潮流。佛山陶瓷业可谓将佛商的创新精神体现得淋漓尽致。

而说起家用电器业，不得不提到素有“中国家电之都”之称的顺德。30多年前，顺德一家生产风扇配件的小厂，花了140元从香港买回一台日本全塑超薄型多功能鸿运扇，拆得七零八落，彻底研究一番之后，决定仿制并改良，于是从香港定制全套的工模，引进新型注塑机，开始大批生产。他们的产品因款式新颖、价格便宜，一下子风靡全国。“洗脚上田”的顺德农民，就是从这种简单的模仿开始，很快把顺德变成了中国的家电之都。[①] 此外，顺德大胆推进产权改革，培育了一批现代化企业集团。现在顺德生产的电冰箱、空调器、微波炉、电风扇、电饭煲、电子消毒柜、热水器等十几个家电产品销量均居全国第一，家用电器工业产值占全国同行业15%左右。顺德大道从南到北约10公里内云集了五个中国知名家电品牌——美的、格兰仕、科龙、容声、万家乐，顺德“中国家电之都”的地位由此可见。

另外，被问及最能代表佛商特点的企业家时，近40%公众认为是“美的”电器的何享健，24%的公众认为是“新明珠”陶瓷的彭新峰，17%左右的公众则认为是“志高”空调的李兴浩。

四、弘扬佛商文化的作用及长远意义

前面谈到对佛山市而言，企业家文化是文化建设的一个部分，在佛山当前倡导四大建设协调发展的背景下，企业家文化得到发展也必然会带动佛山社会文化的前进步伐。与理论一致，本次调查结果显示，占79%的市民认为有必要弘扬“佛商”精神，并认为应该研究和宣传“佛商”精神。但仍有小部分市民抱着无所谓的态度，甚至不觉得“佛商”精神有什么价

① 周兆晴：《新粤商》，北京大学出版社2007年版，第35页。

值，认为没必要弘扬。这说明，对“佛商”精神的价值，仍有市民存在观念上的偏差，也从另一侧面反映了政府及相关组织的宣传仍未到位。

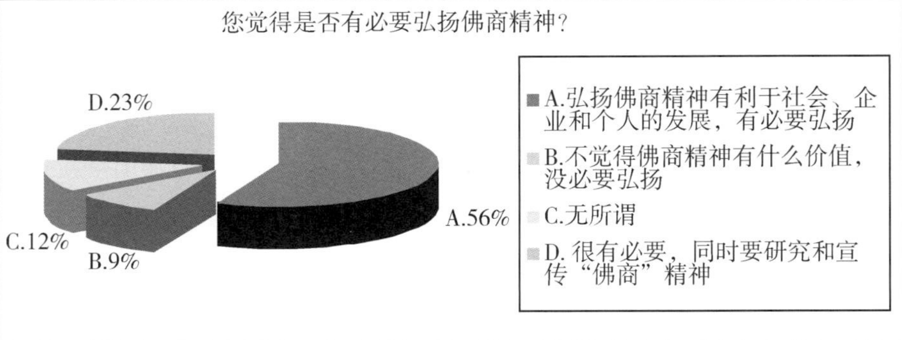

图 4－11　公众对弘扬佛商精神的态度和认识

从图 4－11 得知，有将近 80% 民众认为，宣传佛商精神文化是有利于社会和企业发展的，有利于树立佛商形象的，值得研究和弘扬。他们一般通过以下方式获取佛商文化的相关资料。

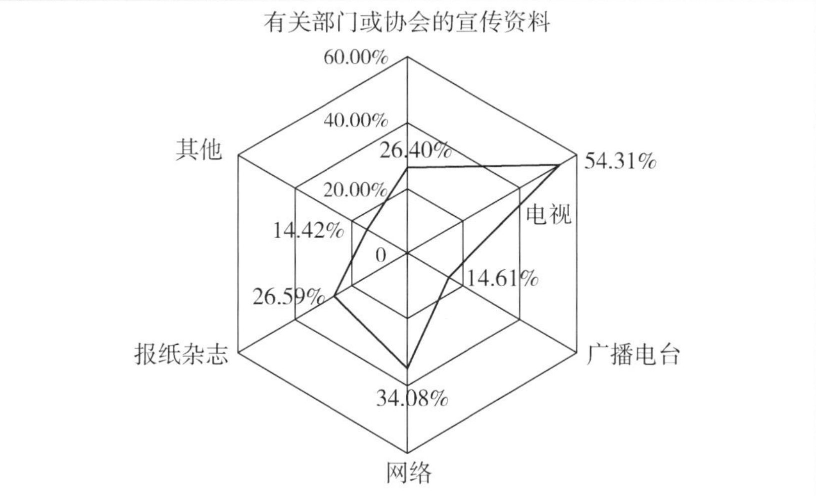

图 4－12　宣传途径雷达分布图

由图 4－12 可以看出，社会大众更偏好于从电视、报纸和网络获取信息，这些途径也是他们获取信息最方便的形式，弘扬和传播佛商文化可以从这几个途径着手。相对于企业家比较偏向于依赖政府和商会促进佛商文化的传播和发展，社会大众则提议企业家应该通过把佛商文化精髓渗透到企业经营管理的方方面面，规范自身言行，提高素质，塑造良好的企业家形象，打造良好的企业品牌来弘扬和强化佛商精神文化。还可以把相关人物故事设计成游戏或动画宣传片，对佛商文化的宣传方式应该更加灵活多样，以达到家喻户晓的目的。

第四节　佛山企业家的价值观及其经营文化

根据对佛山公众和企业家的问卷调查及访谈，在比较公众和佛山企业家的数据后，笔者对佛商的价值观及其经营文化做出了以下总结：

一、诚信经营、务实进取、开拓创新

通过走访佛山企业家笔者了解到，有58%的企业家提到“提高产品和服务的质量”是其企业秉承的核心价值，提到“诚信”是企业所秉承的核心价值的企业家也占47%，“创新”次之。而谈及企业家的成功之道（经商理念），36%的企业家认为是诚信经营；务实和创新次之。可见佛山企业家认为诚信是企业家精神的基石，诚信对企业的发展具有重要的意义，对“信守承诺”看得比较重要；并在诚信经营的基础上与时俱进，求实创新。综上数据可知，注重产品和服务质量（注重品质）、诚信经营、务实进取、开拓创新是佛商精神的核心。通过对企业的核心价值观的研究，我们得出企业价值的关注重点主要有产品质量、顾客满意度、员工的发展、资源利用率、社会的需求。这一方面体现了佛商对生产的关注，另一方面也反映了他们对技术革新的关注度不够。

二、在日常经营管理中体现的文化

首先，当被问及“企业有无设置相关管理机构”时，仅有34.5%的公司设置了类似企业社会责任部（或产品质量服务部）的管理机构，设置类似企业环境管理部的也仅占14.5%，更有30.9%的公司没有设置任何相关管理机构。

其次，在聘请员工方面，在拥有一定工作技能基础上，企业家们更偏向于关注员工的道德意识，责任意识以及工作态度和团队合作能力方面的表现。由此不难看出，佛山企业家群体们是十分注重商业道德的。

再次，在“您认为是什么因素妨碍企业技术创新”的调查中，绝大部分企业家认为其一是“创新人才缺乏”，其二是“缺乏鼓励创新的社会环

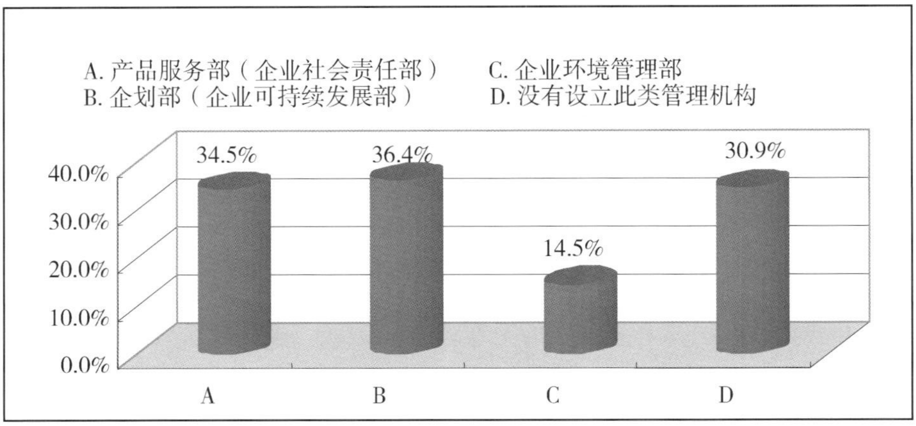

图 4－13　企业家在公司设置的相关机构

境”，其三是“创新动力不足”和“缺乏健全的创新组织体系”。这说明政府必须启动创新人才工程，培育和引进创新型人才，通过奖励创新等政策营造鼓励创新的社会环境，为弘扬佛山企业家的创新精神打开一条光明大道。无论是在企业家还是普通公众印象中，创新精神都是佛山企业家精神的典型。今年来，佛山市专利申请量和授权量持续增长，总量均居全省前列。2010 年全市专利申请量 17846 件、授权量 16946 件，其中发明专利授权量 646 件。佛山被确定为全国专利工作试点城市、国家知识产权示范城市创建市、创新型国家十强城市。

最后，在“每逢遇到有关企业命运前途的时刻，您会如何决断”中，只有 16.4% 的企业家“在不确定情况下绝不做出冒险举措”，52.7% 的企业家选择“在尽量维持企业稳定状态的前提下做出小幅度冒险行为”，近 30.9% 的企业家选择“尽一切努力抓住机会，大胆地对未知领域进行开拓”。

可见，大部分企业家是明显的风险厌恶者，即使是在面临企业生存发展的关键时刻，他们也只会在维持企业稳定的基础上做出小幅度冒险行为，有小部分企业家甚至无论如何也不会做出冒险行为，大部分企业债权人都会乐意听到这个结果，这表示着道德风险发生的可能性很小，他们的权益得以保障。在企业经营风险的选择方面，我们可以看出佛商严谨、务实、稳重的性格特质和经营作风。

佛山企业家不仅务实守业，而且勇于开拓，敢于冒险。以美的集团的何享健为例——美的集团的成功，人们认为主要秘密在于企业改制。1997 年，美的出现亏损，何享健最先在国内大企业推行事业部制，大胆放权，以快制快。当时，集团高层只有几个人表示支持，何享健坚决拍板：“反对无效！”从 1998 年开始，美的盈利节节升高。2001 年，进行公司高层经

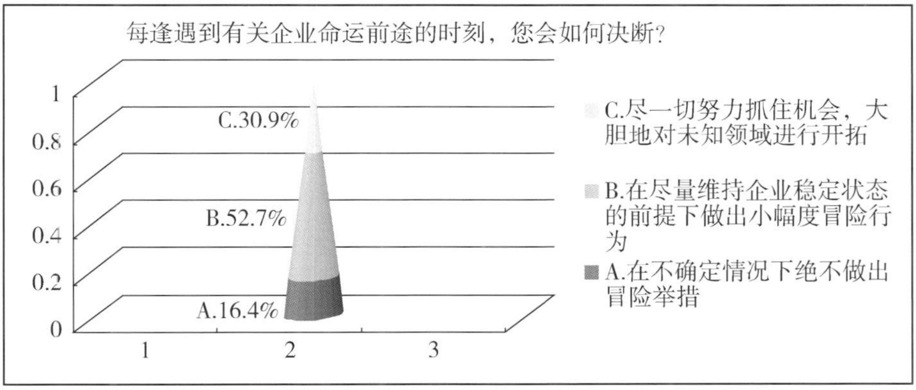

图 4 -14　企业家在关键时刻的抉择

理人股权收购，完成了产权和分配机制改革的“惊人一跃”，美的完全转制为民营企业。何享健的这一努力，被认为是“中国第一起成功的管理层收购”。美的就像一条生长在珠三角塘基桑树上的蚕，破茧而出，而每一次挣扎都是由何享健一锤定音，可以说，美的的凤凰涅槃离不开何享健大胆冒险的精神。① 佛山人的勇于开拓，还体现在他们在危机关头的勇敢决策。昭信集团董事长梁凤仪从工人做起，敢打敢拼，演绎了莽撞少年成长为现代企业集团领军人物的传奇故事。在全球金融危机中，她当机立断，主动卸下“鞋业大王”的光环，啃上了战略新兴产业 LED 这块硬骨头。②

三、在承担社会责任中体现的文化

从图 4 -15 可以看出，参与调查的企业家中，63.6% 的企业家认为其公司在生产的产品或提供的服务方面能够满足社会需要方面做得最好，54.5% 的企业家认为是实现可持续发展，生产更加环保的产品方面，另外有 29.1% 的企业家认为其公司在注重企业社会责任，注重慈善公益方面做得最好。

而在被问及“一个企业有什么社会责任”时，55% 的企业家认为应确保产品的安全与质量，有 17% 企业家认为处理好企业带来的环境污染问题是企业的社会责任，22% 企业家认为支持公益事业是其社会责任，认为为民族振兴、国民经济发展做贡献是企业的社会责任的就更少了，仅占 6%。可见，现如今佛山有相当比例的企业家的社会责任意识较为薄弱，甚至欠缺对企业社会责任的正确认识。

---

① 周兆晴：《新粤商》，北京大学出版社 2007 年版，第 152—153 页。
② 吴晓芳、孙景锋：《务实进取，佛商传奇》，南方日报，2012 年 9 月 28 日。

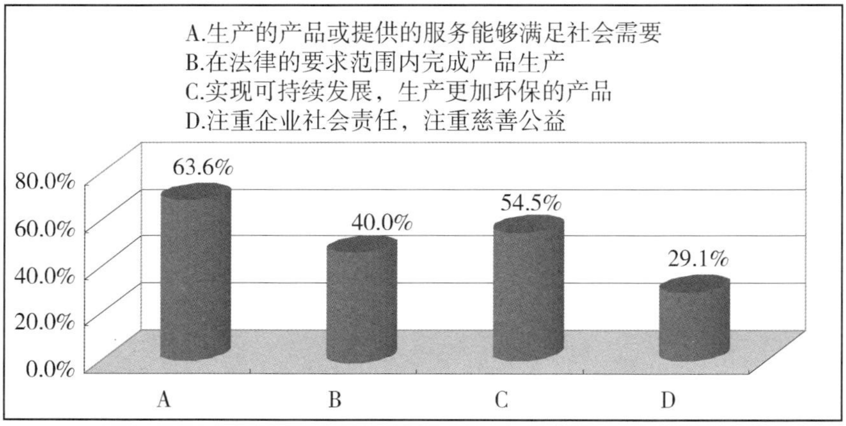

图 4－15　企业家认为本公司做得最好的方面

相比之下，佛山近代史上却有着许许多多怀抱实业救国伟大理想的爱国企业家。以中国第一家民族资本主义近代工业，继昌隆缫丝厂的创办者陈启沅为例，在封建主义、外国资本主义夹缝中生长的继昌隆缫丝厂被迫停产迁厂，而陈启沅不屈服于封建势力和落后生产方式的束缚，在严峻的形势下迁厂换址，坚持生产，并在三年后重新把丝厂迁回南海简村，使机器缫丝业在珠江三角洲蓬勃发展，农民收入有了很大的提高。以陈启沅为代表的近代佛山企业家以报国之心、顽强之志，奋发图强，使中国近代工业不断成长。这是近代佛山企业家对源远流长的中华文明的解读，是传统美德的理解，对优秀传统精神的承接。天人合一，并行而生，是中国人从古到今的期许。虽说企业的根本目的是提高经济效益，但企业积极履行社会责任不仅有利于促进经济社会可持续发展，而且可以帮助企业创造和谐的发展环境、提升品牌形象、增强社会公信力、推动创新、激发员工创造活力、提升对投资和优秀人才的吸引力，有利于企业可持续发展，符合企业投资者的长远利益。因此，佛山企业家对于承担社会责任不能只是停留在口号上，必须付诸实际行动，向前辈学习。

四、在经营战略管理中体现的文化

在战略合作伙伴的选择方面，相对于一系列国内外知名企业，有 49% 的佛山商人偏好具有良好商业传统的国内企业，他们比较关注合作伙伴的企业发展历史和信誉，是较为保守的合作者。

根据调查显示，在同等条件下，80% 的佛商不会局限于与佛山本地企业合作，而会选择与国内其他企业甚至国外知名企业合作。由此可见，随着国际化、全球化浪潮的兴起，务实的佛商凭借着不断进取的精神，以国

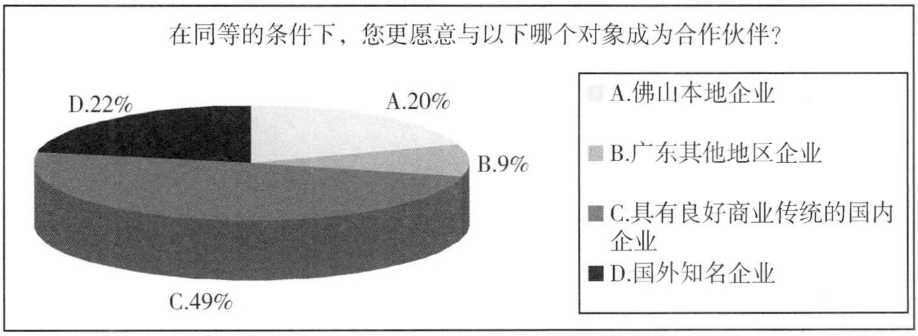

图4－16　企业家对合伙伙伴的选择

际化的眼光面对战略转型、多元化和国际化的考验。美的、格兰仕等知名企业早在20世纪已名扬天下，而更难能可贵的是，在21世纪的第一个十年结束之际，佛山一批中小企业纷纷走出国门，在全球范围内进行产业布局。2009年，佛山诚德特钢董事长李泉带领几名企业骨干来到菲律宾，他们此行的目的是考察这里的红土镍矿。两年以后，北海诚德镍业投产，通过在菲律宾收购的矿山实现了原材料的自给自足。民营企业到国外收购矿石资源极为罕见，佛山企业家凭借“敢为天下先”的气概再次走在时代前列。而几乎同一时间，在陈敬财的带领下，顺德伊之密精密机械也在酝酿全球化的战略。2011年，伊之密收购了美国机械装备业的百年老店HPM的品牌，通过“借壳”成功打入美国市场，让“让中国装备业与世界同步”迈出了坚实的一步。①

五、个人生活中体现的文化

从图4－17中我们看到，在业余生活的安排上，24.3%企业家会选择锻炼身体，其次是旅游、听音乐和阅读报纸杂志，可见他们在工作之余不忘锻炼身体和放松身心，有着良好的生活习惯。也有不少的企业家利用业余时间提升自身能力，空闲时会选择报读进修课程班（少数是学历教育）提高经营管理理论，从而充实自己，体现出他们的敬业进取精神。总体来看，接受采访的企业家的业余活动偏向对于自身的功效性和实用性，这也体现了他们勤俭朴素，低调务实的生活作风，在生活中较为自律，少见浮夸的生活作风。

① 吴晓芳、孙景锋：《务实进取　佛商传奇》，《南方日报》，2012年9月28日。

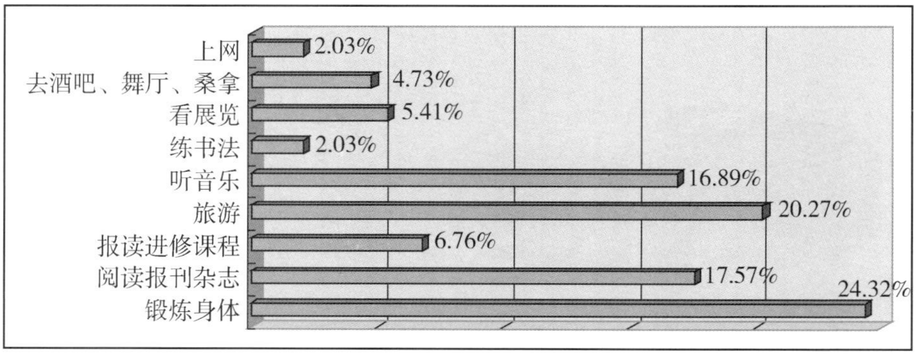

图 4－17　企业家业余活动比较图

第五节　影响佛山企业家文化形成与发展的因素

一、政策因素对企业家精神的影响

调查显示，国家的政策对企业家精神的发展有着极大的影响。无论是建国初的社会主义改造春风，20 世纪 80 年代改革开放的一声惊雷，还是进入市场经济时代后的产权制度改革，都大大加强了佛山企业自我发展的内在动力，使佛山企业在改制中创造新的经验新的效益。

此外，在中国经济转型的过程中，政府职能的转变对培育和弘扬企业家精神具有非常重要的意义。在针对佛山企业家的“您对政府和社会在推动佛山企业家文化建设方面有何期望”的调查中，27% 的企业家认为政府和社会应在加强培训方面推动佛商文化建设，26% 的企业家认为政府和社会应以多种方式鼓励创新精神。

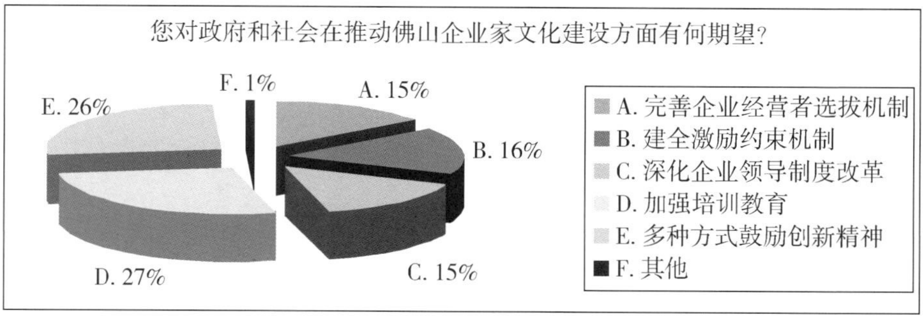

图 4－18　企业家对政府和社会在推动佛山企业家文化建设方面的期望

另外有调查数据表明，政府政策的简便程度对企业经营者的创新意识有着显著的正面影响，政府政策和规章制度的透明度越高、行政审批手续越便捷，越能够为企业创新提供良好的政策环境，企业经营者的创新意识越高。[①] 自2009年起，佛山市着力转变政府职能，逐步从经济建设型政府转变为公共服务型政府。为了提高企业经营者的创新意识、冒险意识和机会敏锐性，佛山市政府必须加快职能转型速度，一方面为企业提供更多有价值的信息，另一方面要创造良好的投资环境，为企业发展提高更优质的公共服务。

二、经济因素对企业家精神的影响

在“您觉得佛商得以形成的最主要因素是哪一个”的调查中，43.4%的公众认为是佛山及其周边地区的商品生产发展的物质基础雄厚。民众的眼睛是雪亮的，经济的发展对佛商文化产生了深刻的影响。以佛山陶瓷业为例，佛山制陶业具有悠久历史，明清时期更是鼎盛发展。但鸦片战争之后，受到外国资本家的经济侵略，佛山陶瓷业急剧衰落。民国十二至十三年，石湾陶窑从鼎盛时的107座剧减至七八十座，从业人员只剩下万余人，产值也从1928年的300万元减至1929年的200万元，下降50%。1936年失业人员达四五千人。产品出口也从1930年95万余元下降至1933年15万元。经济的萧条使陶瓷商业陷入一蹶不振的局面。

建国后，开展了对农业、手工业和资本主义制造业的社会主义改造。在全国农业合作化高潮推动下，1956年实现了对陶瓷业的社会主义改造，有力地促进了陶瓷工业的生产和发展，1956年生产总值达到794.95万元，比1949年增长近5倍。在此期间，陶瓷商人不断革新商品，扩大生产，为陶瓷工业的发展注入了新的生命力。“十一五”以来，佛山市全力推进产业强市战略，加快现代制造基地建设，努力优化产业结构和转变发展方式，提升产业发展层次和国际竞争力，工业得到了极大的发展和提升。在此环境下，必须结合产业升级转型及内外源经济的协调发展，大力促进佛山企业家的创新精神和开拓精神。

三、社会因素对企业家精神的影响

商会、行会等社会组织也对佛山企业家精神发展的产生了重要影响。

---

① 中国企业家调查系统，《企业经营者对企业家精神的认识与评价》——2009年中国企业经营者成长与发展专题调查报告，《管理世界》2009年第6期。

当被问及“您觉得商会在佛山企业家群体中可以起到什么作用”时，29%的公众认为是“向广大民众宣传佛商文化精神，使之更加深入了解”；28%的公众认为是“引导企业家们积极开展企业家文化桥梁的创造”。然而，在针对企业家的调查中，只有48%的企业家表示其企业与商会联系密切，经常主动与之交流；41%的企业家表示其企业与商会关系一般，只有在对方要求的时候才与之接触；11%的企业甚至从来没参加过商会或协会的活动。而在“您认为佛商文化传承传播过程中商会应担任什么样的角色”中，认为“商会搭台，企业唱戏，企业起主导作用”与认为“商会主导，由商会提供渠道并主导宣传”的企业家各占一半。

这表明，佛山商会、行会等组织仍需继续努力，更加积极主动地与企业家联系交流，向社会宣传佛商文化。虽然如此，约有九成的企业家都认为商会应该在传播和弘扬佛山企业家文化中起中心纽带作用，由他们搭建平台，促进企业之间，企业与社会间的交流，创建系统的佛山企业家文化交流圈。同时，他们对政府和社会在推动佛山企业家文化的发展方面寄予了厚望：大多数企业家认为政府应该加强培训教育，创建富有活力的创新机制，从而推动佛山企业家文化的建设；部分企业家认为完善企业经营者选拔机制，健全激励约束机制，深化企业领导制度改革对于激活佛商群体也起到很重要的作用。除上述因素以外，佛山的地理环境和历史文化传统也是对佛商文化的传承和发展的又一重要因素，这一点已经在前面提到，此处不再赘述。

佛山民众对于温州、山东、湖北、安徽、湖南、四川等地区（异地）商会在佛山的分会都有一定的了解，他们认为这些商会的存在能为各地企业落户佛山搭建桥梁，促进各地商人之间的相互了解，促进不同商帮文化的相互融合，此外还能通过对企业家的了解为政府政策的制定建言献策，使政府相关政策的制定更符合社会经济发展的要求。此外，有大约40%的受调查者认为商帮的知名度与当地的经济发展水平有关，其次是宣传当地历史文化底蕴和杰出人物的作用。社会经济发展水平是难以控制的，但是商会可以在商文化宣传，发挥杰出人物的辐射效应，整合商帮文化上发挥有效的作用。

四、企业家文化面临的现实困境

约束佛商发展的主要因素是什么？通过调查，得出结论：佛山企业家群体认为，从外部因素上看，主要有两点：第一，企业家们认为政府政策的倾斜，造成资金扶持的不公，再加上税务繁重，使得中小企业生存困难。第二，物价上涨，成本大幅度增加，很多传统制造业丧失了竞争优势，同时国外市场萧条，利润大幅度下降；从内部因素上看：第一，大多数企业缺乏技术优势和品牌优势，难以抢占高端市场；第二，企业家自身存在狭隘性，缺乏战略眼光和创新精神，其综合素质有待提高；第三，区域行业内部交流不足，缺乏合作平台，未能形成区域合作优势和资源共享。对此，企业家认为政府能对中小型企业家加以重视和支持，为占佛山经济半壁江山的民营企业搭建交流和发展平台，同时提高企业家的个人修养和树立良好佛商文化形象，争取得到社会的理解和支持，改善企业发展的社会人文环境。

而公众认为的佛商有以下几个问题：第一，自身素质有待提高；第二，缺乏战略眼光，群体内没能做到互惠互利；第三，经营理念太过于保守，创新力不足；第四，没有做到以人为本。其中，前三点与佛山企业家自身认为存在的问题不谋而合，但是值得我们深思的是第四点问题，从前面的调查结果我们可以知道，佛山企业家是比较注重以人为本这一精神理念的，但是现今社会民众却认为其没有做到以人为本，这就说明了佛山企业家群体在这方面并没有做好，没有得到大家的承认。以人为本的内涵包括顾客利益、员工发展、环境保护等方面责任，佛山企业家在履行这几方面责任上仍需努力。目前，佛山企业家文化的发展处于起步阶段，尽管有不少的行业协会在致力于这方面的工作，而且也有成功的例子，其中最著名的莫过于美的集团的何享健了。在“原来生活可以更美的”的口号下，美的注重创新，对员工体贴关怀，并且积极回报社会。但是佛山企业家文化在理论层面尚未找到相关的资料可供借鉴，而且在实践观察中，也能发现佛山企业家文化发展所存在的问题。

（一）企业家文化研究的缺失

从理论层面上说，企业家文化在我国是一个新兴的学术范畴，学者对此并没有很深入的研究，甚至有不少人就把企业文化当作是企业家文化。即使是对企业家文化有做研究的，也多是局限于从历史上去研究，很少考虑其现实意义和在新时代形势下的变迁。而我们已经知道了企业家文化对一个企业乃至经济社会的重要意义，它不仅是企业可持续发展的保障，还是社会文化建设的一个重要部分。优秀的企业家文化对社会也能产生正面的影响，所以从理论上挖掘企业家文化的内在涵义对整个国家都是有利的。

从现实层面上说，我国历史上已经形成了著名的五大商帮，其中粤商更是对广东、广西地区产生了重要影响。佛山地区企业众多，从商经验丰富，在中国当代经济改革与市场开放过程中开创了“顺德模式”“南海模式”；另外，佛山现有的地区商会和行业协会也发展得比较成熟，只是在文化建设这方面还有待深入。希望佛山企业在企业家文化这方面也取得长足进步，那么佛山企业的可持续发展以及佛山的经济文化建设也将会进入一个新局面。

（二）企业家文化建设意识不足

在我们历经四个月的调查过程中发现，无论是佛山的企业家、公众、商会或是政府，对企业家文化的建设意识都比较缺乏。不少企业管理者尚未意识到企业家文化这种新概念，普遍对企业家文化的认识不深。不少企业管理者把发展企业文化当成是企业家文化，尚未意识到佛山企业家文化建设的重要性和紧迫性。文化，作为一种社会精神力量，形成于现实又作用于现实；于积极方面来讲，作为一种主观意识，促使我们对这个客观世界进行改造，使这个客观世界向前发展，在客观世界在向前发展的过程中我们遇到了相关的问题并加以解决，那么我们对文化又有了更深层次的认识，这样又会促使文化的向前发展。

因此，文化是否得到发展与我们对文化本身的认识程度息息相关。企业文化是企业中形成的文化观念、历史传统、共同价值观念、道德规范、行为准则等企业的意识形态，企业领导者把文化的变化人的功能应用于企业，以解决现代企业管理中的问题，就有了企业文化。企业管理理论和企业文化管理理论都追求效益。但前者为追求效益而把人当作客体，后者为追求效益把文化概念自觉应用于企业，把具有丰富创造性的人作为管理理论的中心。这种指导思想反映到企业管理中去，就有了人们称之为企业文化的种种观念。

那么，我们应该怎样认识和理解企业家文化与佛山企业家文化？

第一，要有哲学的方法，从中国的商帮文化和佛山企业家文化现实出发，进行深入的调查研究，把握企业文化各种现象之间的本质联系。依据实践经验，从感性认识到理性认识，进行科学地概括、总结。

第二，要通过实践把所认知的企业家文化的本质及一般的特征去伪存真，从而确定企业文化的本质。再次，要认识到企业家文化和佛山企业家文化不是单一的因素构成的，找出佛山企业家文化最基本的决定性的因素及其与诸因素的关系。最后，要看到企业家文化与佛山企业家文化这两个概念不是一成不变的，它在发展中形成，并在社会历史发展中丰富和变化。

第三，无论是佛山市南海区推行的“雄鹰计划”，还是顺德区推行的“龙腾计划”等，政府对企业发展的扶持多是停留在物质层面，直到 2012 年佛山市政府工作报告才提出要出台“企业家成长促进计划”，通过事业、物质、精神等激励，引导行业领军人物、优秀企业家茁壮成长。佛商文化目前难以发展的一个原因之一就是对企业家文化的认识不深以及没有注重企业文化的建设或者企业文化的发展不太完善。

（三）企业家文化建设面临的挑战

随着改革的深入发展，经济的进一步转型升级，以及经济全球化的影响，佛山企业家文化面临着新的挑战：

第一，佛山企业家的现代企业的经营理念相对不足。“企业经营理念从本质上讲是企业经营过程中所持有的指导思想和所遵从的行动纲领”；“所谓的经营理念指的是管理者追求自己绩效的根据，是顾客、竞争者以及职工价值观与正确经营行为的确认然后在此基础上形成企业基本设想与科技优势、发展方向、共同信念和企业追求的经营目标。”①

作者认为：企业的行事风格和原则就是企业的经营理念。即企业的经营理念就是指导企业管理层做出决策的方针与纲领，一个企业之所以有着与其他企业不同的经营方式和特殊轨迹，是因为各个企业有各自不同的经营理念。在笔者看来经营理念即系统的、根本的管理思想。管理活动都要有一个根本的原则，一切的管理都需围绕一个根本的核心思想进行。这个核心思想就是我们这里所说的经营理念。现代企业的经营理念是公司员工坚守的基本信条，也是企业制定战略目标及实施战术的前提条件和基本依据。现代企业的经营理念的核心是，以顾客为中心，以人为本，不断创新。

企业经营理念体现于企业制度与企业行为模式中，但企业经营理念不因此等同于企业文化，理念更抽象并具有先导性。佛山企业家由于局限于各种原因，他们的现代企业经营理念相对不足，最起码随着社会的发展，竞争日益激烈，按照他们目前所掌握的经营理念无法应对以后激烈的市场环境。现代经营理念是企业家的管理企业的“武器”，也是属于企业家的意识形态的一部分，作为企业家的意识形态的对企业家的行为起着一定的影响作用，而企业家作为佛山文化发展的一部分承担者，如果没有先进的现代管理理念就无法将佛商文化的发展向前推进，反而会画地为牢，阻碍佛商文化的发展。

第二，佛山企业家文化素质普遍偏低，知识储备量不足，结构不合理。目前佛山企业家大多数的企业家都崛起于20世纪七八十年代，基于当时的历史原因，他们大多数的人都没有较完整的接受系统的专业性的知识，所以他们都有一个特点，就是管理者的学历并不是很高，学历的高低是与知识储备量的大小呈正关系的，低学历就意味着管理者的知识储备量不丰富。全球现在已经进入知识经济时代，单靠之前的闯劲和自学是无法适应这个快速变化的社会发展，现阶段佛山企业家普遍出现了知识储备量不足，理论素养不高，系统创新能力较弱等问题。

---

① 卫振锋：《企业经营理念演变的启示》，《企业活力》2005年第6期，第79页。

佛山企业家精神需要适时转变，适应21世纪企业文化建设的需要。经济基础决定上层建筑，佛山经济的转型和升级必然催生新的佛商精神。但这并不意味着要抛弃传统的佛山企业家精神，而是需要佛山企业家群体做出更理性、更大胆的转型。

第三，佛山人才缺失和科技发展仍是落后。随着经济和科技的发展，佛山越来越重视人才的培养。近年来，佛山高校在数量上日渐增多，素质也逐渐提高，但与广州相比仍然落后，人才素质不高，且人才流失严重。现阶段普遍出现了人才储备不足，待遇不高，人才创新能力较弱等问题。技术发展也跟不上经济发展的脚步，原材料对环境依赖大，工业生产对环境污染严重，容易造成环境破坏，相关部门管理不到位。

第四，佛山企业经济环境不景气客观存在。自2008年全球经济发展进入寒冬期，我国积极谋求新的经济发展模式，实现核心产业的升级。据中国轻工业信息中心统计，截至2016年5月底，全行业规模以上企业平均产值利润率为5.45%。其中，家用电器行业规模以上企业生产过剩竞争激烈，产品的市场价格日益下降，处于微利状态。[①]

同时，东南沿海地区的制造业逐渐衰落，政策重点逐渐转移，加上市场的萎缩，成本的上涨，使得珠三角地区的传统制造业产值比例不断下降。佛山也不例外，除了是受到国际经济普遍不景气的影响外，还因为在引进外贸这一块，珠三角与长三角相比吸引国际大财团、大企业的竞争力在下降。要达到“十二五”规划中外贸出口总额超500亿美元的目标，必须鼓励和支持企业家“走出去”，打造国际品牌，开拓国际市场。

从图4－19中我们不难看出，整个广东省的轻工业长期处于微利状态，并且发展态势开始走下坡路。地区行业经济的发展程度直接影响当地商文化的繁荣程度和人们对他的认知度，传统制造业的衰落不可避免影响了佛山企业家从事这些行业的群体文化，经济基础逐渐衰弱，群体活跃性降低，其精神文化的影响力也会逐渐被削弱。

（四）传统产业有余及创新不足

佛山企业家文化很好地承接了优秀传统文化，例如严谨务实和诚实守信，佛山企业家群体的文化和佛商地区文化呈现出高度的融合性，即使是到佛山的外来商帮也能很好地适应本地区的商文化。但是，佛山企业家文化在创新和冒险精神方面显得明显不足，难以突破固有思维的限制，对于早期的传统佛山企业发展，受政策红利影响颇大，这就造成了企业家遇到

① 国家轻工业网统计数据 http://www.clii.com.cn/zhhylm/trade/t11/index.html，访问时间：2017年4月2日。

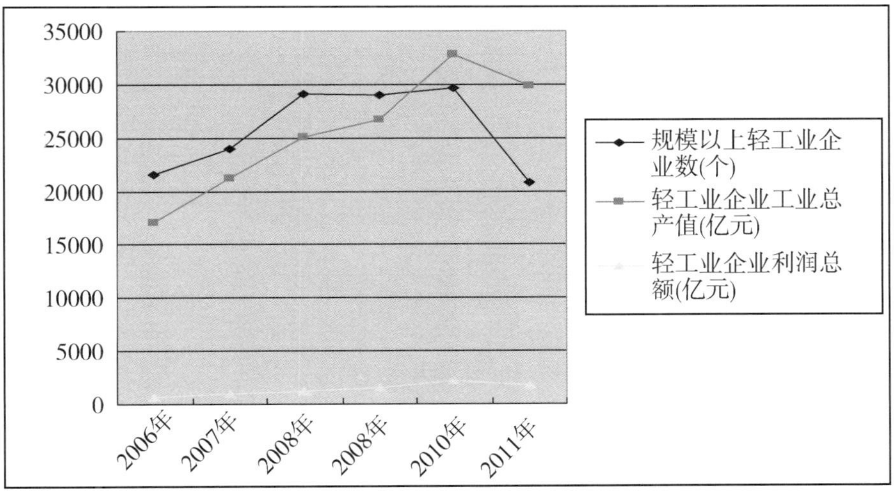

图 4－19　广东省轻工业发展情况走势图

问题期望得到政策和财政支持的惯性思维，从而忽略了管理创新，技术创新的根本性作用。

从代表性企业家的行业分布上，不难看出他们实业致富的思想。在 2011 和 2012 年佛山工业总产值中，传统制造业的比例都高达 40%。[①] 新兴行业缺乏领先企业和企业家，大多在新兴行业立足的企业在产业价值链中也只是处于下游位置，从 LED 照明也来说，截至 2011 年末，佛山有 300 多家企业从事这一行业，但是只有大约 1% 的企业拥有核心技术，其他的基本处于中下游位置，甚至 90% 以上的企业处于下游。

从图 4－20 我们可以看到，佛山工业增加值的增长率总体趋势不断下降的，也就是说目前佛山工业结构模式发展活力逐渐下降。传统优势创造的超额利润已经越来越微薄，企业急需扩大自身的差异化优势。从差异化价值链看，技术开发只是创新的一个部分，企业家进行创新还包括了内外部供应，运营、市场销售，人才管理等各个方面，只是拘泥于技术研发的创新难以获得综合效益。创新竞争归根到底就是为发现、满足和保持独特的目标市场、产品、经营方式而竞争。

佛山产业结构急需优化与升级 。2006 年，佛山市第十次党代会明确提出“精细发展第一产业，优化发展第二产业，加快发展第三产业”的思路，引导三大产业协调健康发展。在“十一五”产业发展战略引导下，佛山市产业转型成效显著。农业精细发展，2011 年农地产出率预计达 1.9 万元/亩。工业优化提升。实施“三个一批”和“双转移”战略，推动传统

① 图表数据来源于 2012 年佛山统计年鉴。

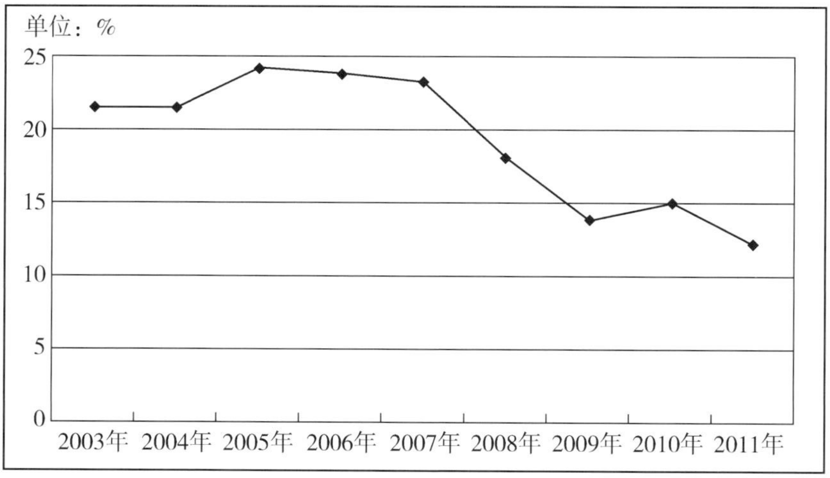

图 4 -20　佛山工业增加值增长率走势图

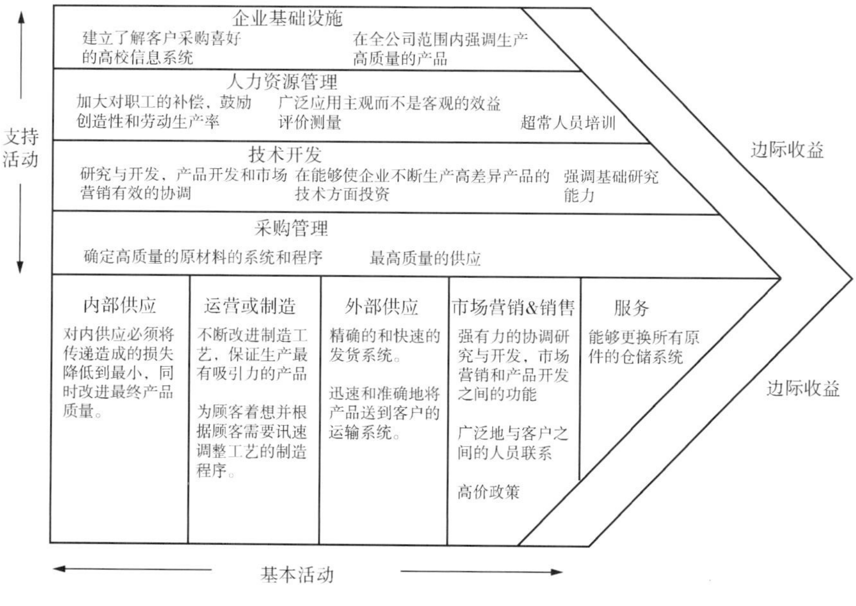

图 4 -21　企业差异化战略价值链①

产业转型升级，五年关停“三高一低”企业约 700 家。培育发展战略性新兴产业和先进制造业，引进一批龙头项目，光电显示和光照明产业链日趋完整，汽配产业成为重要经济增长点，机械装备跃升为第一支柱产业。服务业发展提速。金融业集聚效应明显，全国性股份制银行全部落户佛山，

① ［美］迈克尔·波特：《竞争战略》，华夏出版社 2005 年版，第 166 页。参见蓝海林：《企业战略管理》，科学出版社 2011 年版，第 99 页。

广东金融高新区初步建成为现代金融后援服务基地。现代物流业发展迅速，创意设计产业快速崛起，总部经济发展态势良好。但是，产业结构仍然不尽合理，产业结构调整任务仍相当艰巨。如今佛山的特色产业陶瓷，铝材，纺织和家具在各自行业内的地位已经是举足轻重了，佛山商人乃至佛商文化也成为了大家关注的对象。

（五）企业家能力难以实现突破

企业家通过与企业文化把自身的精神理念融合于企业的经营管理之中。佛山企业家在传统行业向新兴行业的转型升级中明显表现出战略扩张能力的不足，难以捕捉新兴行业的市场机会，即使涉足新兴行业也难以进行高定位，容易产生定位于产业链下游的思维惯性。对于自身的经营理念难以实现实质性的突破。很多企业家都树立了一定的企业理想，但是由于这些理想缺乏创新意识，没能踏准经济发展的节拍，因为最终没能引领企业实现腾飞。①

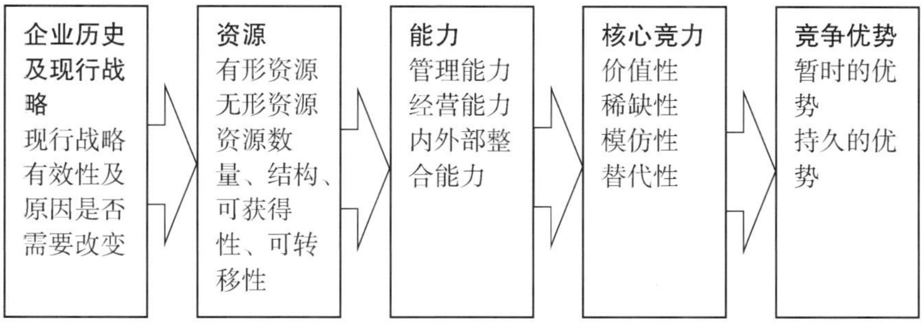

图 4－22　企业综合能力分析模型

从综合能力分析模型看来，企业家对企业定位准确，树立适合的企业理想，必须拥有卓越的分析能力，综合分析企业各方面情况并能综合利用企业资源。佛山现代企业的经营理念相对不足，过分关注有形的物质资料，以利为本，忽略了“人”在其中的作用；重人际伦理、轻制度伦理和制度理性的管理意识在各类企业家的头脑中分布着。

以质量强市为抓手与打造佛山制造品牌。“十一五”期间，佛山市深入实施名牌带动战略，发布实施《关于全面推行质量强市活动的意见》《印发关于推进产品技术标准战略的实施意见及其奖励办法的通知》等指导性文件，有力促进了企业技术创新、管理创新与质量进步。通过名牌带动战略，建立以消费者认可和市场竞争力为基础的名牌产生机制，带动企

① 刘宏伟：《企业家在传统行业向新兴行业的转型升级的思考》，《企业管理》，2013 年第 379 期。

业在日常产品质量监管、产品标准制定与执行等方面转型升级，以质取胜，提高地方产业竞争力和自主创新能力。

到2011年，佛山市累计打造中国名牌产品65个，中国驰名商标65件，广东省名牌产品288个，广东省著名商标349件，名牌、驰名商标总数均在“十一五”期间增长超过2倍，位列全国地级市前列，佛山市获得“2011中国十大品牌城市”，全社会重视质量的氛围初步形成。重要工业产品质量监督抽查合格率保持85%以上，全市产品质量稳步提高。深入开展“质量月”“3·15消费权益保护日”和“食品质量安全日”等系列宣传教育活动，企业质量管理能力和民众质量素质不断提升。“十二五”期间，佛山市将全面实施“234质量提升计划”，建立质量失信“黑名单”，加大对质量失信的惩戒力度，积极引导企业注重质量信誉，培育诚实守信的企业质量文化，树立佛山企业诚信新形象，佛山企业家责任重大。

（六）各区联系松散和缺乏有效机制

晋商集群发展的“抱团”意识，正是佛商较为薄弱的。由此可见形成企业战略群对佛山企业意义重大。企业战略群是指某一行业内强调相似战略维度并采用相似战略的一组企业，同一个战略群中的企业在许多方面彼此相同，例如可比的产品线宽度，相似的价位、档次，相似的分销渠道，相似的目标消费群体，相似的技术手段，相似的服务和技术支持。战略群的形成和竞争是行业竞争结构稳定和竞争行为成熟的表现，战略群的存在和互动有利于保护本行业竞争力。①

由于国家政策放宽的原因，佛山总商会及各区商会、异地商会是近年来才活跃起来的，商会在促进佛商的发展，整合弘扬佛商文化方面发挥了积极的作用，但并没有形成科学系统有效的服务机制，大多数时候只能为企业家们举办一些信息、文娱、政策等简单的交流和沟通活动。在树立佛山企业家形象，弘扬佛山企业家文化建设等方面，各级商会还可以大有作为。佛山市有五个区，每个区的主要产业都不一样，各区的企业家精神表现和性格特征不一样，各行业企业家精神的表现也不一样，企业家群体及其文化都自成体系。最大的问题是各区之间缺乏交流和联系，各区的分离状态在促进了佛山企业家文化多样性的同时也割裂了文化的联系，企业家们难以交流合作，相互理解，取长补短，达到协同发展，发挥集群效应。从“广佛”同城化到建设“广佛肇”经济圈，再到珠江三角洲一体化，佛山市政府坚持统筹协调，积极推进区域城乡一体化发展。经济融合的同时必然伴随着文化的大融合，佛商精神将在与广东其他地区的企业的交流合作中发展。

---

① 蓝海林：《企业战略管理》，科学出版社2011年版，第39页。

第五章

佛山企业家文化形成的动因

有一个企业家群体，由于信佛，以佛学理念为指导从事企业经营，而被称为“佛商”。从广义上，有佛心、佛智和佛行，信奉佛法，追求佛家智慧，合乎佛法要求的商人都可称为“佛商”。但是本书所研究的佛商，是指广东省佛山地区的企业家，也就是佛山市商人。佛山有佛教、道教、基督教、天主教等宗教。清朝时，佛寺、道观、孔庙、教堂已齐备。还有各行各业的师傅庙，如陶瓷业的陶师庙、成药业的“药王庙”、华佗庙等。从佛山得名的典故来看，佛山跟“佛”的渊源似乎不浅，虽然本书所研究的佛商概念区别于有宗教信仰的“佛商”，但是“慈悲”“布施”“自利利他”等思想体现在佛商的精神上，便是社会责任感和奉献精神，同时也是佛商自发形成的一个特点。如简氏兄弟是虔诚的佛教徒，当时的民众把简照南称为“商界师表，南洋菩萨”。企业家在追求自身利益最大化的同时，帮助他人，贡献社会，形成这样的企业家文化，有利于建立经济发展的伦理秩序，保障社会经济健康有序地发展。

第一节 优越的地理环境与丰富的人力资源

佛山市地处粤中珠江三角洲平原，居省会上游，绾西、北、东三江会流之处。它以西江连接桂、滇、贵、川诸省；以北江连接赣、湘、鄂诸省；以东江连接闽、浙等省，成为各省货物交流的一大枢纽。史称佛山“地为五都之市，舟车绣错，盖东南一大喉咽也。”① 佛山环镇皆水，有十二条河涌环绕其间，全镇舟楫便利，处处可设码头。“四方之来游者日以万计，然皆以舟舶泊岸，不少劳余力也。”② 在古代以水路交通为主的情况下，佛山优越的地理位置，为佛山商人的贩运和贸易活动提供了极为便利的条件。

据地理和地质工作者研究，珠江三角洲过去原是一个浅水湾。这个海湾主要是由地盘的下陷而成的。在距今约二百万年的第三纪末期，由于三角洲基底受到地层复杂断裂作用的影响，曾遭到过严重的破坏，因而形成了珠江漏斗湾，也造成了很多断块盆地和断裂线。其中主要的盆地即三水盆地、高明盆地、东莞盆地、新会盆地、中顺盆地等；较为深大的断裂线，有从广州东南—鱼珠—新塘—仙村往东北向延伸的东江深断裂线，有

① 乾隆《佛山忠义乡志》卷十，《艺文》，《修复旗带水记》。
② 乾隆《佛山忠义乡志》卷十，《新建忠义乡停记》。

从三水到九江城北西方向延伸的三水—九江断裂线，有切过五桂山南部的广海—樟木头断裂线，有从广州北—从化北的广化大断裂线，还有从番禺西南—佛山东部—官窑呈北西方向延伸的白坭—沙湾大断裂线，这使三角洲海盆盆地地形表现出极其复杂的特征：既有低平的洼地，又有高大的山丘，而各大断裂线与河流发育亦有着不可分割的关系。在各大断裂线中间，分别孕育着东江、西江、北江的河谷所在地。有河流必然有冲积，进而形成了整个珠江三角洲。

佛山地处三水盆地东部，受到区域性的地壳运动影响，控制着三水盆地东南部的构造骨架，这是佛山地质构造的基础。我国的许多著名城市如上海、广州、武汉等都是沿着江河发展起来的。此类城市所依托的运河如果淤塞，会影响城镇的发展。全国名镇佛山和朱仙镇均曾发生类似情况，即河运条件在影响城市发展过程中，有着举足轻重的作用。[①]珠三角经济区是指位于中国广东省珠江三角洲区域的九个地级市组成的经济圈，这九个市是指广州市、深圳市、珠海市、佛山市、惠州市、肇庆市、江门市、中山市、东莞市。珠三角九个城市在设计组团的时候被划分为三个组团：广佛肇经济圈、深莞惠经济圈及珠中江经济圈。此外，珠三角经济区与香港、澳门有紧密合作。

佛山市东倚广州，西通肇庆，南连江门、中山，北接清远，南邻港澳。全境于北纬22°38′—23°34′，东经112°22′—113°23′之间。佛山市域东距西、南距北约103公里，大致呈“人”字形，总面积为3848.48平方公里。2002年底，广东省调整佛山市行政区划，顺德市、南海市、三水市、高明市四个县级市撤销，分别设立为佛山市顺德区、南海区、三水区、高明区（见图5－1）。全市共有12个街道办事处和21个镇，共有395个社区委员会及366个村委会。

广湛铁路横贯佛山东西，广海、广珠等主要公路干线穿越境内，广佛、佛开高速公路和广深珠高速公路等交通干线经佛山而过，桂广高铁和地铁广佛线已开通，市与区之间有城巴相连。

珠江水系中的西江、北江贯穿佛山全境。50多条主要水道，近1000公里的通航里程和20多个口岸使水上运输四通八达，为经济发展提供了良好的条件。佛山与广州地缘相连、历史相承、文化同源，同处在中国最具经济实力和发展活力之一的珠江三角洲经济区中部，共同构建“广佛经济圈”。佛山市中心区距广州三大交通枢纽（广州新白云机场、广州南沙港、

---

① 黄任华：《河运与城市经济发展的关系——兼论汾江河运对佛山名镇的制约作用》，《佛山科学技术学院学报》（社会科学版）1998年第2期。

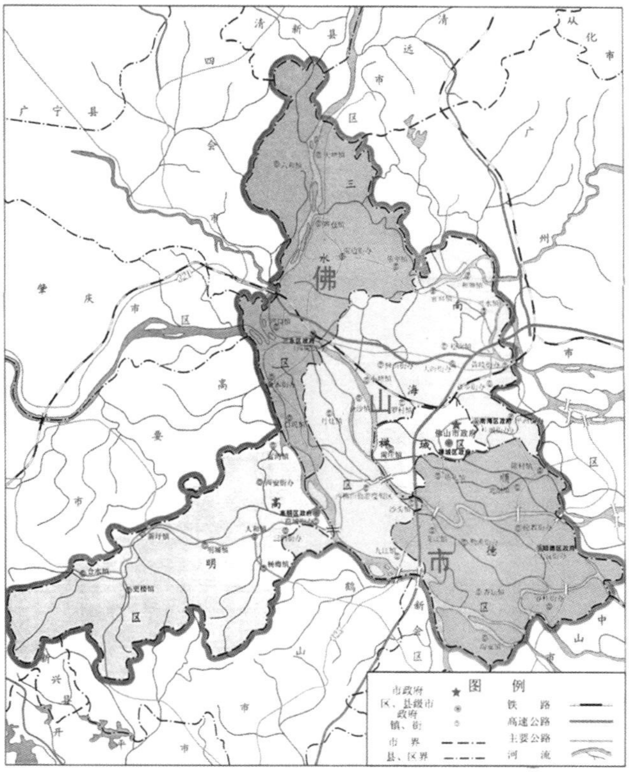

图 5-1　广东省佛山市行政分区图

广州火车站）车程均在 1 小时之内，空、水、陆交通方便。佛山得天独厚的地缘优势，使其能充分接受广州的辐射和带动，与广州共享交通网络、金融资本、人才和信息等资源，实现产业联动和功能互补，加快区域经济一体化和城市化进程。佛山至香港 231 公里，至澳门 143 公里，车程 2 小时左右。随着广珠城际轨道的开通，佛澳形成“1 小时交通圈”，使佛山能够充分地利用港澳的市场优势和国际性大都市的地位，推动佛山能广泛地参与世界经济，走向国际化。

广州自古以来，便是岭南的政治经济中心，特别是对外贸易一直处于全国的垄断地位。康熙二十三年（1684 年）曾宣布开放海禁，全国设广州、漳州、宁波、云台山四地为通商口岸，但乾隆二十二年（1757 年）又实行广州独口对外通商，对外贸易十分活跃。古代货物运输主要依靠水路，北方货物至粤，必经北江，广西及西南诸省则经西江而达广州；洋货在广州集散，亦需通过西、北江而达各地。于是，“控羊城之上游，当西北之冲要”的佛山，就成为广东各地货物和北方及西南诸省货物的集散地，“（佛山一镇）乃各省商贾囤贮货物，往来买卖之所”“四方商贾之至粤者，卒以是为归。”雍正时官府的文件明确记载：“广东省城洋商贾舶云集，而一应货物俱在南海县属之佛山镇贸易。该镇绵延数十里，烟户十余万”。也有外国人记述：“许多需要供应广州各商号的制造业，都在广州城西数里外名叫佛山的一个大镇进行。”佛山成为“水陆交通，百货总汇，五方杂处，九市殷镇，日积月盛”的岭南巨镇，在康熙年间被称为全国“四大聚”之一，在乾隆时被誉为四大名镇。这样的商业大舞台，佛山商人在此大展拳脚，积累财富，积累经验，迅速成长。①

佛山气候温和，属亚热带季风性湿润气候，雨量充沛，四季如春，属亚热带季风性湿润气候。温暖多雨为其气候基本特征。2011 年佛山市年降水量为 1282.3 毫米，年平均气温为 23.1℃，年日照时数为 1820.1 小时。珠江水系中的西江、北江及其支流贯穿全境，冲积出这片丰饶的大地，属典型的三角洲河网地区。佛山的自然资源主要有陶土、岩石、玻璃砂、稀有金属和塘鱼、水稻、甘蔗及品种繁多的水果、花卉等，自古就是富饶的鱼米之乡。有林地面积 67841 公顷，活立木蓄积量为 417.82 万立方米，森林覆盖率达到 18.74%。又因佛山土地肥沃，水网交错，物华天竞，“海、陆、空”物产颇丰。因而佛山也是珠江三角洲的“美食之乡”。

佛山市统计局 2011 年 5 月 10 日公布了《佛山 2010 年第六次全国人口普查主要数据公报》。公报数据显示，全市常住人口为 7194311 人（见图 5－2）。同第五次全国人口普查 2000 年 11 月 1 日零时的 5337888 人相比，十年内共增加 1856423 人，增长 34.78%，年平均增长率为 3.03%。全市常住人口中共有家庭户 1939730 户，家庭户人口为 5528365 人。平均每个家庭户的人口为 2.85 人，比 2000 年第五次全国人口普查的 3.22 人减少 0.37 人。全市常住人口中，男性人口为 3875041 人，占 53.86%；女性人口为 3319270 人，占 46.14%。总人口性别比（以女性为 100，男性对女性的比例）由 2000 年第五次全国人口普查的 110.05 上升为 116.74。全市常住人口中，0—14 岁人口为 852619 人，占 11.85%；15—65 岁（不含 65 岁，下同）人口为 5968913 人，占 82.97%，同 2000 年第五次全国人口普查相比该比重上升 4.22 个百分点；65 岁及以上人口为 372779 人，占 5.18%。具有大学（指大专以上）程度人口为 681226 人；具有高中（含中专）程度的人口为 1394097 人；具有初中程度的人口为 3137690 人；具有小学程度的人口为 1486198 人（以上各种受教育程度的人包括各类学校的毕业生、肄业生和在校生）。同 2000 年第五次全国人口普查结果相比，每 10 万人中具有大学程度的由 3672 人上升为 9469 人；具有高中程度的由 14618 人上升为 19378 人；具有初中程度的由 42704 人上升为 43613 人；具

① 佛山市人民政府地方志办公室资料。

有小学程度的由 28800 人下降为 20658 人。文盲人口（15 岁及以上不识字人口）比率由 3.05% 下降至 1.36%。

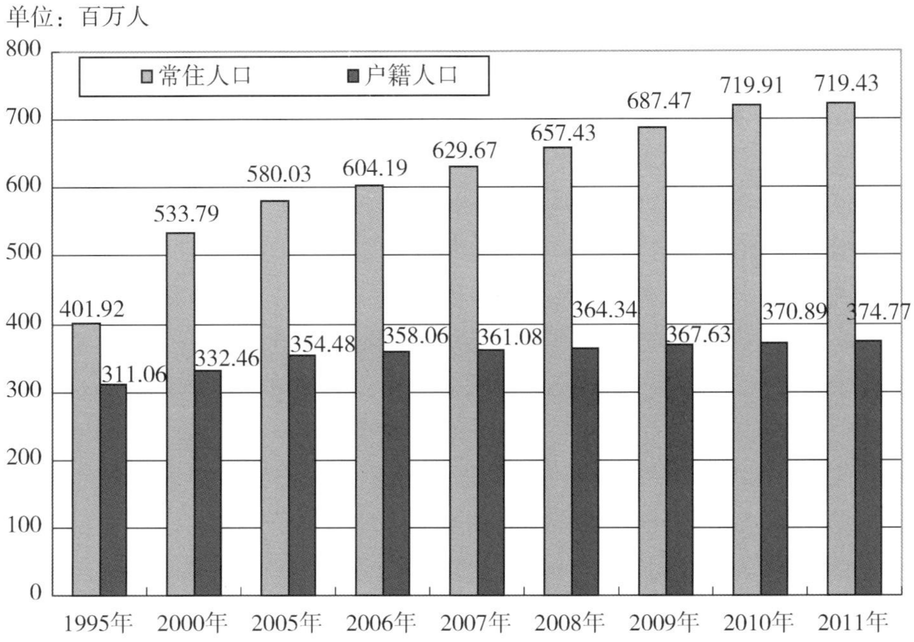

图 5－2　广东省佛山市户籍人口与常住人口比较（2011 年）

2010 年，佛山市下辖禅城、南海、顺德、高明、三水 5 个区。全市共有 21 个镇（485 个村委会）、12 个街道办事处（282 个社区居委会）。

第二节　雄厚的经济基础与开放的创业环境

改革开放以来，佛山坚持改革创新，锐意进取，迸发出无限的生机活力，经济社会发展取得显著成绩。数字是解读佛山经济的最佳方式，1978 年，佛山 GDP 只有 12.96 亿元；1990 年，达到 136.73 亿元，12 年间增长超过 10 倍；2001 年，佛山 GDP 已跻身到千亿城市的行列，达到 1068.36 亿元，是 1978 年的近 83 倍。在广东省，仅有广州、深圳、佛山这三个城市的 GDP 超过千亿，而佛山是其中惟一的地级市，在国内 GDP 超千亿的地级市也是屈指可数。2016 年实现地区生产总值 8630 亿元，同比增长 8.3%，其中，第一产业增加值 144.60 亿元，增长 3.0%；第二产业增加值 5110.09 亿元，增长 7.5%；第三产业增加值 3375.32 亿元，增长

9.7%。实现社会消费品零售总额3017.76亿元，增长11.6%。批发零售业零售额2707.41亿元，增长11.9%；住宿餐饮业零售额310.35亿元，增长8.6%。[①]

2004年9月，佛山市金融办在“资本市长”陈云贤的力促下终于正式挂牌。2006年7月，德美化工成功上市，在资本市场上早有打算但没有股权融资的佛山，终于打破沉寂。此后作为国内产业高地的佛山在资本市场上便如鱼得水。佛山上市公司家数由13家迅速跃升到目前的37家（含3家待发行），较2005年翻了一番多，累计融资已经超过600亿元，比2005年增长近9倍。同时，有11家企业已经完成股改，并形成由近80家拟上市企业组成的完整新三板梯队。在数量爆发增长的同时，佛山上市公司结构也日趋完备。2009年9月作为国内创业板第一次发审会审议通过的南风股份成功IPO，至此佛山上市公司在国内资本市场已涵盖主板、中小板、创业板；在国际资本市场上已拥有红筹股、H股、S股。同时以美的电器为代表，借助资本市场成长起来的一批佛山企业也成功利用资本市场展开了兼并重组之路。可以说，佛山的多层次资本市场体系已基本成型，精心构筑多年，资本市场上的“佛山板块”也呼之欲出。而不仅在资本市场，佛山在其他金融创新领域同样动作频繁，成绩骄人。[②]

2007年，佛山市拥有产值超亿元的企业超过1000家，纳税超千万元的企业492家，其中超亿元的企业33家，不少企业是细分行业中的“单打冠军”。2010年佛山市国民生产总值为人民币5651.52亿元，同比增长14.3%，位居全国各城市第11位，在广东省内排在广州、深圳之后的第三位（图5－3），进入“5000亿元俱乐部”。而“市强”最终落脚于“民富”。全市工业总产值达15751亿元，同比增长22%，全市规模以上工业（年主营业务收入在2000万元及以上）完成工业增加值3292亿元，比上年同期增长19%[③]；实现社会消费品零售总额1657亿元，同比增长18%；全社会固定资产完成投资1719.63亿元，同比增长16.9%，装备制造和家用电器实现规模以上工业总产值3238.86亿元、2205.11亿元，分别拉动全市工业增长4.4个百分点和4.0个百分点。2010年佛山城镇居民可支配收入27245元，农村居民纯收入12202元，城乡居民储蓄存款4461亿元，以常住人口算，平均每人约8万元。

2011年佛山市全年完成生产总值6210.23亿元，比上年同期增长

① 《2016年1—12月佛山市经济运行简况》，佛山市统计学信网，http：//www.fstjj.gov.cn，2017年2月8日。

② 中国证券报：《创业板启动　助推佛山463计划》，2009年10月30日，第A05版。

③ 易城中国研究中心：《佛山商业房地产发展趋势报告》，2011年11月21日。

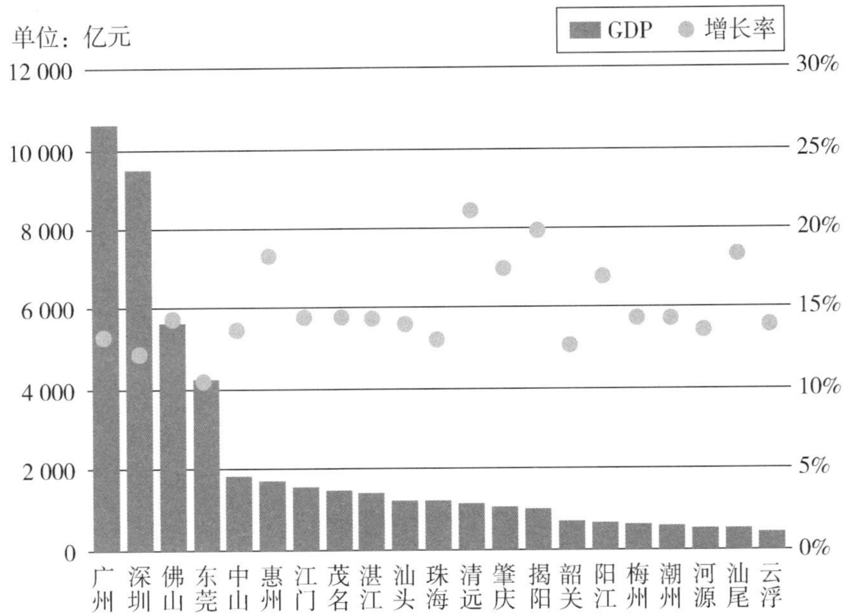

图 5－3　2010 年广东省各市 GDP 情况

12.1%。全年规模以上工业总产值 17396.52 亿元，比上年同期增长 18%，完成工业增加值 3958.16 亿元，增长 14.8%。佛山市在 2011 年中国最富 20 大城市中跃居第四。产值比例由 1978 年的第一产业 31.2 亿元、第二产业 50.5 亿元、第三产业 18.3 亿元发展到 2011 年的第一产业 1.9 亿元、第二产业 62.3 亿元，第三产业 35.8 亿元（见图 5－4）。[①] 第二、三产业的产值占国内生产总值的比例显著增加。

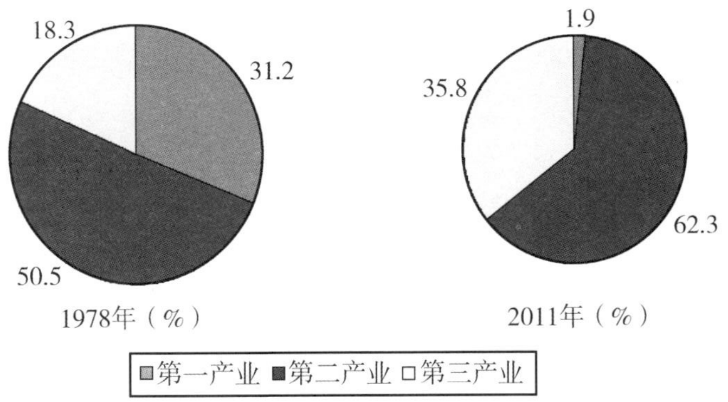

图 5－4　佛山市 1978 年与 2011 年三产业分布情况

① 数据来源于《2012 年佛山市统计年鉴》。

2012 年一季度，佛山市实现地区生产总值 1441. 17 亿元，增长 5. 6%，全市规模以上工业完成工业总产值 8679. 56 亿元，全市固定资产完成投资 1273. 83 亿元，社会消费品零售额 1292. 73 亿元，全市地方公共财政预算收入 249. 40 亿元，地方公共财政预算支出 252. 52 亿元，增长 12. 46%，8 月末金融机构本外币存款余额 9430. 87 亿元，其中，城乡居民储蓄存款余额 4831. 73 亿元，贷款余额 6181. 08 亿元。2012 年全年完成生产总值 6709. 02 亿元，比上年同期增长 8. 2%。在 2012 中国十佳投资环境城市排行榜第十。

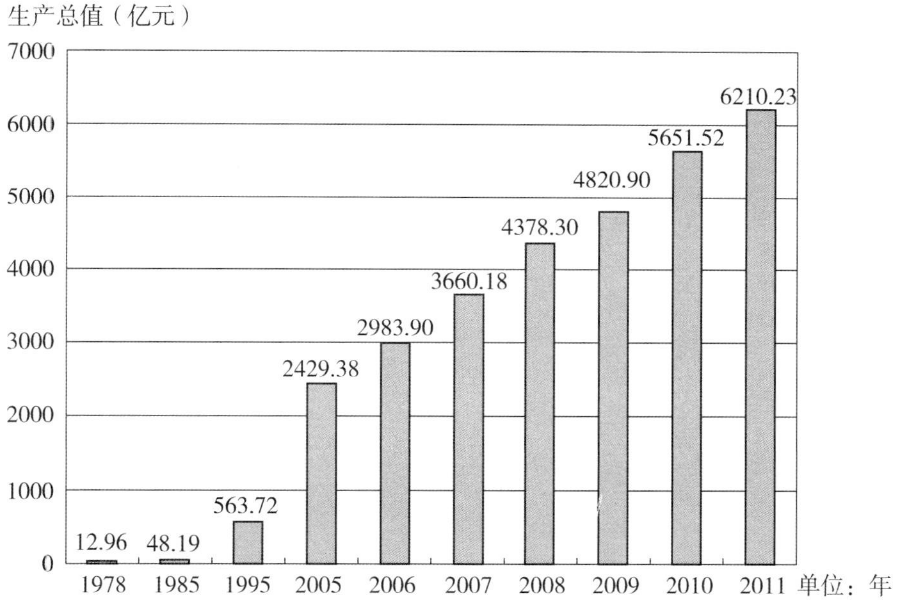

图 5 –5　佛山市 1978 至 2011 年生产总值

全市地税系统组织地方税收 387. 9 亿元，同比增长 6. 6%，增收 24. 1 亿元。此外，组织各项非税收入 223. 4 亿元，同比增长 11. 3%，增收 22. 6 亿元。其中组织社保费 179. 8 亿元，同比增长 10. 0%，增收 16. 4 亿元。

佛山市是一个以工业为主导、三大产业协调发展的制造业名城，现已形成了家用电器、机械装备、金属材料加工及制品等十大优势行业，“佛山制造”享誉海内外。佛山市以民营经济为主体，外源型经济发展壮大，专业镇和工业园区成为产业发展的重要载体，现代服务业亮点纷呈。近年来，佛山大力推进产业结构调整升级，积极引进和培育战略性新兴产业，确定光电、新材料、现代服务业、新医药、环保、新能源汽车等作为战略性新兴产业发展方向，成为首批国家新型工业化产业（光电显示）示范基地、国家级信息化和工业化融合试验区。彩虹 OLED、一汽大众、陆地方舟、爱康太阳能、梅塞尔工业气体、海尔华南总部等一批大项目先后落户，广东新光源产业化基地、广东薄膜太阳能产业基地、国家光伏系统工程研究中心产业化基地相继投入使用。

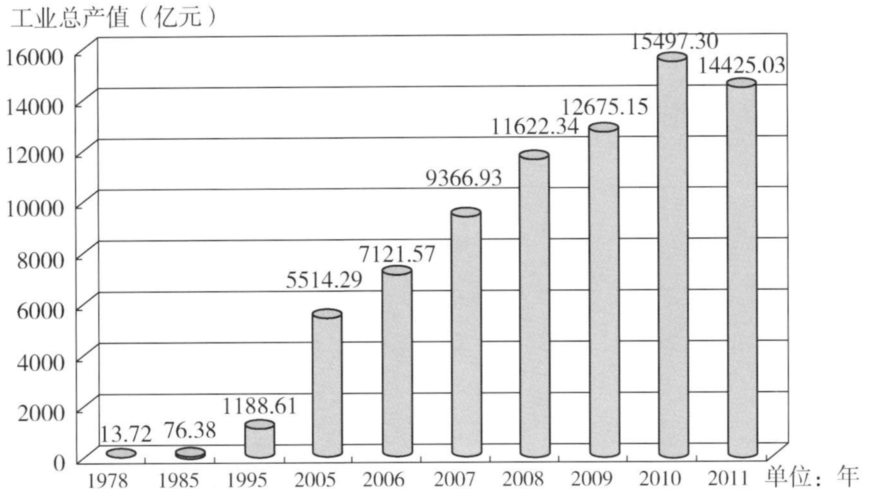

图 5－6　佛山市 1978 至 2011 年工业总产值

佛山是中国历史上较早对外开放的商埠之一，也是珠三角经济区重要的商贸中心之一。改革开放以来，佛山成为中国较早的商品出口基地之一，产品远销一百多个国家和地区。经过 30 多年发展，佛山发展了家用电器、机械装备、金属材料加工及制品、陶瓷建材、纺织服装、电子信息、食品饮料、塑料制品、精细化工及医药、家居用品制造等十大优势行业。陶瓷、不锈钢、童服、针织、有色金属、家具、木工机械、花卉、塑料等专业市场在全国占有重要地位，沃尔玛、吉之岛、易初莲花、苏宁、国美、好又多等国内外著名品牌连锁企业相继在佛山设点。

目前，佛山全市外资经济占 GDP 比重 26.5%，有 48 家世界 500 强企业在佛山投资了 90 个项目。佛山创意产业园以陶瓷产业为主，经济特征较强，聚集了陶瓷设计与研发、软件开发、无线射频识别等行业近千家企业入驻；南海创意产业园以动漫产业为方向，建设全国首个动漫主题虚拟创业园；顺德创意产业园以工业设计为核心，国家工业设计与创意产业（顺德）基地正式运营，广东工业设计城已有 50 多家国内外著名企业进驻。

佛山是品牌大市，是国家商标战略实施示范城市、中国品牌经济城市，涌现出美的电器、佛山照明、海天调味品、新中源陶瓷、健力宝饮料、联塑非金属管道、溢达纺织等一批著名品牌和商标。全市现有中国驰名商标 46 件、中国名牌产品 65 个，参与研制国家及行业标准 673 个。佛

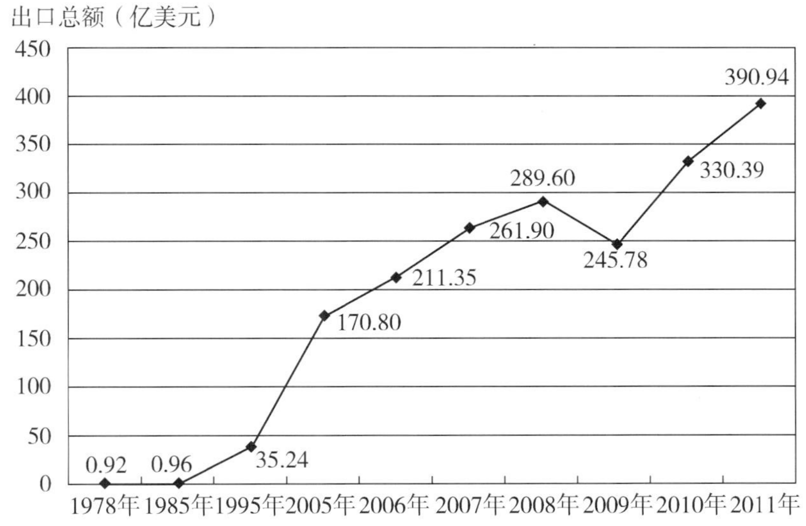

图 5 -7　佛山市 1978—2011 年出口总额

山也是全国流通领域物流示范城市，拥有一批投资规模大、辐射能力强的物流交易配送中心。易运物流市场、三山国际物流园于 2008 年建成运营，华南国际采购与区域物流中心项目一期、中国—新加坡（佛山）现代物流工业园项目正加紧建设。2003 年至今，佛山成功举办了八届“佛山（国际）物流合作洽谈会”，共签约项目超过 630 个，签约金额超过 1750 亿元。但是佛山在岗职工人均工资并没有优势，农村居民人均纯收入相比之下更低。

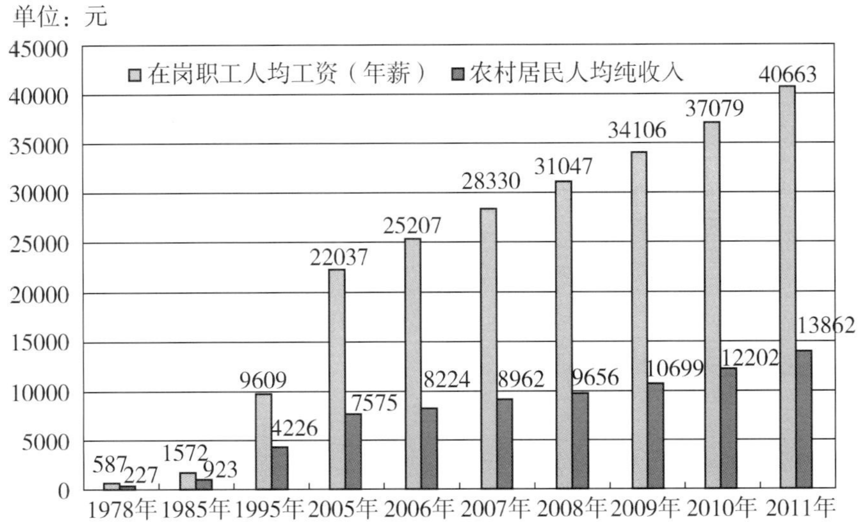

图 5 -8　佛山市在岗工人人均工资年薪、农村居民人均年纯收入

虽然佛山市的经济稳步增长，但各区的经济情况存在一定的差异。通过2008年至2010年各区的GDP对比，可发现南海区与顺德区，由于工业拉动，GDP处于全市高位；行政中心——禅城区，商业较发达，GDP处于中位；三水区和高明区就相对较落后。南海区和顺德区分别通过中小企业的“雄鹰计划”和优质企业的“龙腾计划”在项目资源、融资服务、扩能用地、市场开拓等方面为龙腾企业提供全方位的扶持和服务。五区的产业布局各不相同，结合各区的城区定位、产业发展规划，和佛山多个驰名商标在各区的分布，初步可总结出各区的基本情况及产业布局如图5－9，专业镇和工业园区是佛山产业发展的一个显著特色。全市共有国家级、省级特色产业基地35个，国家级产业集群升级示范区3个，省级产业集群升级示范区9个，中国产业名都、名镇41个，省级专业镇34个。目前，佛山正加快建设“3＋9”特色产业基地，全力打造“白色家电之都”“平板液晶显示产业基地”“陶瓷之都”。

在广东省省情调查研究中心2009年出台的关于区域经济的报告中，“广佛肇”三市间产业结构的同构系数[①]为0.49。“深莞惠”的同构系数最高，平均值达到了0.88。“珠中江”的同构系数平均值为0.72。在整个地区内，城市间的产业差异性越大，地区就越容易实现经济一体化。在上述三个经济圈中，以“广佛肇”的城市间产业同构系数最低，意味着“广佛肇”的分工程度很高，三个城市一体化的发展最为有利。在“广佛肇”经济圈中，广州在人才、资本、科学技术、结构、基础设施、综合区位、文化和开放竞争力八项指标上明显高于佛山，且服务业发达，又是省内政治、金融、教育、文化中心，同时汽车、石化、钢铁、造船等重工业优势明显，说明广州在综合实力上仍明显强于佛山。而佛山在环境、制度、政府管理、企业管理竞争力这四项指标上优于广州，尤其在制度竞争力和企业管理竞争力这两项指标上表现突出，注重产权保护和个体经济决策的自由度，市场经济与法制管理体系健全，政府对企业的审批和行政管制较少，为个体私营经济的发展创造了良好的制度环境。佛山制造业的GDP占比超过60%，尤以家电、家具、建材、童装为盛。因此，广佛同城有利于广州市的服务业与佛山的制造业进行优势互补、实现双赢。人才和资本的自由流动将会提高佛山企业发展，再带动肇庆。[②]

创业环境是指伴随企业活动整个过程（包括从开办、营运到结束的各

---

① 产业同构系数是对产业相似程度的一种测度。如果两个地区的产业同构系数接近1，这意味着两个地区的产业相似程度很高。如果两个地区的产业同构系数接近0，表明两个地区的分工程度很高。

② 易城中国研究中心：《佛山商业房地产发展趋势报告》，2011年11月21日。

地区	基本情况	产业情况
禅城区	位于市域中部，佛山市人民政府驻地，是佛山政治、金融、文化、交通、信息中心，面积154 平方公里，户籍人口61万	近年来，陶瓷（如影牌陶瓷、新中源、罗浮宫等）、机械、电子、塑料制品、针织、童装、有色金属等支柱产业稳步发展，LED、IT、电动汽车、新材料、新能源等战略性新兴产业发展驶入快车道，以创意产业、总部经济、金融、科技信息和现代物流等为核心的现代都市业态发展迅速
南海区	位于市域中部，全区面积1072平方公里，户籍人口119万。历史悠久，是千年古都	以广东金融高新区为龙头，以天安数码城、瀚天科技城为基础，金融服务、动漫网游、软件服务等都市型产业发展迅猛，家用电器、有色金属加工（如凤铝、坚美）、纺织服装等优势传统产业优化发展，平板显示、整车汽配、电子信息、绿色照明等新兴产业加速集聚
顺德区	位于市域南部，全区面积807平方公里，户籍人口123万。素来享有“家电之都”“家具王国”“花卉世界”“美食天堂”等美誉	近年来，家电（如容声、美的、格兰仕），机械装备等传统产业向智能制造、研发设计和品牌营运等高端提升；光伏、光电、生命医药、环保装备等新兴产业的集群规模效应逐步显现；国家工业设计与创意产业基地、广东工业设计城初具规模，中国南方智谷启动建设。总部经济发展迅速，美的、碧桂园等企业先后进驻
三水区	位于市域北部，全区面积828平方公里，户籍人口39万	饮料生产（如健力宝）和包装、电子信息、光伏太阳能以及电子电器、汽车零部件、医疗器械、现代物流等产业群发展迅速，海尔华南总部基地、保威太阳能、三和大汽配等一批优质大项目签约落户。云东海国际健康商旅度假区、南山“广东香格里拉”和OUTLETS项目加紧建设，构筑“世界品牌购物、度假、休闲中心”
高明区	位于市域西部，全区面积938平方公里，户籍人口30万	农业综合开发程度较高。纺织服装、食品饮料、金属材料加工、石化塑料、装备制造等传统产业集聚发展，新材料、新能源汽车、新能源等一批新兴产业相继落户。高明区生态环境优美，森林覆盖率达42.5%，文化旅游产业发展方兴未艾

资料来源：佛山政府网

图5－9　佛山市各区的基本情况及其产业布局

环节）的各种周围境况和条件的总和。近年来，为促进各项办事准则与国际接轨，佛山不断推进行政审批制度改革、商事登记改革、大部制改革，构建了以市、区、镇街、村居四级行政服务中心为依托的政府行政服务体系，充分发挥行政服务中心在行政审批制度改革中的载体作用，按照便民、高效、廉洁、规范的服务宗旨，以职能整合为导向，以标准统一为基础，以流程优化为目标，以信息技术为配套，以制度规范为保障，不断推进流程改革，简化企业办事环节，促进行政效能提升，优化政府部门行政服务，促进行政服务和营商环境等软环境的改善，促进经济社会健康发展，取得了很好的阶段性成绩，为全国改革探路提供了很好的经验。在公共资源配置市场化方面，佛山在交通、能源、城建、社会事业等涉及公共资源利用的领域中，选择具有合理回报的项目，采取公开招标等方式选择投资主体；佛山市研究制定非公有制企业进入特许经营领域扶持办法，鼓励和引导非公有制企业通过并购、控股、参股等多种形式参与国有和集体企业的改组改制。根据中国社科院 2013 年《城市竞争力蓝皮书》，佛山“宜商城市竞争力”在全国 287 个城市中位列第 5 位，仅落后于香港、北京、上海、广州。

第三节　政府亲商理念与政策支持

经济的高速发展和良好的创业环境得益于政府的“亲商理念”，“亲商理念”是佛山市政府公共管理的核心，这种理念认为政府并非社会财富真正的创造者，只有当政府成功地提供了一个适应工商业发展的环境，并使企业取得比其他地区更高的投资回报率时，政府的作用才能得到体现。政府充分发挥自身的调控、服务、管理等职能，创设各种有利的投资条件吸引外资，从基础设施、管理审批制度、产业政策、税收优惠等方面提供便利，如大力完善基础设施，保证佛山市交通发达、通讯便利、水电供应正常、金融服务与银行系统健全可靠；拨出廉价工业土地，协助企业建厂房；提供低利息贷款；给予外资以国民待遇，向外资全面开放市内各个经济领域，投资项目无需审批，不规定投资比例，各种经济成分实行统一所得税率以及其他优惠政策，等等。佛山市也是中国对企业干预最少的地区之一，政府完全“放飞”企业，让企业自由地“单飞”，使企业有了良好的发展环境。经济环境的优化吸引了大量的海外客户和草根人士到佛山市创业发展。与此同时，政府也采取财务、融资便利等措施协助本地企业向海外发展，拓展海外市场。从环境条件来看，佛山市不仅有良好的硬件条件，如完善的各项基础设施，服务设施能满足创业的各种要求，而且运输条件优越，此外，佛山市还拥有良好的软环境，如有高效的办事效率，灵活通变的市场机制，对符合惯例的贸易行为不设限制，在投资方面，佛山市不区分国民待遇和非国民待遇，政府奉行“尽量支持，绝少干预”的经济管理理念，实施负面清单和行政标准化管理模式。2014 年 4 月 9 日，广东省发改委批准佛山成为全省建设法治化国际化营商环境的试点城市。2014 年 4 月 29 日，在佛山市委理论学习中心组举办的“建设法治化国际化营商环境”专题学习会上，省政府发展研究中心主任汪一洋多次为佛山法治化国际化营商环境建设成效点赞。

为扶持佛山市在资本市场上施展拳脚，2004 年 5 月 25 日，佛山市为贯彻落实党的十六届三中全会、国务院《关于推进资本市场改革开放和稳定发展的若干意见》、省委九届四次全会、省发展资本市场工作会议以及市委九届三次全会精神，充分利用、发挥资本市场筹集社会资金、优化资源配置和转换企业经营机制等功能，促进全市经济持续快速协调健康发展，加大推动企业上市工作的力度，出台了《关于利用资本市场促进我市经济发展的意见》。《意见》提出，要全面、准确、深刻认识资本市场在经济发展中的作用；明确目标，统筹规划，加强领导，落实责任，优化利用、发展资本市场的环境；市、区成立利用和发展资本市场领导小组，负责制定利用和发展资本市场的绘画以及利用资本市场的重大政策措施，协调利用和发展资本主义的重大事宜；充分利用资本市场的筹资功能，扩大直接融资比重；充分利用资本市场的优化资源配置功能，做大做强上市公司等一系列扶持意见。

2005 年，为进一步提升佛山市工业园区建设的质量和水平，佛山市委、市政府先后下发了《关于印发佛山市建设集约型工业园区评估考核（试行）办法的通知》（佛办发〔2005〕52 号）和《关于印发佛山市建设集约型工业园区评估考核（试行）办法实施细则的通知》（佛府办〔2005〕271 号）等文件。上述文件的出台，对提高佛山市工业园区建设的质量和水平起到了重要的推动作用。为进一步提高对工业园区评估考核的科学性和操作性，经市政府研究于 2006 年 10 月颁发了佛府第 340 号文件，即《关于佛山市建设集约型工业园区评估考核（试行）办法及实施细则的补充通知》具体实施。从重点园区引入企业的投资强度、容积率、创税额（包括企业当年实现的内、外销税收总额和地方税费额）、孵化器培育建设、环保基础建设、工业废水排放达标率、产业集聚度、园区已建道路面积等八个方面进行考核。

2006 年，根据佛山市《关于利用资本市场促进我市经济发展的意见》（佛府〔2004〕79 号），为促进企业上市融资，市政府特制定《佛山市企业上市奖励实施细则》。佛山市完成上市辅导期的企业、利用境内外资本市场通过首次公开发行股票上市（IPO）、配股、增发新股、发行可转换债券等方式成功融资的企业，纳入该细则奖励范围。奖励标准为：完成上市辅导期的企业，奖励 10 万元；首次公开发行股票上市的企业，融资额（减除发行费用，下同）低于 2 亿元的（外币融资按国家当时公布的汇率换算成人民币，下同），奖励 30 万元；融资额在 2 亿—4 亿元之间的，奖励 50 万元；融资额在 4 亿元以上的，奖励 80 万元；已上市企业通过配股、增发新股、发行可转换债券等方式成功融资，融资额低于 2 亿元的，奖励

20万元；融资额在2亿—4亿元之间的，奖励40万元；融资额在4亿元以上的，奖励60万元；通过“买壳”，且将工商注册地迁入佛山市的企业，给予30万—60万元的奖励，具体由市政府审定。

同年提出《关于表彰我市2006年获得中国名牌产品、中国驰名商标、广东省名牌产品、广东省著名商标称号企业的决定》（佛府〔2006〕127号），以此表彰2006年“创品牌”取得明显成效的企业，希望获得表彰的企业珍惜名牌荣誉，不断开拓创新，充分发挥名牌产品的带动作用。市政府号召全市企业要以获得表彰的企业为榜样，按照乘势发展、集聚发展、创新发展的指导思想，抓住新机遇，增强自主创新能力，增强争创名牌、锐意创新的意识，把争创名牌产品与推动企业做强做大紧密结合起来，与产品结构调整、技术和管理创新有机结合起来，苦练内功，努力做响品牌、提升质量、增强竞争力，塑造出更多的广东省名牌、中国名牌乃至世界名牌，共同推动佛山市实施名牌带动战略工作再上新台阶，为佛山市实施产业强市战略，推动经济和社会可持续发展作出更大贡献。

此外，为认真贯彻省政府召开的全省价格服务进万家、创建价格综合服务窗口电视电话会议精神，根据国家发改委《关于在全国开展价格服务进万家活动的通知》（发改价检〔2006〕138号）和省物价局《关于在全省开展价格服务进万家活动的通知》（粤价〔2006〕129号）工作部署，并结合佛山市实际情况，市政府制订了《佛山市开展价格服务进万家活动方案》（佛府办〔2006〕392号）。通过开展“价格服务进万家”活动，力争用3年左右时间，完成价格服务进社区、进农户、进企业、进学校、进医院、进商场、进景区等七项工作，进一步规范佛山市价格秩序，维护经营者和消费者的合法权益，为推进佛山市经济社会快速发展和和谐社会的构建营造良好的价格环境。其中开展“价格服务进企业”活动内容：保障企业合法的自主定价权；指导企业健全内部价格管理，包括建立内部定价程序、定价权限、价格执行报告、明码标价等物价工作制度；按照省物价局《关于加强企事业物价员工作意见》（粤价〔2003〕247号）要求，帮助企业、经营者建立健全物价员工作机制；建立与企业联系制度，定期或不定期召开座谈会，深入企业调研，及时疏导和化解企业价费矛盾；通过各种渠道，为企业提供市场行情和价格信息等服务；大力倡导企业创建“价格诚信示范单位”活动，推进经营者价格诚信建设，建立企业价格诚信记录制度，开展价格诚信单位评选活动和明码标价示范单位评选工作。

2006年全市上下坚持以邓小平理论和“三个代表”重要思想为指导，认真树立和落实科学发展观，抢抓机遇，团结实干，改革创新，加快推进产业强市、文化名城、现代化大城市与富裕和谐佛山建设，经济和社会各项事业实现又好又快发展，城市综合实力再上新台阶，实现了“十一五”发展的良好开局。一年来，全市企业锐意进取，加快发展，在努力提高经济效益的同时，牢固树立依法纳税的经营思想，认真履行纳税义务，并涌现出一批纳税大户，为提升佛山市经济的综合竞争力，促进全市经济的整体发展作出了积极贡献。为表彰先进，进一步营造依法纳税的良好氛围，2007 年 1 月 31 日，市政府发出《关于表彰佛山市 2006 年度纳税大户的通报》（佛府〔2007〕9 号）。通报决定，授予广东美的制冷设备有限公司等 27 家企业为“佛山市 2006 年度纳税超亿元企业”称号；授予佛山科勒有限公司等 40 家企业为“佛山市 2006 年度纳税超 5000 万元企业”称号；授予佛山市高明区碧桂园房地产开发有限公司等 65 家企业为“佛山市 2006 年度纳税超 3000 万元企业”称号；授予佛山国星光电科技有限公司等 266 家企业为“佛山市 2006 年度纳税超 1000 万元企业”称号。

2007 年佛山市各有关部门在组织学习时任佛山市市长陈云贤在市十三届人大一次会议所作《政府工作报告》的精神之后，成立了佛山市“三三三”产业发展战略和企业“五阶段”发展战略联席会议制度及办公室。在市政府的部署下，市经贸局负责牵头起草《佛山市人民政府关于实施“三三三”产业发展战略的指导意见》《佛山市实施“三三三”产业发展战略和企业“五阶段”发展战略工作方案》《佛山市工业产业结构调整指导目录（2007—2010 年）》《佛山市加快第三产业发展的指导意见》《佛山市第三产业重点扶持的支柱行业确定说明》《佛山市“三三三”产业发展战略龙头企业认定办法》（佛府〔2007〕78 号）等多个系列配套政策文件。“佛山正处于工业化阶段，工业化阶段最突出的就是第二产业、即工业的发展成为重中之重，但是工业化发展的不断延伸会出现后工业化阶段，最重要的表现就是在第一产业相对稳定，第二产业不断提升，第三产业要有很大的发展空间。”时任佛山市市长陈云贤如是说。“三三三”产业发展战略，调整产业结构，即适当提升第三产业的比重，在每个产业中培养三个龙头行业，在龙头行业中培养三个以上的龙头企业，从而提升佛山企业的市场竞争力。“三三三”产业发展战略的核心内容是促进三大产业协调发展：

一、促进第一产业精细发展

认真贯彻落实《佛山市农业发展“十一五”规划》和《中共佛山市委佛山市人民政府关于加快农村工业化城镇化和农业产业化建设的决定》（佛发〔2004〕6 号）及其首批九个配套文件，按照“适应市场、因地制宜、发挥优势、突出效益”的原则，以现代农业生态园区、广东省佛山海峡两岸农业合作试验区为载体，继续推进农业结构战略性调整，逐步建立起以都市农业为发展方向、以生态农业、观光农业、外汇农业和品牌农业为主体、以产业化为发展模式的现代农业新格局；大力推进农业产业化经营，做强做大一批规模大、实力强、带动农户增收明显的农业龙头企业；加快农民专业合作经济组织发展，提高农民组织化程度；加快建成5—8个规模较大、设施较完善、产业化和现代化程度较高的现代农业生态园区。

认真贯彻落实《印发佛山市关于加强对台农业交流与合作工作的意见》（佛府〔2007〕5号），加强广东省佛山海峡两岸农业合作试验区建设，发挥其示范带动作用，提高佛山市农业的现代化、产业化水平；大力发展农产品流通和加工，进一步提高农产品质量和农业经济效益。加强和完善农产品市场体系建设，增强市场的信息和服务配套功能，重点建设一批上档次、上规模的批发市场，促进农业现代化建设；积极实施名牌带动战略，大力发展农业名牌产品，提升农产品的市场竞争力；加强农业基础设施建设；加强动植物防疫和有害生物防控工作，提高农业安全保障能力。

二、促进第二产业优化发展

认真贯彻落实《佛山市新型工业化发展“十一五”规划》，坚持以信息化带动工业化，以工业化促进信息化；把信息化作为涵盖新型工业化全局的战略举措全力推进；加快出台《佛山市人民政府关于加快推进企业信息化的意见》，加强对企业信息化的政策引导和扶持；认真贯彻落实《中共佛山市委佛山市人民政府关于提高自主创新能力提升产业竞争力的实施意见》（佛发〔2006〕27号）和《佛山市产业技术自主创新“十一五”规划》，以企业为主体，加强企业技术创新体系、行业性和区域性技术创新体系、科技成果孵化及产业化体系的建设，加大技术改造力度，广泛开展产学研合作，完善创新激励机制，努力提高引进消化吸收再创新的水平，大力开展集成创新和原始创新，全面提升自主创新能力；认真贯彻落实《关于加强知识产权工作提升我市综合竞争力的意见》（佛府办〔2005〕294号），以佛山市创建国家知识产权示范城市为契机，加强对知识产权的宣传、保护，培育、扶持更多拥有核心发明专利的企业。

出台《佛山市人民政府关于加快推进标准化战略的意见》，全面推动企业积极采用国家或者国际先进标准，开展有关标准认证，推动龙头企业建立国家标准委员（分）会（TC/SC），参与国家和国际标准的制定；进一步加强工业园区、专业镇、特色产业基地和产业集群升级示范区的规划建设。加快旧工业区、旧厂房、旧物业的改造，建设若干个示范性的都市型工业园区和一批都市型工业楼宇，切实提高土地集约利用水平和产业集聚发展水平；认真贯彻落实《关于印发佛山市建设节约型社会试点城市实施方案的通知》（佛府办〔2005〕336 号）和《印发关于进一步加强我市节能工作的实施意见的通知》（佛府办〔2007〕88 号），加快出台《佛山市发展循环经济试点实施意见》，大力发展循环经济，全面推进清洁生产，加强资源节约与综合利用和节能降耗。切实加强工业污染的预防和治理，努力构建资源节约型、环境友好型产业。

三、促进第三产业加快发展

认真贯彻落实《国务院关于加快服务业发展的意见》（国发〔2007〕7 号）、《关于加快我省服务业发展和改革的意见》（粤府〔2005〕1 号）以及《佛山市现代流通业发展“十一五”规划》《佛山市交通运输发展“十一五”规划》《佛山市旅游业发展“十一五”规划》等相关行业规划；加强第三产业发展规划建设，将第三产业发展列为今后每个五年规划的重要专项规划；出台《佛山市加快第三产业发展的指导意见》，加大政策扶持力度，营造第三产业加快发展、跨越式发展的良好环境。

每年召开一次佛山市加快第三产业发展工作会议，总结表彰一批发展第三产业的先进地区（包括区、镇、街道）、先进单位（包括有关职能部门和企业）和个人，提出当年发展第三产业的具体要求、意见和措施。大力发展生产性服务业，努力丰富消费性服务业，提升拓展传统服务业，加快发展新兴服务业态，积极承接国内外先进服务业的转移，优化第三产业的布局和结构，提高发展质量和效益；深入推进城市基础设施和公共事业改革，不断挖掘开发、策划推出城市可经营项目，最大限度实现城市可经营项目投资多元化、运营市场化、服务社会化；加强服务业的基础设施建设和更新改造，大力推进服务业的信息化、现代化。“三三三”产业发展战略主要目标中明确提出促进三大产业协调发展方面：“在做专做精农业、做大做强工业的同时，注重提高第三产业的比重，到 2010 年，第三产业的比重提高到 40% 左右”；促进支柱行业带动发展方面：“形成以高新技术产业为先导，支柱产业为主导，潜力产业和新兴产业快速成长，传统优势产业不断优化提升的产业发展格局，到 2010 年，三大产业中位居前三位的支柱行业增加值占所在产业的比重要达到 40% 以上”。

促进龙头企业加快发展方面："重点扶持一批各支柱行业的龙头企业成为国内外同行业中的领头羊，在企业'五阶段'即夯实基础、创造品牌、注册专利、制定标准、让他人为我做贴牌生产等方面达到国内外同行领先水平，到2010年，新增年产值（营业收入）超亿元的企业（集团）1000家。在所有超亿元企业中10亿—50亿元的企业超过100家，50亿元—100亿元的企业20家，超100亿元的企业10家，力争超1000亿元的企业1家。"

为更好地进行战略规划，市人民政府办公室印发《佛山市2007年实施"三三三"产业发展战略和企业"五阶段"发展战略任务分解表》（佛府办〔2007〕78号）。对龙头企业实行财政资金扶持、更新改造扶持、自主创新扶持、能源供应扶持、土地供应扶持、上市融资扶持、"走出去"扶持、名牌战略扶持、知识产权扶持、政府采购扶持、人才引进扶持、对外宣传扶持、信息服务扶持、行政服务扶持（各级政府及有关部门对龙头企业给予"一企一策""一事一议"的特别扶持）等扶持政策。

2008年，佛山市政府为推动佛山市企业积极参与政府采购，提高企业竞争力，拓宽和培育市场，鼓励和支持企业成为政府采购供应商、加强政府采购信息管理于3月1日印发《佛山市关于鼓励企业参与政府采购指导意见》（佛府办〔2008〕42号）；为贯彻党中央、国务院关于"加快社会信用体系建设"的精神，落实"广东省中小企业信用服务体系建设试点市"工作，引导企业增强信用观念，改善企业信用状况，创造良好的信用环境，根据《国务院办公厅关于社会信用体系建设的若干意见》和省中小企业局《关于开展中小企业信用服务体系建设试点和相关工作的通知》，结合佛山市创建金融生态示范市的实际，拟定《关于推动佛山市中小企业信用服务体系建设指导意见》（佛府办〔2008〕50号）；为缓解随着我国工业化程度提高，日益增大的环境压力和资源、能源压力，市政府特制定《促进环保产业发展工作方案》（佛府办〔2008〕97号）。

为贯彻落实《中共广东省委广东省人民政府关于推进产业转移和劳动力转移的决定》（粤发〔2008〕4号）精神，加强组织协调，健全工作机制，强化与对口城市的沟通协调，加快推进产业转移工作和产业转移工业园建设，推动佛山市产业结构优化升级，促进东西两翼和粤北山区经济社会发展，实现优势互补、互利共赢，经市政府研究，建立《佛山市产业转移联席会议制度》（佛府办〔2008〕217号）联席会议主要负责研究解决产业转移过程中的重大事项、存在问题和困难，制定产业转移的重要规划、政策、方案、措施，加强对区级政府推进产业转移和对口产业转移工业园建设的指导、督促和考核评价，负责与对口城市的沟通协调。

所谓“陶瓷名品半佛山”，按照市委、市政府关于“赶走污染，做强陶都”和“传统产业、现代制造”的精神，佛山市政府特拟定《佛山市陶瓷产业发展规划（2008—2015）》（佛府办〔2008〕121号），通过三年短期计划（2008—2010）及五年中期计划（2011—2015）推进陶瓷产业的调整提升，不断优化产业结构，努力提高自主创新能力，促进陶瓷产业与城市、环境、资源和谐发展，促进产业链由低端（加工、生产、制造）向高端（设计、研发、会展、营销、装备和文化等）跃升，促进佛山陶瓷文化的传承发扬和佛山陶瓷区域品牌的巩固提升，努力把佛山打造成为中国乃至全球的“陶瓷之都”。

此外，佛山市政府还制定了《金融发展三项计划实施方案》（佛府办〔2008〕133号），意于向省政府申请佛山市作为“粤港澳金融合作区的金融创新试点市”，在此框架下，向省、国务院相关职能部门申报若干金融创新试点，并请求省政府予以协调支持。若干金融创新试点包括8项：申请佛山高新技术产业开发区成为“国家级金融外包业务基地”；申请发行佛山中小企业集合债券；申请设立“广东（佛山）先进制造业产业投资基金”；申请外资银行广州分行在佛山设立分支机构；申请设立保险业服务“三农”建设实验区；申请设立佛山农村商业银行；申请开展小额贷款专门机构试点；组建南方产权佛山交易所等。对利用和发展资本市场作出了整体规划，力争在3—5年内实现一批优质企业尽快上市，打造“佛山板块”。

在落实了金融发展三项计划（即金融市场发展的创新试点计划，创业风险基金、产业投资基金和担保基金发展的基金引导计划，企业上市计划）之后，目前，8家小额贷款公司开业；创业风险基金、信用担保基金开始运作，知识产权质押、企业股权质押等新型融资方式得到推广，中小企业融资服务中心成立；新增上市公司5家，全市共有上市公司27家。全市担保基金规模达到3.5亿元，累计为720多家中小企业提供融资担保约44.5亿元。广东金融高新区成为现代金融产业后援服务基地，共引进新鸿基金融集团、富士通数据中心、法国凯捷集团南海外包运营中心等39家知名机构和项目。本地产业资本与金融资本有效融合，民营资本参与组建新型金融机构，5家民营企业设立创投公司，全省首家民营金融集团于2010年开业。

2009年，创业板启动，助推佛山“463计划”。根据规划要求，提出了“企业上市463计划”，指导企业上市工作，即从2008年开始，计划在4年内，至少推动佛山100家企业启动上市程序或实施股份制改造，其中60家企业成功登陆境内外资本市场，争取融资总额达到300亿元。其中，股改或正式启动上市企业分解到区的指标为：禅城区20家，南海区和顺德区各30家，高明区和三水区各10家；成功上市或通过发行审核公司分解指标为：禅城区12家，南海区和顺德区各18家，高明区和三水区各6家。为更好地实施“463计划”，特设立“463计划”办公室，挂在市金融办，充实各区上市办（金融办）人员，保证人力和经费；强化上市部门联席会议等协调机制；重点推荐2—3家专业执行机构，扎根佛山，运用专业机构的力量实施计划，根据其实施计划情况给予奖励；完善扶持政策，加大扶持力度；加强与证监部门、证券交易所、中介机构的互动；加大宣传力度，创造良好上市氛围。

为此，佛山市政府按照多渠道、多形式、多市场推进的上市战略，确定了“上市一批、申报一批、培育一批、储备一批”的思路，采取境内与境外、主板与中小板、创业板、IPO和借壳买壳并举的方针，大力培植上市后备资源。同时市、区两级政府分别出台了一系列的上市优惠政策，通过技改贴息、财政补贴和奖励等方式降低企业改制上市成本，如南海区实现企业“零费用上市”，除了上市成功后奖励100万元以外，还拿出300万元用以补贴企业支付上市的中介服务费用。“此外，我市注重整合各方面资源，加速推动佛山资本市场的发展。2009年4月，我市与联合国合作开展‘支持产业升级与资本运作国际示范城市项目’。近期，合作项目全面实施，联合国工业发展组织代表频频到访我市，共同探讨佛山利用资本市场促进产业升级相关问题。现双方正就引入国际资本参与设立佛山创业风险投资基金、产业投资基金等进行探讨。”2009年9月，广发证券董事长出身的时任佛山市市长陈云贤在接受《中国证券报》采访时如是说。

2010年，佛山全市人民在市委、市政府的正确领导下，以科学发展观为主题，积极贯彻中央和省各项政策措施，加快实施《珠江三角洲地区改革发展规划纲要（2008—2020年）》，全面落实“三着力一推进”和“四化融合，智慧佛山”等战略部署，全市经济保持较快增长，改革创新向纵深推进，民生事业不断提升，朝着建设“民富市强，幸福佛山”目标迈出了坚实的步伐。民营经济是推动佛山经济持续、快速、健康发展的重要力量，是佛山区别于其他城市的主要特征和优势所在。佛山市出台了一系列促进民营企业发展壮大的政策措施，南海区实施“雄鹰计划”、顺德区实施“龙腾计划”，从政策、资金、资源和服务等方面为企业提供良好发展环境。佛山以“引领、创新、先行”的金融发展理念，推动金融、科技、产业深度融合、互相促进，金融生态环境持续优化。2010年，全市金融机构本外币存款余额达到8462亿元，其中城乡居民储蓄存款4461亿元，分别比年初增长17.4%和13.1%。同年4月20日，省政协常委、人口资源环境委员会主任卜新民率专题调研组到佛山考察全省环保产业发展情况，佛山市环保产业发展现状堪忧。

2011年，佛山市人民政府办公室《关于全面推动金融创新发展促进经济产业转型升级的指导意见》（佛府办〔2011〕95号），佛山市顺德区政府制定《现代商贸流通业发展规划》，《顺德区促进小型微型企业发展（星光工程）实施方案》（顺府发〔2012〕1号），2013年，佛山市禅城区制定《促进电子商务产业发展扶持办法的实施细则》。2013年3月26日，佛山市南海区出台扶持电子商务发展等政策，电商企业南海注册最高奖励200万。

2014年，为贯彻落实《国务院关于促进光伏产业健康发展的若干意见》（国发〔2013〕24号）和《广东省人民政府办公厅关于促进光伏产业健康发展的实施意见》（粤府办〔2014〕9号），佛山市人民政府办公室《关于促进光伏发电应用的实施意见》（佛府办〔2014〕12号）。

2015年初，全国千名草根企业家齐聚千灯湖，“2015草根春天”大会在佛山召开，佛山一时成为草根企业家的“圣地”。2015年12月29日，佛山市委、市政府召开民营企业家大会，公布《提振民营企业家信心促进创业创新的若干措施》，即促进创业创新的“40条”，上述《措施》是在完整梳理佛山现有扶持民企发展相关政策，并广泛听取企业家真实诉求的基础上形成，共分为降成本、助融资、促创新、拓市场、强保障等五大方面。佛山高规格召开民营企业家大会，体现佛山政府对民营企业家的重视及亲商的和谐关系。

2016年，佛山市南海区召开“南商”大会暨区工商联60周年回顾大会，会上发布了《佛山市南海区人民政府关于促进民营企业发展的若干意见》，包括探索建立30亿元“南海区股权投资基金”，组建50亿元“南海区创新创业投资引导基金”、首次设立区政府质量奖等重磅政策，从各方面拓宽政策扶持范围，加大对企业的扶持力度，2016年为企业减轻负担超过13亿元。

作为全国著名的制造业城市，伴随着环境污染，佛山的环保产业发展却明显跟不上，2008年环保产业产值仅180亿元，只占GPD的4.15%。而且，佛山绝大多数环保产业企业是“小鱼小虾”，技术落后，生产的是低端产品；此外，佛山八成以上环保产业企业没有自主知识产权，靠“山寨”国内外的通用成熟产品为生。过去几年，佛山市大力扶持环保产业发展，在税收、财政补贴等方面给予倾斜，环保产业在政府的支持下蓬勃发展。①

① 《2015年前佛山培育50家产值超亿元的环保企业》，《广州日报》2010年4月21日，FSA17版。

改革开放以来，佛山顺应了国家改革开放的大环境和国际产业发展规律，大力发展内外源型经济，形成了制造业为主导、民营经济为主体、专业镇与产业园区为载体的较有特色的产业体系，综合实力显著增强，实现了经济社会的跨越性发展。[①] 表 5－1 是佛山市历年的生产总值及三产业占全市生产总值的比重。

而从地域上来说，佛山的产业规模和发展存在着明显的区域差异。其中，紧靠广州市发达的东南部（例如禅城区、南海区、顺德区）与西北部（高明区、三水区）虽然土地面积大体相同，但无论是在产业发展水平、产业结构，还是在基础设施方面都存在较大的差距。三产业的发展也不平衡。

面对全球经济增长放缓的新经济形势，要寻找新的经济增长点，实现可持续发展，佛山需要在经济结构调整、产业布局上重新审视。而企业家起着壮大企业、振兴经济的主导作用，实施企业家队伍建设新战略具有重要意义。从图 5－10 可以看出，佛山企业数量从 2001 年至 2008 年不断增长，然而，2008 年以金融危机为导火线的经济危机在全球蔓延，西方各国都在纷纷出手对经济进行不同程度的干预，但都收效甚微。

金融市场发展在为经济注入新的动力的同时也加剧了经济的不稳定性，珠三角地区佛山企业数量呈现出下降趋势。另外通过佛山与东莞、杭州、青岛等 GDP 值相近的城市对比，如图 5－11，可知佛山在规模以上工业企业总量上是处于较高水平的。但是，珠三角地区的经济结构升级仍然进度缓慢，发展势头渐落后于长三角地区，佛山实现产业结构升级仍是一个长期过程。

从地域分布来看，表 5－3 显示，2011 年佛山市的禅城区、南海区、顺德区、高明区、三水区的企业单位数量分别为：750 个、2276 个、1914 个、523 个、854 个。禅城区的面积较小，因此企业单位数量相对也较少，而高明区、三水区在面积上仅次于南海区，企业单位数量却相形见绌，区域发展水平的不平衡是显而易见的。协调各区，缩小差距，必须做到基础设施和公共服务逐步对接，产业协调共进，达到经济竞合发展。

---

① 王喆：《珠三角工业重镇转变经济发展方式的新探索——佛山经济发展的调研报告》，《中国社会经济展战略》2010 年第 6 期。

表 5－1　佛山市历年生产总值（2003—2010 年）

指标名称	单位	2003 年	2004 年	2005 年	2006 年	2007 年	2008 年	2009 年	2010 年
全市生产总值（按当年价计算）	万元	15784876	19180422	24293794	29839022	36601821	43782968	48208972	56515223
第一产业	万元	702370	743661	757645	756657	821750	970228	957733	1054006
第二产业	万元	8654798	10963698	14770927	18716383	23093722	27983014	30376889	35424881
第三产业	万元	6427708	7473063	8765222	10365982	12686349	14829726	16874350	20036336
三次产业比重									
第一产业	%	4. 5	3. 8	3. 1	2. 5	2. 2	2. 2	2	1. 9
第二产业	%	54. 8	57. 2	60. 8	62. 7	63. 1	63. 9	63	62. 7
第三产业	%	40. 7	39	36. 1	34. 8	34. 7	33. 9	35	35. 4

表 5－2　佛山市各区分行业生产总值（2009—2010 年）

	禅城区			南海区			顺德区			高明区			三水区		
	2009 年	2010 年	增长（%）	2009 年	2010 年	增长（%）	2009 年	2010 年	增长（%）	2009 年	2010 年	增长（%）	2009 年	2010 年	增长（%）
地区生产总值	8863282	10427341	14. 5	15342293	17965839	14. 5	16701806	19510620	14. 5	3520654	4286745	18. 6	4381866	5511197	19. 3
第一产业	5879	12675	0. 4	297256	328558	5. 2	321647	349297	3. 6	126676	135073	1. 6	208094	235396	6
第二产业	4756345	5357338	11. 3	9225570	11033762	16. 3	10275013	12027339	15. 2	2776981	3358037	17. 2	3107332	4067837	23
第三产业	4101058	5057328	18. 3	5819467	6603519	11. 9	6105146	7133984	13. 7	616997	793635	28. 4	1066440	1207964	10. 4

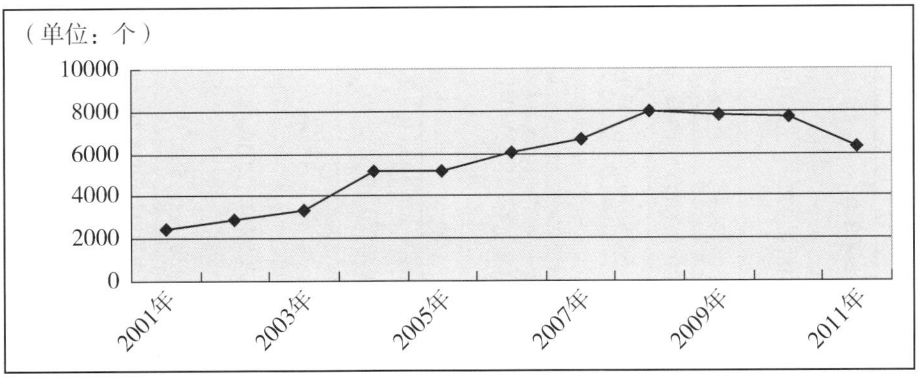

图 5－10　佛山企业单位数量（2003—2010 年）

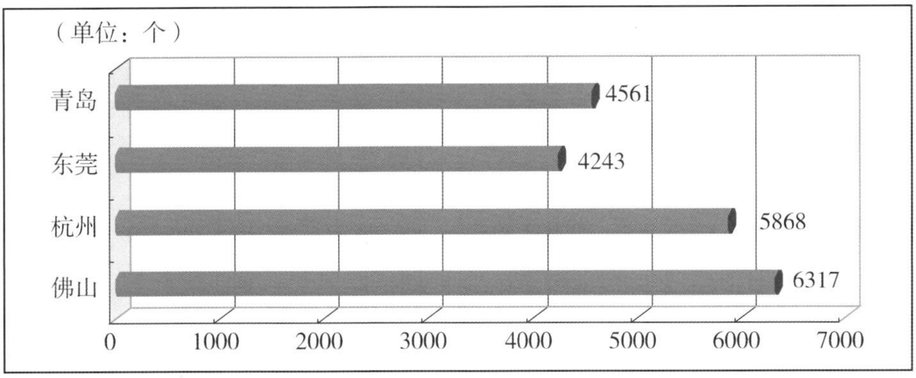

图 5－11　2011 年佛山、杭州、东莞、青岛规模以上工业企业数量比较

表 5－3　佛山市各区企业数量及主要经济指标（2011 年）

市、区	企业单位数（个）	亏损企业数（个）	工业总产值（元）	出口交货值（元）
佛山市	6317	483	144250308. 1	22079941. 6
禅城区	750	78	18014477	2260897
南海区	2276	186	38773702. 5	7202001. 2
顺德区	1914	170	48085283. 8	10233785. 4
高明区	523	34	17356158. 9	1758962
三水区	854	15	22020685. 9	624296

再看佛山的产业结构和布局，目前佛山正处于产业转型升级阶段，三次产业中，第一产业的增加值和劳动力人数比重均出现持续下跌；第二产业增加值和劳动力人数在三大产业中的比重一直处于领先地位；服务业增加值的比重在 2002 年达到顶点以后稳步下跌，而从事第三产业的劳动力比

重在此阶段却仍持续上升。这反映了佛山第三产业也呈现出以劳动密集型服务业为主的结构特色。

到目前为止，佛山第三产业仍集中于运输、邮电、贸易及餐饮等流通部门，与产业结构升级密切相关的生产性服务业所占比重较低，劳动者和企业家素质有待提高，有待开发第三产业这个新增长点。[①] 而产业布局方面，南海西部是纺织业集群，北部是有色金属加工业务集群，五金加工业集群；禅城中部、西部的陶瓷产业集群；顺德东部和中部的家电业集群、机械业集群，西部的加剧制造业集群；三水中部的食品饮料加工业集群等。佛山等第三产业中的交通运输业集中分布在南海北部、广佛、佛陈沿线；商贸零售业主要集中在南海北部、顺德东北部和禅城、桂城中部；旅游业主要分布在禅城、大良、西樵和西南少数地方。

第四节　悠久的商业文化与重商传统

粤商是中国著名的商帮，与徽商、晋商、浙商、苏商并称中国“五大商帮”。粤商中，包括有广州商帮、潮州商帮、客家商帮。这些“商帮”，有数百年的历史沉淀和各自的地方特色，也有独特的经营传统和有异彩纷呈的商业文化。翻阅历史，我们可以看到，在广州商帮中，很大一部分是佛山商人。清乾隆顺德人龙廷槐曾对在广州、佛山、石湾从商的商人作过大体分析：“（省会、佛山、石湾）三镇客商，顺德之人居其三，新会之人居其二，番禺及各县各府外省之人居其二，南海之人居其二。”有研究者对明清时期见之于文献的广东大商人作过统计，从明宣德年间至清宣统年间的480多年中，见诸文献的广东大商人135人，来自顺德、佛山、南海、香山、东莞、新会、番禺、高要、广州、鹤山、台山、饶平、大埔、澄海、潮州等十五个县、市。我们从中再作统计，其中佛山、南海、顺德共98人，占了73%。可见佛山商人从商历史悠久，佛山、顺德、南海商人是广州商帮的主要组成部分，在商界占有着极其重要的地位。

佛山是我国南方著名的手工业城镇，是一个具有悠久历史和灿烂文化的古镇，特以手工业发达而闻名海内外。工商立市和重商传统，是佛山成为名镇基因的基础，是佛山商业文化发展的重要动因。佛山的历史起源于

---

① 周松兰：《佛山产业结构的历史演变及其变动度的实证分析》，《广东商学院学报》2008年第9期。

现禅城区澜石街道区域，距今约4500—5500年。早在5000年前的新石器时期，佛山已生息成一个人口相当密集的聚落，当时佛山的先民已经拥有较好的制陶、纺织技术。东汉时期，出现了先进的耕作技术，此区域成为“鱼米之乡”。

唐宋时期，佛山成为工商业城镇、其商业和文化已十分繁荣。精湛的民间工艺历史悠久，相传源自宋代，具有浓郁地方色彩，素负盛名，是一座历史悠久的文化名城。佛山的铸造业始于2000多年前。宋代时佛山所铸鼎、锅、钟、塔等闻名全国。

到明代佛山的铸造技术已达相当高的水平，成为中国南部著名的冶炼中心。佛山的古街道有不少街名都与铸铁有关，如铁砧街、铁香炉街、铁门链街、铸犁街、钟巷、针巷等，说明佛山早就成为岭南铸造和锻造的生产总汇。佛山市区新安街就是一条历史悠久的“打铁街”，打铁师傅云集于此。“南海之佛山去城七十里，其居民大多以冶铁为业”，不少农民从事冶铁，而逐渐成为手工业工人，炉户、铁商和铁工大量增加，铁工队伍逐渐壮大，清乾隆时期，整个佛山冶铁业工匠不下二三万人。清康熙三十二年（1693年）《饬禁私抽设牙碑记》的记载，反映了当时佛山冶铁业的雇佣劳动已普遍发展。

“打铁街”上有一座“国公古庙”，始建于明，清代以后多次修葺扩建，现存山门、香亭及大殿等主体建筑。明清时期，该庙是佛山打铁行业的师傅店。相传唐代开国元勋、鄂国公尉迟敬德是铁匠出身，后来被奉为打铁行业的祖师。该庙是佛山炒铁业神诞活动及祭祀祖师的重要场所，庙前原有的大戏台及大地堂，为演戏用。现庙内尚存载有清同治年间炒铁业18行捐资修庙的碑记，对研究当时炒铁的规律及其分工以至行业、行业神崇拜的习俗有重要价值。在不胜枚举的佛山冶铁产品中，如今仍存留在广东的大约可分为5类：铁铸千佛塔；铜、铁钟鼎，大香炉；铜、铁神像；铁铸千僧锅；铜、铁铸大炮。韶关马坝的南华寺保存有5层5米高的佛塔，就是元代佛山所铸。在钟鼎中较著名的，有广州五仙观的明初大铜钟重5吨、罗浮山冲虚观的明代大铜钟、佛山祖庙的明代大铁鼎。最令人瞩目的是祖庙里2.5吨重的北帝铜像。此外还有铸于清代的镇庙之宝，2吨重的铁香炉以及从数千斤到万多斤重的铜、铁炮等。鸦片战争期间，佛山所铸大炮在抗击外来入侵的过程中发挥了重要作用。

佛山的陶瓷制作业开始于新石器晚期，河宕贝丘遗址数以万计的陶片证明，早在距今5000年前的新石器时代，石湾先民已经在挖土烧陶。从先秦到两汉，制陶逐渐成为行业，在澜石出土的汉墓就有陶屋、日用器皿、动物陶塑、水田附船模型等。唐代石湾窑烧陶用的是馒头窑，轮制与手轮兼制并用，产品除日用陶瓷外，出现了美术陶瓷，产品开始大量出口。宋代石湾窑包括石湾、小塘奇石两大窑场，花色品种和釉色均有很大的进步。北宋是一个石湾窑兴盛的时期，产品远销东南亚。元代以后，奇石窑场衰落，陶业集中在石湾，特别是中原人的南迁，将陶艺也带来，促进了石湾窑的发展。明清时期是石湾窑一个鼎盛的时期。其显著的标志是窑的改革，像“南风灶”这样先进的龙窑出现，提高了石湾陶的质量。明嘉靖、万历年间的“祖堂居”，是专门烧制美术陶的工场。明中叶以后，“石湾六七千户，业陶者十居五六”，陶业的分工也越来越精细。现今在祖庙的瓦脊上，陶塑的花脊是石湾陶文化的代表作。

元代《大德南海志》记载佛山陶瓷是重点出口商品，可见佛山陶瓷辐射面很广。明清时期佛山丰富的手工业产品，促使海内外贸易蓬勃发展，佛山所产铁、布、陶瓷通过澳门出口到世界各地，市场一片繁荣，“汾江船满客匆匆，若个西来若个东”的诗句，就是对明代佛山工商业盛况的生动描写。清康熙至清中叶，从北江到广州的主航道要经过佛山，佛山成了交通中转站，佛山所产的大量商品及海外商人带来的商品，也通过东江、西江、北江输往西南及中原各地，因而当时的佛山商业比省城广州还要繁荣。如铁锅，每年输出 50 多万；丝织品每年出口 100—150 吨；陶瓷出口居全国第二位。

从鸦片战争到中华人民共和国成立前，是石湾陶的萧条期。由于国力不振，加以战争的破坏，石湾陶窑锐减，技工星散。1949 年石湾经营陶业的只有 300 户，从业人员 2800 人。1949 年后，石湾陶得以复苏。首先是生产力得到了解放，其次是革新产品，扩大生产，进行了技术革命。石湾陶的腾飞是从国家实行改革开放开始的。

近 10 多年来，国营的陶瓷工贸集团公司、区镇办的陶瓷工厂，还有个体办的陶瓷企业都有所发展。体制改革，产品开发，技术引进，流程改造，石湾制陶业开创了历史上从未有过的新局面，进入了自明、清鼎盛时期之后的新腾飞的时期，成为佛山工业的重要支柱。

中国 1000 多个建筑陶瓷品牌的故乡出自佛山，这里是全球建筑陶瓷企业最密集的产区。在佛山禅城区的东平河两岸，绵延的陶瓷企业一眼望不到尽头，石湾是中国著名的陶都，在其陶业的全盛时期，有陶窑 100 多座，陶工 6 万多人。

从石湾、张槎一直到河对岸的南庄，集中了 300 多家陶瓷生产企业，生产线达 1200 多条。作为中国最大、最重要的陶瓷生产基地之一，佛山陶瓷行业的发展形成了从过去石湾独秀到目前众星捧月的格局。佛山陶瓷集中在石湾，而石湾文化的最大特色就是“民窑”，与景德镇的“官窑”相对，佛山的“民窑”更富有个性化和市场化的特点。民间喜欢什么就生产什么，当地人绝对不做不能赚钱的生意。与作为贡品的景德镇陶瓷不同，石湾陶瓷呈现出粗犷的特点，它追求的不是色彩如何丰富，线条如何细腻，而是整体造型上是否传神。

明清时，佛山市是发展成商贾云集、工商业发达的岭南重镇，与湖北的汉口镇、江西的景德镇、河南的朱仙镇并称中国四大名镇，闻名遐迩当时佛山更与北京、汉口、苏州并称全国“四大聚”，陶瓷、纺织、铸造、医药四大行业鼎盛南国。清末，佛山得风气之先，成为我国近代民族工业的发源地之一，先后诞生了中国第一家新式缫丝厂和第一家火柴厂，并建立了“南洋兄弟烟草公司竹嘴厂”。鸦片战争后，我国门户被打开，各种洋货涌入国内，对佛山工商业形成很大冲击，佛山商业逐渐开始衰落。新中国成立后，佛山的社会经济得到逐步恢复。在广东“四小虎”，即顺德、南海、中山、东莞之中，佛山就占了两位。[①]

佛山商人在商界地位重要，得益于其从商历史悠久和商业发展的深厚土壤，是历史发展的必然。佛山有重商之风。由于农业和手工业商品生产发展早，为了把产品卖出去，佛山人重视商业。虽然中国数千年农耕文化形成“以农为本”的思想，所谓“士农工商”，商是排在末位的，但在佛山却不尽然，经商的风气浓厚。这可以从几个方面得到证明：

其一，农民经过几百年的商品交易，商业价值观念已深入人心。从唐代就已形成的龙山大冈圩，一直繁荣到清代，有一首竹枝词写道：“呼郎早趁大冈圩，妾理蚕缫已满车，记问洋船曾到几，近来丝价竞如何。”封建社会底层的劳动妇女都已十分关心市场，希望从商业交易中获得更多的报酬。

其二，不仅略有资产的人从商求富，弃农经商、亦工亦商、亦官亦商、弃儒从商者，比比皆是。很多当了官的“士”，都热衷于经商。明嘉靖朝任吏部左侍郎、礼部尚书的霍韬就是一个典型，他既是一个大官，又是有名的学者，曾创办四峰书院于西樵山，讲授理学，著有《诗经注解》《象山学辨》《程朱训释》等书。同时他的家族是当时冶铁业的大户，他的儿子说：“先父敏尚书，当其为吏部时，气焰煊赫，若佛山铁炭，若苍梧木植，若诸县盐鹾，稍一启口，立致富矣。”其家族在佛山汾水地区还建房出租。

另一位在明万历至崇祯朝当过大官的佛山人李待问，退休回到佛山后，也从事经商活动。清嘉庆道光年间官至山东盐运使的李可琼，退职回

① 王仁杰：《佛山：从古老城镇向广东第三大城市迈进》，《江苏商论》2003 年第 2 期。

佛山后从事金融业，在佛山的银铺拥有大股本银。由于弃农经商者多，习农者少，佛山在道光时收割稻谷都是雇请外地劳力进行。

其三，“四民皆本”的思想在佛山宗族家训中明确宣扬。《南海佛山霍氏族谱》的宗规就有“士农工商，所业虽不同，皆是本职”之说。《岭南冼氏族谱》的家训称：“天下之民各有本业，曰士、曰农、曰工、曰商……此四者皆人生之本业。”在族规和家训中立这样的规范，要求后代传承，这反映了当时社会的普遍心理和价值标准。佛山社会并不把从商作为末业，而是与士、农、工等同视之，重商之风深入人心，深入社会每个角落。在佛山的民俗博物馆里，伫立着一块孔庙中常见的黑色石碑，上面刻记着雍正元年（1723 年）佛山重修某会馆时的捐款数额，对每人出了多少银两记录得一丝不苟。当地浓厚的商业传统可见一斑。

鸦片战争以后，外国资本主义势力不断入侵，外国商品大量倾销到中国，广东省首当其冲。佛山市由于毗邻广州，经济受到了深刻的影响。首先是一些传统产品失去了国际上的市场，土纱、灯油、火镰火石等土货遭到淘汰，土布朴实耐用，市场虽然缩小，但不至于没落，蚕丝及织物、米酒、炮竹烟花、藤制品、绣品、石湾公仔等土特产，因为受外国人的喜爱，随着外贸的扩大，反而较前兴盛。随着五口通商，佛山地区开始出现民族资本及官办、官商合办的近代企业。

佛山有志之士效法西洋，从 19 世纪 70 年代开始，创办新行业，改造旧行业，引发了近代工业的起步，产生了第一代民族资本主义工业。1874 年，华侨陈启沅在其故乡西樵简村创办了中国第一家民族资本经营的继昌隆机器缫丝厂。两年后，仿建的“丝偈”（当时老百姓对机器缫丝厂的俗称）就有 4 家。随后，盐步钟星溪等开办中国第一家股份制机器造纸厂；旅日华侨卫省轩在佛山创办中国第一家民族工业企业——巧明火柴厂；旅日华侨简照南、简玉阶兄弟在香港和内地创办南洋兄弟烟草公司，提倡“中国人食中国烟”，与英国洋烟展开激烈竞争；还有佛山呈水陈春泉创办捷兴毛巾厂，星洲归侨梁健行等创办汉昌雪茄烟厂，冯廉恕等在九江开设永新大力织造厂。在这些先行者的带动下，佛山工业纷起，平洲、夏教、官窑、大沥、丹灶、小塘办起的织造厂如雨后春笋。此后几年间，仅佛山一地仿造东洋机具以扩大生产的织布厂不下六七十家。县内各地民营企业发展很快，民族资产阶级也随着产生和发展。据史料记载，民国三十五年（1946 年）七月，县商会还在佛山召开全县商会第一次会员大会，县商会属下佛山有各同业分会 50 个，石湾 4 个，官窑 10 个。

此外，社会制度因素对佛商文化形成的影响。社会制度有三大功能：

行为导向功能、社会整合功能、传递与创造文化的传递功能[①]。佛山地处东南沿海，毗邻港澳，自古以来就是中国对外联系的重要窗口之一，物流、信息流的比其他地区畅通，是中西方思想文化交流的枢纽。重农抑商的思想在岭南地区不及其他地方强烈，官府对商业的管制也较宽松。近代以来，佛山又是重要的港口，对外开放城市，商业更是蓬勃发展。远离政治中心，长期接触全国各地及西方各种思想文化，造就了佛山企业家务实、亲和、开放的品性。

① 冯友兰：《哲学人生》（辑一），江苏文艺出版社 2010 年版，第 72 页。

第六章

佛山企业家与其他商帮文化之比较

明朝中叶以来，随着商品生产的发展和交通条件的改观，从事长途贸易的地域商帮在中国商业发达地区陆续兴起。地域商帮，一般是指血缘性或地缘性商业集团。真正意义上的中国商帮形成于封建社会末期。明朝晚期，民间商业资本积累空前巨大，各地商人生意兴隆，互相来往，形成许多大大小小的地区性商帮，历史上形成的五大商帮主要有："诚信团结"的晋商；具有"骆驼精神"的徽商；"实业富国、产业报国"的苏商；"共赢敢闯"的浙商；"敢为人先"的粤商。本章主要是通过佛山企业家（简称"佛商"）与我国其他商帮文化的历史溯源、商业精神、发展模式和发展前景，更好地了解佛商的优势和不足，在取其精华，去其糟粕的过程中发展壮大新生代企业家，对于创建中国制造业一线城市和西江经济带领头羊，显得特别重要。

第一节　佛山企业家与晋商的比较

一、晋商起源及其发展概述

晋商，主要是指明清时代以善于经商而著称于世的山西商人。山西位于北方的黄土高原，这里是华夏文明的发源地。据史料考证，早在秦汉时代，太原、平遥等地已成为重要商品集散市场。唐朝时，韩愈形容太原"朗朗闻街鼓，晨起似朝时"，可见当时太原已成为繁华的都市。[①] 但晋商的真正兴起是在明代初期。史料记载，黄土高原在明代以前是森林广布之地，如《清凉山志》描述五台山在宋代时是"四面林峰拥翠峦，万壑松声心地响"。但是到了明代，明王朝在北方边境推行大规模的"屯垦"，导致大面积的土地沙化，水土流失严重，自然灾害频发。与之相反的却是山西人口的成倍增长，据《明实录》载：洪武十四年（1381 年）山西人口达到 4030450 人，是同期河南人口（1891000 人）的 2.1 倍。在明代，山西省的生存危机就日益严重，明人张四维在谈到蒲州时说道："界在河曲，土陋而民伙，田不能以丁授。"[②] 正是在这种生态环境遭到严重破坏并急剧恶化而人口却迅速增长的情况下，山西人民才不得不迁徙他乡，走上经商的道路。

① 张翼：《商帮战国策——中国商帮新势力之崛起（1978—2008）》，清华大学出版社 2008 年版，第 266 页。

② 《海峰王公七十荣归序》，《条麓堂集》卷二一。

正当山西商人在经商道路上艰苦摸索时，可以说是“食盐开中制”给他们提供了难得的契机。明朝建立后，被驱赶到北部草原地区的蒙元残余势力时常侵扰北方边境，明王朝被迫在北边长城沿线，设立辽东、太原等九个军事重镇，驻扎军队 80 万人，形成了一个庞大的军事消费群体，即使政府也无法完全满足其需求。于是从洪武三年开始，政府实行了“食盐开中制”，即商人把粮食运往边地，就可以换取盐引，然后凭借盐引到指定盐场支盐销售，这对晋商是一个重大的机遇。而且，在九大军事重镇中，太原、大同、宣府三镇规模最大且都在山西境内，所以，山西商人凭其得天独厚的地理优势及良好的条件，赚到了“第一桶金”。

晋商借助乡土关系以及明朝政府推行的政策而崛起，前期，他们主要经营盐、丝、粮食、铁器、棉布、茶等，积累了大量的商业资本。后期，则把大量资本投入到金融领域，经营起大规模的钱庄和票号。晋商每到一个地方，都会设立钱庄进行贸易，使之成为商品的集散地，如在东北有“先有曹家号，后有朝阳县”，青海有“先有晋益老，后有西宁城”的民谚。①

票号则起源于乾隆、嘉庆年间，是由山西商人创造出的一种专门经营汇兑业务的金融机构。山西票号的主要业务是清政府京、协饷的解运和垫款汇兑，还对一些重大军事活动所需军费提供有力的支持，对各地驻军发放军饷提供资金融通，承接各地调遣军队的贷款，票号的货币资本主要不是用来投资生产领域，进行商业资金融通，而是成为了清政府的财政支柱。至光绪九年（1883 年），山西票号已有 30 多家，其分庄遍布全国各工商业城镇，而且涉足亚洲地区，甚至把触角伸向欧洲市场。山西票号一度创造过“执中国金融业之牛耳”的辉煌，此后逐渐走向没落。

晋商的衰败，与国势衰微以及社会转型不无关系。但究其根本，主要还是由于晋商自身没能及时实现转型才最终导致灭亡。从晋商自身的性质来看，明清时期的晋商，具有明显的封建社会商人的特征，是典型的封建商人，晋商作为政府推行财政政策和军饷供应的工具，与封建政府之间有着不一般的相互依托关系。封建社会后期商业资本发展的道路，在西欧一般大多转化为产业资本，但明清时期山西商人的资本仍然遵循“以末起家，以本守之”的传统观念，把财富大多用于购置土地。即使是后起的山西票号，也是从晋商中演变而来的为皇权贵族和各类商帮服务的封建金融商人，由此我们可以看出，晋商自身具有典型的小农意识和封建性。晋商

① 陈梅龙、沈月红：《宁波商帮与晋商、徽商、粤商比较析论》，《宁波大学学报》（人文科学版）2007 年第 5 期。

过于依赖封建政治势力，使得商业势力长时间受到政治势力的影响，近代兴办实业的力度远远不够，没能及时调整经营方向，晋商因而也就避免不了与封建社会同枯共衰的命运。

二、晋商文化内涵及当代价值

在晋商的发展过程中，山西商人将中国传统文化融入商业经营，并在实践中逐渐形成一套具有自身特点的晋商商业文化。关于“晋商精神”的内核，著名经济学家孔祥毅教授总结了四个方面：重商立业的人生观、诚信义利的价值观、开拓进取不畏艰苦的创业观和同舟共济的协调观。① 而我们在研究的过程中，也不难发现，“开拓进取”“儒贾相通”“诚信为本”常常被用来形容晋商的商业文化。

诚信取利，以义制利。晋商受儒家思想影响极深，挟信义而经商，不畏艰难，辗转千里，输万货以为人，赢百利而利己，逐渐形成义利并重，义利统一的商业价值观。晋商认为经商虽以营利为目的，但诚信不欺是经商长久取胜的基本因素，经商活动属于“陶朱事业”，须以“管鲍之风”为榜样，他们将做人的道理应用于买卖生意上，特别是将“诚实守信”的观念融入商业活动中，以诚信为本，坚持质量第一，维护自己的信誉，不弄虚作假。祁县富商乔致庸把经商之道排列为：一是守信，二是讲义，三才是取利。山西票号之所以一百多年来根基稳固，首靠信誉卓著，“山右巨商，所立票号，法至精密，人尤敦朴，信用最著”。

儒贾相通的经营理念。晋商打破了“儒为名高，贾为厚利”，贵贱有别的封建观念，而提出了“贾可习儒，儒亦可贾，贾也可士，士也可不失贾业”的贾儒相通观，改“学而优则仕”为“学而优则商”，从而形成一个具有相当文化素养的商人群体。由于他们把儒家教育的诚信、仁义、忠恕精神引入商界，坚持以学保商，对商业的发展起了积极的作用。

开拓创业意识和创新精神。早期的晋商在“走西口”的路上，吃尽了苦头。他们不畏艰险，北走蒙藏边疆，开辟了一条北越长城，贯穿蒙古戈壁沙漠到库伦，再至恰克图，深入西伯利亚，又达欧洲腹地彼得堡、莫斯科的国际商路，这是继丝绸之路后，在明清时期兴起的又一条陆上国际商路。晋商很早就意识到所有权和经营权要分离，首开中国“股份制”经营的先河，创造出“以身抵股”的身股制，极大地调动了掌柜和伙计的积

① 祭祀晋商：大解“晋商精神”，新华网山西频道 http://www.sx.xinhuanet.com/ztjn/2007-04/12/content_9769558.htm，访问日期：2013 年 4 月 12 日。

极性。

晋商的商业文化作为特定历史时期的思想文化体系，它继承和融汇历史上丰富的商业经营经验和思想道德观念，其中精华，对于现代商业文化创新仍有可借鉴之处。

其一，晋商所倡导的诚信为本、义利结合是现代企业的生存之本。在市场经济体制中，功利化的价值取向得到强化，一些人以私利为重，不择手段地掠取“黑色利润”，这既损害了社会和公众利益，也十分不利于自身的长足发展。现代企业应继承儒商诚信的企业道德，因为市场经济做的不是“一次性买卖”，而且市场经济的法规也将对不诚实的行为严惩不贷，只有保证诚信，正确处理义利关系，摒弃“奸商”意识，合理合法地赚取“阳光下的利润”，才能赢得良好的社会形象，成为既有道德又有前途的企业。

其二，晋商一改“学而优则仕”为“学而优则商”，集中优秀人才锐意经营商业，把经商作为一项终生的崇高事业来对待，使其成为一个具有相当文化素养的商人群体。其实，在某种意义上来说，经商者是企业的经营方式和发展走向的决定者，商人的知识水平对于企业的前途具有重要的作用。现代的企业家要想把企业经营好，具备合理完善的知识结构将必不可少。

三、佛商与晋商之比较

傅筑夫说：“从长期看，地理因素对历史上的一切发展都在起着潜在的决定性作用，这种作用有时是通过经济因素表现出来，有时则与经济因素共同起作用，而这些经济因素如追本溯源到最后，仍然是地理因素。”①与在明清时期就兴起并成为封建社会商界的领袖的晋商相比，在近代形成的佛商自然要显得年轻一些。它与晋商有着很大的差别。

其一，最明显的是客观地理环境上的区别。晋商所在之地——山西，位于我国西北内陆，北临内蒙古，其商业资本的经营重点在内陆地区，尽管其发迹以后商号遍及全国甚至海外，但这些商号的总号都还在山西。而佛山位于广东省中南部，地处珠江三角洲腹地，东倚广州，南邻港澳，珠江水系中的西江、北江及其支流贯穿全境，属于典型的三角洲河网地区。凭借优越的地理位置和发达的水运交通枢纽，佛山商人则主要活跃于通商口岸和沿海地区，自古就有出海对外贸易的传统。鸦片战争后，西方列强

① 傅筑夫：《中国经济史论丛》，人民出版社 1998 年版，第 35 页。

打开了中国的大门，海上运输发展，铁路和内河航运开通，外国的商品和资本大量输入，沿海城市资本主义因素逐渐扩张。而佛山又非常靠近最早的五个通商口岸之一——广州，占尽了地理优势，能够较快地吸收外国的资本和技术，实现民族资本化。而在这种情况下，位于内陆地区的山西商人则逐渐失去了陆上通路要冲的地位，最终不免被新兴势力所淘汰。一衰一兴，凸显出佛商比晋商具有更为优越的地理优势，与世界资本主义市场的关系更为密切。

其二，佛商与晋商相比，还有性质上的差异。明清时代的晋商，具有封建社会商人的明显特征。商人与封建政府之间有着不一般的相互依托关系。明朝为了抵御蒙古而设立九边重镇，这些兵马的生活和需要，造就了一个高额消费区，为晋商的生存与发展提供了机遇，使他们做起了“政治生意”。山西商人积极为政府推行财政政策和军饷供应，主要是指其中的皇商、官商、大盐商、洋铜商，等等。他们直接或间接地接受皇家权力的支派，取得了其他商帮无法享受的特权，获得了巨大利润，因此，晋商成为当时国内最富有的封建商帮。到了封建社会后期，晋商的资本仍然遵循“以末起家，以本守之”的传统观念，而不是转化为产业资本，使他们的经营更趋封建化，因而也就避免不了与封建社会同枯共衰的命运。

而佛山所处地区——岭南地区，位于中国南部边缘地带，远离中原且条件恶劣，没有受到封建王朝的特别重视，受控也不严，成为了商品经济发展较早的地区。唐宋年间，佛山的手工业、商业和文化已十分繁荣。明朝中叶（16 世纪中叶）起，佛山地区的商品经济有了更大的发展，孕育着资本主义生产的萌芽。鸦片战争后，面对外国资本主义的侵略，一批先进的佛山商人看到西方资产阶级成功地建设了现代国家，提出向西方学习以救国富民。如佛山西樵人何启、三水乐平人胡礼垣大声疾呼“奋然改革，政令从新”，强烈鼓呼和要求发展民族工商业。继昌隆缫丝厂的创办人陈启沅在所著《蚕桑谱》中讲述办厂的旨意，这充分表达了佛商积极兴办和发展中国近代工业的想法。这些先进的思想，代表了当时寻求救国富民路径的中国人的理念，而这些理念，是具有封建性质的晋商所不能及的。这些有眼光、有魄力、敢为天下先的佛山人，本着实业救国的理想，开始兴办近代工业，成为中国近代工业发展的先驱。

其三，佛商和晋商在思想观念上也存在着差异。一直以来，观念滞后、因循守旧、思想钝化，被认为是晋商的普遍弱点及衰败的原因之一。清末，晋商经营的山西票号已呈衰落状态。山西人中的一些有识之士认清了新的形势，主张改革图存。可惜由于一些财东及总号经理的顽固和墨守旧法，以致四次失去发展的机遇。如光绪二十九年（1903 年），北洋大臣袁世凯曾邀请山西票号加入天津官银号，但山西票号拒不奉命。光绪三十年（1904年），鹿钟霖为户部尚书，奉谕组建大清户部银行。鹿也邀请山西票号加入股份，并请出人组织银行。山西票号北京分庄的经理多数赞成鹿氏之提议，均跃跃欲试。但山西票号为独裁制，重大事体必须请示总号定夺。票号总经理多墨守陈规，只知享现成福，毫无远见，竟复函票号北京分庄经理，既不准入股，也不准派人参加组建，致坐失机缘。后来，户部银行改由江浙绸缎商筹办，致江浙财团后来居上。不久，户部银行改组为大清银行，再请山西票号参加协办，无奈山西票号又不应召。结果，山西票号始终未能参与国家银行，第一次失去了改组银行的机会。山西票号从光绪三十年（1904年）以后，经过十多年的挣扎，相继四次错过了银行改组机会，已成弩末，终无法振作。

与相对保守的晋商相比，佛商展现出了通济和谐，开放兼容的面貌。如南宋至元，不少中原移民聚居佛山，同时也把北方的陶瓷技艺带到石湾，石湾艺人在创作中不断借鉴名窑的工艺特点并将其与原有的制陶技艺相融合，八大瓷系的造型与釉色之美以及装饰手段均被消化吸收，从而大大提高了石湾陶器的制造水平和艺术水准。改革开放以来，全国各地不少人才来到佛山发展，与佛山人融合在一起，艰苦创业，这几年在佛山都能看到湖北、四川、江苏、杭州、温州、重庆等地方商人成立的商会。四海的人才在佛山汇集，印证了佛山人的亲和力、包容力以及吸引力。① 和晋商相比，佛商视野更开阔，胸襟更宽广，融合精神更彰显，逐步走出了小佛山概念，认识到固步自封没有出路，携手共建方能共赢，这是佛商收获的宝贵精神财富。

其四，从商业道德层面看，晋商与佛山也有一些不同点。明清时期的晋商在儒家修身立命、利惠天下的道义教诲下，都信守三条原则。一是以国为本，不忘保家卫国，反对侵略。二是以诚信无欺为核心。士大夫、缙绅和小商贩皆半儒半商，诗书礼乐，兴家安邦，形成了一代儒商阶层。奉行买卖公平、童叟无欺，绝不制假贩假、坑蒙拐骗、囤积居奇的处世为人原则，建立了影响深远，以商德为核心的一代商帮。三是顾客至上，表现在价实、货真、量足、守义上。也即商品价格公开透明，薄利多销；商品质量上乘可靠，经久耐用；商品计量守信无贰，买卖公平；经营服务信守承诺，周到详尽。晋商遵守的这三条古老原则，保证了经济活动的正常有序，商业交换的公平公正和信誉，实际上维护了社会的安宁和谐，促成了

---

① 丘绍应：《佛山人精神的“源”与“流”》，《佛山科学技术学院学报》（社会科学版）2009年第2期。

经济的发展进步，是晋商能够叱咤于历史舞台一百年的秘诀之一。反观佛商，早期其对商业道德的强调也许远远不及晋商。一方面是由于儒家思想对其的影响并没有像晋商那么巨大，另一方面是两者对于经商的目的认识差异显著，再加上广东绝佳的天时地利使得佛商更注重抓机遇、争商机、敢拼敢打，暴富者众多，相对地商业道德意识没有晋商那么强烈和厚重。

第二节　佛山企业家与徽商的比较

一、徽商的兴衰轨迹

曾经，徽商有着与晋商等量齐观的绚目财富与辉煌过往，其始于东晋，到唐宋而发展壮大，明清时期达到鼎盛，与北方的晋商一起成为“南有新安，北推山右”的商界双雄，在中国封建社会商界“称雄”长达300多年之久。历史上的徽商，一般指原徽州府籍（今歙县、休宁、婺源、祁门、黟县、绩溪六县）的商人结成的商人集团的总称，史称新安商人，如今的这一区域，隶属于安徽省的黄山市、宣城市。

从繁荣到衰亡，徽商与晋商有着相似的历史结局。“七山一水一分田，一分道路和庄园”，和大多最早的商业发祥地一样，徽州山多田少，是一个川谷崎岖、万山环绕的“四塞之地”，此地“十日不雨，则仰天而呼；一雨骤降，而粪土之苗又荡然矣”，旱涝灾害频发，十分不利于农业生产。然而，就是在这个贫瘠的地方，人口数量却迅速膨胀，从东汉初期开始，随着中原人口的不断南迁，至明初，此地人口已将近60万，导致人地比例严重失调，矛盾突出，社会危机加重。在这种情况下，一部分人不得不另谋生路，走上经商一途，从这点来看，徽商与晋商兴起的原因极为相似，都是由于人地矛盾尖锐而产生的生存危机迫使当地人民走上经商的道路。

徽商故里徽州，位于中国华东地区，距这里不远处就是全国经济和文化最发达、人口最稠密的大市场——长江三角洲。从公元10世纪起，长江三角洲地区就长盛不衰，在明清时期更是稳居全国之首，这对于徽商来说，无疑是一个巨大的市场。并且，在当时的条件下，水运是最便利的运输手段，而从徽州到长三角，经过青弋江等水路进入长江，水流而下沿途经过南京、镇江、扬州，再经过京杭大运河连接长江三角洲各地区，期间的水路交通非常方便。有了这样一个稳定的大市场和便利的交通系统，徽商的生产和发展就不受到徽州本地的制约了，长江三角洲成为了徽商经营获利的主要区域，徽商得以迅速发展。①

从经营产业来看，徽商经营的行业多种多样，其中以“盐、茶、木、典当”为四宗大行业，其次是米、谷、棉布、丝绸、纸、墨、瓷器等，在四宗大行业中，又以盐业为最，盐商是当时徽商的中坚力量。盐是古代国家的一项重要资源，事关民生，历来都是由政府支配的。但是明朝实行“食盐开中制”后，商人开始有机会进入这一产业。一方面，徽商集中的扬州处于京杭大运河与长江的交汇点，在通往盐产地苏北沿海地区之间有通畅的水路条件，而且，从扬州、王家营、清江浦等沿河城镇又可以通过发达的内河水运将食盐运往各地；另一方面，徽商通过结交官府，取得了政治权力的庇护和合作，从而维持了稳定的行销权和充足的配额。明嘉靖至清乾隆年间，扬州著名商贾约 80 人，其中徽商就占 60 之多；十大盐商中，徽商占了一半以上。可惜的是，到了 19 世纪中叶至 20 世纪初，即道光中叶至清末，曾经辉煌一时的徽商逐渐走向了衰亡。

徽商衰亡有多种因素。首先，徽商是封建性质的商帮，其命运与政府的兴衰密不可分。徽商“官商”的地位，使他们对封建官府的依赖性极强，随着清政府的垮台，他们必然烟消云散；其次，徽商是靠盐业发迹，进而控制盐业专利，其积累的资本也不用于产业投资，而是铺张浪费掉，面对帝国主义入侵，外来资本渗入时，其无法适应再度开放、自由竞争的局面，徽商求变乏术，渐趋衰落；再次，19 世纪中后期，资本主义工商业迅速发展，上海成为新兴的工商业中心和进出口基地，并辐射到整个长江三角洲和周围地区，江浙地区捷足先登，凭借更加优越的地理位置和资源优势抢占了先机，徽州等传统工商业城市逐渐失去了优势，市场逐步萎缩。

二、徽商商业文化与现代启示

明清时代的徽商和晋商并驾齐驱，作为一支实力雄厚的商帮，徽商的商业资本之巨、从贾人数之多、活动区域之广、经营行业之多、经营能力之强，在商界首屈一指，其在从商过程中逐步形成的商业文化更是被诸多学者所研究及推崇。徽商商业文化大致体现为以下几个特征：

第一，诚信为本。徽商的诚信观念主要体现在：一是注重质量，杜绝伪劣。明代汪道昆在《太函集》中记载了徽商汪处士出门做生意，事先与

① 葛剑雄：《从历史地理看徽商的兴衰》，《安徽史学》2004 年第 05 期。

其子弟约法三章，其中重要的一条便是“毋以苦杂良”，即在经营中，不得在商品中掺杂使假。二是以德治商，以义为利。在义利关系上，坚持“财自道生，利缘义取”，此为徽商为人处事之本和经营决策之术。三是树立品牌意识，维护商业信誉。徽商通过信用建立起良好的商业信誉之后，十分珍惜并极力维护这种无形资产，视之比金钱更宝贵，从而涌现出一批“老字号”，如张小泉、王致和等。①

第二，“徽骆驼”式的吃苦耐劳。“徽骆驼”是自明清以来人们对吃苦耐劳的徽州商帮形象的概括。徽商们一入商海，就不得不抛家舍业，奔波于江湖之间。光绪《祁门倪氏族谱》卷下载：“徽之俗，一贾不利再贾，再贾不利三贾，三贾不利犹未厌焉。”为了采木，他们可以深入云贵深山老林一呆十几年。为了贩茶，他们可以南下广州，北到辽东。为了建立市场，他们大到都市，小到村镇，“足迹几遍宇内”，甚至把生意做到海外，终于创造了富甲一方的奇迹。② 徽商在经商的过程中既要与自然界的恶劣环境斗，又要与商场、甚至官场的惊涛骇浪斗，即使受挫而矢志不渝，终成大业。绝大多数徽商都具有不断追求更高目标的进取意识。明清两代，徽商中就涌现了众多从白手起家到拥有独立资产的大商人。正是在敬业、拼搏和进取精神支撑下，这些“徽骆驼”们经过数代努力，不仅富甲一方，同时还提高了徽商在我国商界的整体地位。

第三，典型的儒商。宋元以来，徽州便是一个“文献之邦”，书院兴起，文风颇盛。所谓“虽十家村落，亦有讽诵之声”，并非夸饰之词。在明代徽商就被称为“儒贾”，人们评价徽商“贾而好儒、贾儒结合”，是亦商亦儒的儒商。他们靠读书的优势，由儒而商，由商而官，官商互济。所谓“左儒右贾”的徽商，看似儒贾并重，实质却是重儒轻贾。一般来说，徽人在儒业中失意，才转而经商。经商获利以后，为了子孙后代的长远利益，他们又“宁驰贾而张儒”，利用雄厚的财资，重振儒业。在儒贾方面，徽人一张一弛，交相为用。但徽人的最终目标还是业儒进仕、显亲扬名。把儒业作为终极目标的徽人，把儒家精神作为自己的立身之本，因此徽商也获得“儒商”的称号，反映了徽商的文化素质和思想特质。

徽商是中国商业的一次崛起，是商业文化的一次革命，今天，安徽人仍以当年的徽商为豪。安徽省企业与企业家联合会会长吴昌期在谈及徽商时充满了激情地说，“徽商是安徽的名牌，是重要的历史文化资源，徽商

---

① 程宇宏、史丽华：《徽商的关键成功因素及其对粤商的启示》，《全国商情：经济理论研究》2008 年第 8 期。

② 王世华：《双子星座：徽商、晋商比较研究》，《安徽师范大学学报》（人文社会科学版）2005 年第 6 期。

对现代经济发展仍具有很大的借鉴和启示”。

其一，重视商业道德，打造企业商誉。现代市场经济除了法制规范之外，其伦理基础和自律因素则是以诚信为本的商业理念。徽商诚实守信、以义制利的商业道德奠定了其几百年的辉煌，对于我们今天规范市场经济行为，无疑有重要的借鉴价值和现实意义。市场经济说到底是信用经济，现代企业必须把诚信作为企业管理、经营和发展最根本的理念，坚持以义为上，以信为利、以质取胜、自觉摒弃和抵制各种失德失信的行为，改变既往“只会生孩子，不会起名字”的弊病。致力于自身品牌和商誉的打造，只有这样，才能最终屹立于不败之地。

其二，重视社会资本的运作。首先，徽商善于利用政治资本，能够处理好与政府之间的关系，实现与封建势力的结合，既保障了自身的生命财产安全，同时也克服了各种给商业发展带来的障碍，大大改善自己的经营环境。无论是在封建社会还是改革开放的今天，政策在很大程度上左右着企业的航向，企业家对政策的把握和运用，跟纯市场因素的竞争同样重要。徽商正是深谙此道，充分利用了社会资本的力量，正确处理了生产要素中人和资本的关系，从而获得巨大成功；其次，徽商还善于利用宗族力量，团结互助，形成了强大的凝聚力。徽商重视群体力量的发挥，注重团结互助、以众帮众。他们在异国他乡，大量建立属于自己的组织——会馆，并以此为据点，团结同乡之人，互相帮助，协力并进。现代企业应该引以为鉴，积极主动寻找战略联盟并购或者合作，才能够获得支撑和保护，最终实现做大做强。

其三，重视人才队伍的建设，构建企业文化。在商业经营中，除了商品、市场、资金等因素之外，人力资本不可或缺，对企业的经营发展有着极大的影响。徽州文化在徽商的崛起和发展中起了重要的作用。随着社会的发展由“财富时代”过渡到“财智时代”，即一个财富与智慧共舞的时代，光有资本是远远不够的，面临新的挑战或新的游戏规则，现代企业一方面需要提升自身的文化知识水平，另一方面要改变传统的用才观念。徽商宽以待人、选贤举能、注重人力资本的投资，对现代企业都有重要的借鉴。

三、佛商与徽商之比较

一个地方的崛起需要一批优秀的企业家，企业家的使命感和责任感关乎社会的进步和发展。经过多年的市场洗礼，一大批秉承着“徽商精神”，承载着“徽文化”精华的在皖企业家和皖籍企业家想用自己的实际行动续写着“徽商传奇”。那么，与新崛起的佛商相比，两者之间在文化背景、从商风格，投资方向及商业道德方面又存在着哪些不同呢？

首先，文化背景不同。安徽人做生意，有一个共同的特点，就是小农意识比较强。因为徽商是在带有很强宗法色彩的农业文化观念的支配下，进入商业活动领域的。“傻子大王”年广久可以说是一个较为突出的典型。从其个人性格、价值观念乃至管理思想无不带有小生产者的烙印，因而也才导致了他创业失败。年广久的悲剧，可以说是徽商小农意识的突出反映。在这种思想的影响下，徽商把经商当作一种手段，不只是掘取财富，还要掘取财富之外的事物，如权力、地位、荣耀等他们认为更有意义的东西。传统的徽商文化，也使得当代徽商找不到属于自己的阶层，迷失在市场经济的拜金主义大潮中。另外，徽商在经商的过程中还有一个非常重要的特点，即在竞争过程中，他们往往会结成联盟采取统一的策略来排挤对手。宗族血缘、地域和行业是徽商联盟的三大主要方式，而其中又以宗族血缘关系最为重要和稳定，这导致了徽商在经商中的商业形式比较单一，主要是建立在宗族关系上的合伙制。

而与中原正统的主流文化相比，处于“边缘文化”的岭南文化侧重实际，讲求实利，反对空想。倡导“经世致用”是岭南学派的一贯学风。名重一时的南海九江先生朱次琦认为：“读书者何也？读书以明理，明理以处事。先以自治其身心，随而应天下国家之用。”在岭南文化重实用思想的熏染下，佛山人摒弃了中原文化“耻言利”的思想意识，普遍具有强烈的功利主义，形成了讲求实际的性格特征。

其次，佛商与徽商的从商风格不同。徽州是一个历史悠久、文化繁盛的地方。徽商多以“儒商”自居，这不仅表现在其经商过程中以儒家思想为指导，诚信不欺、以义取利、贾儒相济；更表现在其善用资源、附庸风雅、惠及故里、重视教育、奉献社会的义举中。徽商骨子里的“好儒”思想和对“仕”的崇拜以及对自身位于“四民之末”但又豪富的矛盾心理，使得他们对封建政治有着极强的依赖性，他们普遍将从商看成是一种接近或进入“仕宦”阶层的手段，而不是以创造财富为目的。这也决定了伴随着封建政治的结束，徽商这一群体不可避免地走向末路的命运。

在考察佛山人从商历史的过程中，我们不难发现，佛山人自古就有重商之风。中国数千年农耕文化形成“以农为本”的思想，士农工商，商是排在末位的，但在佛山却不尽然，经商的风气浓厚。由于农业和手工业商品生产发展早，为了把产品卖出去，佛山人非常重视商业。这可以从几个方面得到证明。一是农民在几百年的商品交易陶冶之下，商业价值观念已深入人心。二是不仅略有资产的人从商求富，弃农经商、亦工亦商、亦官亦商、弃儒从商者，比比皆是。很多当了官的“士”，都热衷于经商。例如，清嘉庆道光年间官至山东盐运使的李可琼，退职回佛山后从事金融业，在佛山的银铺拥有大股本银。由于弃农经商者多，习农者少，佛山在道光时收割稻谷都是雇请外地劳力进行。三是“四民皆本”的思想在佛山宗族家训中明确宣扬。

《南海佛山霍氏族谱》的宗规就有“士农工商，所业虽不同，皆是本职”之说。在族规和家训中作这样的规范，要求后代传承，这反映了当时社会的普遍心理和价值标准。佛山社会并不把从商作为末业，而是与士、农、工等同视之，重商之风深入人心，深入社会每个角落。由此可见，当时从商已经成为佛山人的热门行业，人们不仅将从商看作是积累财富的手段，更看作是创造和积累财富的目的。佛商头脑灵活、快速高效、务实苦干的特点在其经商过程中表现得淋漓尽致。这种为追求财富本身而造就的商业行为和商业群体，相比依附于某一政治机器的徽商来说更具有相对独立性和生命力。

再次，投资方向不同。如前所述，徽商与佛商有着风格各异的从商思维，而这对于两者各自的在投资方向有很大的影响。重儒的徽商设义学、办书院、置田地、修祠堂、结官员、奢消费、交儒士，这在很大程度上分散了徽商积聚起来的商业资本。这样，徽商最终也就无法完成由封建商人向资本家的历史性转变，最终使其积累起来的巨额财富回到农业资本的原点，在近代资本主义经济发展、新的经济因素和政治力量涌现的情况下，徽商不得不走向没落的不归路。

而佛商在近代商业资本的积聚和发展过程中则表现出了更多的积极性和多样性。1873 年，南海西樵华侨商人陈启沅在家乡创建中国首家民族资本近代企业——继昌隆缫丝厂，带动了珠江三角洲机器缫丝业的发展；1905 年，石湾商人简照南、简玉阶兄弟创办南洋烟草公司，力图打破英国烟草公司垄断中国市场；1915 年，顺德乐从商人梁墨缘创办航业联商公司，组装蒸汽机船，航行于广州—三水—清远；佛山商人梁定荣创办广德泰轮船公司，经营粤津航线。还有很多知名的和不知名的商人，把资本投向实业，为早期现代化作出了贡献。佛山商人由于眼光开阔，有发展商品生产的头脑，从商又积累了一定的资本，他们投资兴办工矿企业，发展金融业，发展教育事业，对佛山在清末民国时期较早出现近代工业的贡献极大，成为了早期现代化的启动者。

最后，战略眼光不同。徽商是封建性质较浓厚的商帮，前面我们讲到，在明清时期，盐商、茶商曾相继成为徽商的中坚，但随着西方资本主义的入侵，盐商和茶商先后衰落了，由于徽商本身的封建性，徽商的商业经营无法与清末出现的资本主义新潮合流，不能将商业资本转化为产业资本，以致最后走向穷途末路。

而佛山企业家则对做实业情有独钟。从中国第一家民族资本主义近代工业继昌隆缫丝厂的创办者陈启沅，到今天美的总裁何享健、志高空调创始人李兴浩，无一不坚守自己的实业之路，摒弃“短平快”的赚钱路线，形成了独特的经济发展价值观；另外，佛山企业家还放眼全球。除了专注实业外，佛商凭借不断进取的精神，其全球化的步伐也走在全国前列。美的、格兰仕等知名企业早在20世纪已名扬天下，而更难能可贵的是，在21世纪的第一个十年结束之际，佛山一批中小企业纷纷走出国门，在全球范围内进行产业布局。

第三节　佛山企业家与浙商的比较

一、“草根”浙商

浙商，一群天生热爱“交易”的东方犹太人，他们对商业的热情如此炽热，这种热情我们甚至可以说是内化为浙江商人的一种本能。更难能可贵的是，这种热情经历一代代浙商薪火相传，从未间断。当我们对晋商和徽商等传统商帮的追寻更多只能停留在记忆中时，浙商仍在接连不断地上演着活着的传奇。

浙江地处东南沿海，东有大海环绕，北有运河贯通，湖河港汊密布。运河既是漕道亦为商道。浙北杭嘉湖严诸府多为平原，北有太湖，水路通过太湖往北与长江连接，境内河网繁密，为适应桑市和蚕丝的贩销，常有夜航船行驶于苏常等处。宁绍平原，陆路方便。宁波濒海，海上交通要津，素有海上丝绸之路和陶瓷之路起点之谓。杭（杭州）、明（宁波）、温（温州）是宋代以来海上交通和海外贸易的良港，可以直通日本、朝鲜和东南亚诸国。

浙江的商业文化源远流长，魏晋时期，浙江“商贾已北至青、徐，南至交广”。唐代时就已是全国工商业发达的地区之一，杭州、宁波和温州均为繁荣的商业城市，泛海兴贩的浙江商人从宁波出发，横渡东海，到日本岛。当时的大商人，有自己的船队，往来于日本与宁波、台州、温州之间。两宋以来，浙江更成为了全国工商业的重要中心。南宋期间，杭州、宁波、温州等地官方更都设有市舶司，专管海外贸易，浙商已经远涉重洋。明代以后，浙江的商品经济非常发达，强烈的求富意识和趋利尚富的社会习俗逐步形成。浙商由温商、台商、宁波帮、义乌商人、杭嘉湖商人等构成。

鸦片战争之后，宁波、温州等地相继被辟为通商口岸，我国近代民族工商业得以发展。富有经商传统的浙江人在西方商业文化的催化下，经商意识得以激活并极大地发挥。当时中国刚刚进入18世纪，民族资本主义的萌芽以及上海口岸的开放，更是为浙江商人提供了崭新的商业舞台。

改革开放初期，属于浙商的创业探索时代。他们从无资金、无技术、无市场“三无”起步，白手起家，风吹草长。这一阶段的浙商大多以经营小商品发家。以温州人挑担修鞋，打铁走四方，义乌人鸡毛换糖谋经营为集中表现，在这一过程中，他们不断积累人力资本存量和创业能力，并逐步建立家庭加工企业和贸易企业，如在温州的很多地方呈现“家家电灯、户户冒烟”开展村镇企业生产制造的现象。

20世纪90年代，是浙商进行资本扩张的时代。浙商在完成资本积累阶段后，百万浙商主动内化吸收现代经营理念和管理知识，立足制造业为主体的传统创业经验，以坚忍不拔和敢为人先的进取精神，以千万种小商品在全国各地培植出一个个温州村、一座座义乌城、一条条浙江街；与此同时，积极融入市场经济的前沿，果断引入股份制等现代企业形式，有效革新企业管理方式，推进各行业纵深发展。

进入21世纪以来，浙商的发展进入了市场化时代。凭借一直以来的民间商业传统以及宁波帮等商业先辈曾经实践成功的资本主义商业文明模式，浙商最终成功汇入经济全球化后的富豪行列。他们的经营模式不仅被现代商业文明所影响，也对当下的商业运作产生深远的影响。在这一阶段，浙商基本完成了资本原始积累，慢慢从模仿走向自主，从分散经营到整合营销，以积极融入国际贸易的大舞台，推进企业转型升级，练就了在虚拟经济和实体经济交互发展中的商海之道，并在现代经济的舞台上不断增强着市场经济的驾驭和运作能力。①

二、浙商的商业文化及社会价值

为什么当代浙商能够成为在当代中国社会近30年发展中崛起和突出的一个独特群体？其中，人文特性显然是理解和回答这一问题的重要方面。浙商文化是在商品流通过程中所铸就的特殊文化现象，是商人们在工商业

---

① 周明宝：《当代浙商的崛起及其企业精神传承》，浙江省青年研究会2011年度青年工作研究课题项目成果，2011年浙江省社会学学会年会论文。

行为进行过程中的思想、情感、价值观、行为方式、道德规范的总和。

（一）鲜明的民间工商业文化

在中国的传统商帮之中，如晋商、徽商等商帮，其大多数实质都是官商。商人与政府之间关系勾连交织，商帮的兴衰荣辱也与朝廷的时政大局有着千丝万缕的联系。但浙江拥有“民本文化”和“民本经济”的传统，浙商更愿意以自由独立的方式潜行于民间。源于20世纪70年代末的当代浙商创业者，产生于“草根社会”的当代浙商，普遍起点比较低，通常从低层次的小商品领域开始起家。改革开放以来浙江取得经济高速发展的一个重要原因，在于当代浙江经济非常完美地继承了历史上具有鲜明区域特色的民间工商业文化传统。

（二）开拓创新务实的“草根”精神

近代时期的浙商，长盛不衰的重要原因在于其实业兴国、开拓进取、自强不息、矢志不渝和敬业的“浙商精神”。改革开放后，浙商成为中国第一创富集团的原因则在于其内源性民间力量推动经济发展的“草根精神”。浙商凭借“想尽千方百计、走遍千山万水、历经千辛万苦、道尽千言万语”的“四千精神”，开拓创新了无数城乡市场，从而出现了“无浙不城市”的“浙江现象”。而浙商创富成功的关键在于其牢记“先下手为强”的古话，“船小好掉头”的众多浙江企业“嗅觉”灵敏，善抓市场机遇，很好适应了市场的需求。

（三）“抱团”观念

浙商在经商过程中善于利用亲缘、乡缘网络和行业协会的作用，非常注重同行之间的互相配合和协同行动，进而获得“族群”对本行业及相关产业链的主导权。浙商的这种“抱团”观念与韦伯揭示的犹太民族的经济心态，存在一定程度上的类似性。由此也产生以下两种结果：第一，同行或相关企业之间构成了关系紧密的战略联盟，这些在亲缘、乡缘网络的基础上建立的“族群”成员之间互相协同，一致对外，从而获得了对本行业及其相关产业的主导权；第二，由于这种同行或相关企业战略联盟关系的封闭性与内敛性，又容易招致其他族群的防范和排斥，难以与外围利益相关者和谐相处、构建稳定的外部信任关系。浙商企业进行市场拓展时，往往遭到当地同行与相关群体的激烈抵制，即与此密切相关。

浙商文化是一种具有鲜明的地域特征的商人文化，是人类在商品流通过程中所铸就的一种特殊的文化现象。其重利尚义的价值观念、个人自主的文化观念、以小博大的务实精神、自强不息的人生态度、和气生财的处世态度、诚信为本的商业道德、富而思进的责任意识等主要内涵具有重要的社会价值。它对弘扬中华民族文化、发展社会经济、推动人类文明和进步起着的积极作用，值得佛商借鉴。

（四）浙商文化是孕育现代企业家群体的温床

重商的价值观念和个人自主的文化观念是浙商文化的一大特色，恰恰孕育了浙江规模庞大的商人群体和一大批企业老板。著名学者贾春峰如是说，重商的文化传统对于浙江人民善于经营、开拓市场、有效地进行商贸活动产生了积极的影响，它造就了一种世代相传的商业智慧和商业技巧。由于对商业交易活动有着特殊的偏好，他们从政府机关、新闻媒体、学校等事业单位出来下海做生意，自己当老板。正是浙江人这种特有的重商的价值观念，孕育了浙江规模庞大的民营经济主体和队伍庞大的商人群体。企业观察家杨轶清如此评价：“浙商的厉害，主要不是叱咤风云的名人大家，而是深厚的民间基础和庞大的群体阵容。浙商是当今中国人气最旺的财富军团，人数之多，比例之高，分布之广，行业之宽，都在全国首屈一指。浙商成为全国人数最多，比例最高，分布最广，行业最宽，影响最大的投资者、经营者群体。”

（五）开放意识编织了遍及全球的浙江产品销售网络

强烈的开放意识使浙商在改革开放后，率先走向全国开拓市场；也正是这种强烈的开放意识使如今的浙江人不断走出国门，向世界市场进军，编织了一张遍及全球的浙江产品销售版图。从20世纪80年代初至90年代初，浙江人以“跑单帮”的形式开拓产品市场，出现了“哪里有市场，哪里就有浙货”的现象。20世纪90年代中期开始，浙商又以兴办“分市场”的形式输出经商能手。90年代末，浙商又有组织地走出国门办市场。至今，浙江省共计在巴西、南非、阿联酋、俄罗斯、匈牙利、喀麦隆、尼日利亚等10多个国家和地区筹办、设立了市场。世纪之交，发展为以到省外国外投资创业为特征，不断向外开拓经济活动空间。正是这种强烈的开放意识使浙商不断超越自己，使浙江民营经济保持了强劲活力和后劲。当新世纪之初，世界经济增长放缓，国内通货紧缩内需不旺时，浙江人却利用国内国外两个市场和国内国外两种资源，经济仍是一路绿灯，快速发展。

（六）促使落后地区的人们改变思想观念，走上脱贫致富的道路

落后地区的人们思想保守、观念落后，商品经济、市场经济的意识淡薄。而浙商不保守，总是以开阔的胸怀和辛勤的创造改变现实，迎接未来，这使浙江人充满生机和活力，从而率先致富。浙商的文化观念，影响着当地人的思维方式。不仅活跃了当地的市场，更带来了发展市场经济的巨大的观念冲击。从而引导更多的人，转变思想观念，走上经商致富的道路。

三、佛商与浙商之比较

浙商是中国近代和现代颇具实力和影响力的一大区域商人群体，在改革开放后更是充满了活力，活跃在我国经济发展的舞台上，在我国经济建设中创造出了无数的辉煌。佛商作为我国商帮的新兴力量，和浙商有着相似和各具特色的商帮文化以及人文精神，接下来我将从商业文化、商业精神、发展模式和关键成功因素这几个方面对浙商和佛商进行比较。

首先，商业文化的比较。改革开放以来浙江取得经济高速发展的一个重要原因，在于当代浙江经济非常完美地继承了历史上具有鲜明区域特色的民间工商文化传统。其主要内涵特征表现在：积极稳健的政治态度；机智敏锐的战略眼光；个人自主的文化观念；以小博大的务实精神；勤俭刻苦的人生态度；和气生财的处世态度；与时俱进的创新精神；以诚为本的商业道德；致富思源、富而思进的责任意识等方面。浙江商人对中国商业文化的创新做出了自己独特的贡献，并且对浙江的人文精神有了新的提升。它的独特性表现在三个方面：一是讲求速度，常常是非禁即入，觉得一个差的结果也比没有结果好；二是善于创新，常常是无中生有。而这恰恰是在浙江几乎零资源的前提下对经济文化的创造性提炼；三是善于独创“创富模式”，最典型的是遍及各地的块状经济产业生态链，这正是对浙江人人文性格内涵进行整合的天才创造。

佛山位于岭南地区，在长期的历史进程中，岭南文化较完整地吸纳了中原文化的优秀成果，佛商文化正是中原文化与海派文化的融合的结果。明清时期，佛山商人踊跃地参与了海外贸易活动，大量劳动力漂洋过海到东南亚和世界各地谋生。佛山市华侨众多，改革开放后众多华侨归国投资，创办近代工业的佛山人，很多都是华侨商人。他们爱国爱乡，亲眼目睹西方资本主义国家工业革命后建成富强国家的现实，自身又通过经商积累了一定的资本，于是便回到家乡办实业，以救国富民，如前面提到的南海华侨商人陈启沅。因此，佛山文化不排斥海外异域文化，表现出开放与灵活的特点。

其次，商业精神的比较。浙商开拓创新而务实的“草根”精神。近代社会浙商长盛不衰的重要原因在于其开拓进取、自强不息、矢志不渝和敬业的“浙商精神”。改革开放以后，浙商成为中国第一创富集团的原因则在于其内源性民间力量推动经济发展的“草根”精神。虽然只是“草根”，但浙商将传统的吃苦耐劳精神与大胆敏锐的商业意识融会贯通，由于其自下而上的发展路径，如今已蓬勃发展成“参天大树”。

佛商变通而务实的“敢为天下先”精神。佛商成功的文化基因及商业精神源泉在于岭南文化商、新、实、活、变等特征其中，佛商“敢为天下先”的开拓创新精神，使曾经的“蛮荒”之地发展成为如今的新时代城市。改革开放之后，借助于优惠的政策和毗邻港澳的地缘优势，佛山人在观念、意识和行为等方面先知先觉，如最早从事第二职业、将跳槽和“炒鱿鱼”视为平常。在资金、技术和人才缺乏的情况下，佛山商人发挥“借鸡生蛋”的变通精神，充分利用外资、技术和人才，促进经济长足发展。灵活变通的同时，佛商重利不务虚而敏于行，使其摒弃了“耻言利”的传统意识，强烈的功利主义使其更倾向于实在的内容和价值，更看重行动的可能性与现实性，办事节奏快、效率高。由此可见，佛商将传统的趋利务实精神与灵活开放且高效的商业意识相结合，推动了佛山经济的快速发展。

再次，由于浙商与佛商的历史、商业文化的不同，使得两地的发展模式不一样。浙商的发展模式是内源性的民间发展模式。以温州模式为代表的浙江模式是内源性民间力量推动的经济发展模式。民营经济的快速发展，增强了浙江的经济潜力和实力，抵御风险的能力提高。目前，浙商逐渐从分散的家庭作坊过渡到现代私营企业，但家族企业管理模式在企业发展的过程中，缺乏规制和监管，凸现出如管理效率、接班人等问题，家族企业的相对封闭性使他们难以和国际资本对接，视野不够开阔，一定程度上制约了企业做大做强。

而佛商长期以来所形成的发展模式是外源推动型的发展模式。与浙商不同的是，佛商更多地依靠港澳及海外的资金、技术、管理和市场一步到位的外源型经济。改革开放后，广东率先改革对外贸易体制，确定以外向型经济为导向，大力发展“三来一补”的劳动密集型产业，逐渐形成电子及通信设备制造业和电气机械及器材制造业的支柱产业，并带动相关产业的发展，促进了产业结构的高度化，从而成为全球瞩目的制造业基地之一。佛山是中国历史上较早对外开放的商埠之一。改革开放以来，成为中国较早的商品出口基地之一，产品远销一百多个国家和地区。2010 年，全市合同利用外资 21.9 亿美元，实际利用外资 19.67 亿美元；进出口总值 516.6 亿美元，其中出口 330.4 亿元；引进投资超千万美元项目 69 个，新增世界 500 强项目 9 个。目前，全市外资经济占 GDP 比重 26.5%，有 48 家世界 500 强企业在佛山投资了 90 个项目。但以外资驱动的大规模产业转移为特征的外源型经济，发展易受制于人，抗风险能力较弱。而且由于劳动力、土地、能源成本等原因，很多外资撤离广东而选择了内陆和其他国家。可见，纯粹的外源型发展模式也不能长久，而须另辟蹊径。

最后，从关键成功因素的视角来看，浙商与佛商又有以下几个相似之处和不同点。佛商与浙商的关键成功因素的相似点体现在：敬业务实的工作价值观，浙商深受永嘉“实学”之经世致用传统的影响，而佛山则坚持踏踏实实，既不虚张声势，也不急于求成，一步一个脚印地做大；对“商机”的敏锐嗅觉，改革开放以来，佛商得风气之先，善于捕捉新兴的高增长行业，从20世纪80年代的轻工业、服装业到90年代的家电业，再到21世纪初的金融业、房地产业，佛商往往凭借其敏锐的商业嗅觉和市场洞察力，总能先人一步，抢占商机。

同样，浙商也善于小中见大，抓住不为他人所察觉的市场机遇，占领外地人不屑一顾的领域；“模仿 + 局部创新”的集中成长策略，许多佛商、浙商企业，最初以加工贸易起家，为其他企业提供代工服务，在累积了必要的资本、管理、技术和营销经验之后，往往选定某种产品进行仿制并局部创新，获得成本优势或服务优势，并集中资源在该领域与原有厂家展开竞争。如20世纪90年代曾被誉为“顺德一把扇”的裕华电风扇厂，最初只是一个生产风扇配件的小厂，偶然获悉日本在香港市场上新推出的“鸿运扇”，于是购买样机，拆解钻研，消化吸收加工工艺，并在仿制的基础上进行改进，使得产品成本更低廉、绝缘性能更可靠、送风质量更稳定，并对产品采用迅速推广的促销策略，使得竞争对手难以迅速做出反应，最终放弃该市场。

另一方面，佛商与浙商在资源运作方式以及同行企业关系策略等方面存在较大差异：佛商的资源运作的策略是巧用“借”术，善于借鸡生蛋、借钱发挥、借才发挥，而浙商在资源运作方面的典型特点是依靠商业网络，整合资源。在同行企业的关系策略方面，佛商的产业集群并不构成紧密的战略联盟关系，呈现出开放性与谨慎竞争的态势；而浙商同行企业则倾向于构成紧密的战略联盟，互相协同，一致对外，以获得对本行业及相关产业链的主导权，呈现出某种封闭性与内敛性。

第四节　佛商与粤商的异同

一、探源粤商

粤商是诞生于中国岭南地区、延伸至港澳和海内外、在创办企业和市场经营领域具有突出业绩的商帮。粤商主要包括广府商人、潮汕商人以及客家商人三大分支，或者说是三个子商帮的统称。广府商人主要是指讲白话语系的“行商”“海商”和“佛商”，他们主要在珠三角地区出生；潮汕商人则出生于广东潮汕地区，素有“中国的犹太人”之称，他们拥有很高的经商天赋，其商人群体遍布世界；客家商人则出自广东山区，梅县、兴宁一带，以自强不息著称，在某种意义上，客家商人带有一种客家迁移或流放文化的传统，所以自立自强是他们的传统精神，客家商人在创业，发展中都显示出比较保守，稳抓稳打的作风。

古代广东属于岭南地区，处于中国的南方边缘地带。在以农业生产为主、以陆路交通为主的长期历史发展中，岭南并不具备中原地区优越的生产、生活条件。“广东古时候被称为‘沼泽瘴气弥漫’之地，地处亚热带，气候炎热多雨，台风常常肆虐，仿佛猛龙过江。”① 然而，正因为岭南地区远离中原且条件恶劣，才不会受到封建王朝特别重视，受控也不严，反而成为中原流民远涉求生的地区，成为较多吸收不同文化元素的地区。

“广东的文化，历来不是封闭型的文化。”一方面，来自中原的移民带来重农轻商的文化，仍然希望后代读书中举，获得功名；另一方面，来自海内外的贸易文化则吸引他们经商，获取利益。特别是由于远离封建朝廷的严厉控制，早期的粤商借助沿海交易、海洋贸易获得实惠，对其他人产生了重要的示范作用。秦汉之前，受到自然条件制约和交通工具限制，粤人经商者少见，未成气候；汉武帝时期开通了“经南中国海过马六甲海峡，入印度洋，到波斯湾、阿拉伯半岛以及非洲东海岸，史称‘海上丝绸之路’”②。与中国途径西北地区的陆上丝绸之路相比，这条海上丝绸之路的航行更为艰巨，风险更大，但船舶的容量更大、利润更为可观，因而吸引了大量的粤商。伴随海外贸易的发展，一些粤人流向海外谋生、创业，粤商向外发展之势逐渐形成。

伴随海外商贸在广东的兴起和发达，近代粤商主动参与、积极合作、潜心学习、逐渐创业。明清时期及民国初期，广东商贸活动向内地延伸、向海外拓展，“广东会馆”遍布全国，并在海外多国建立，为粤商的行销活动提供了方便，也为粤人的外出谋生提供了落脚之处。清代“广东会馆”在全国的地域分布相当广泛，以今天的地域来看，北京、上海、江苏、四川及广西分布的数量最多，其他如江西、福建、山东、东北、湖北、陕西、河南、安徽、浙江、台湾、甘肃、云南等省也有数量不等的分布。粤商依托地理优势，获得发展的先机，在近代迅速崛起。从最初的单

---

① 魏安雄：《广东人的商业精神》，广东人民出版社2005年版，第1—2页。

② 同上。

纯帮助英国、西班牙和法国等国的商人贩运商品、转销内地，到渐渐创办自己的商行，发展自己的经营业务，拓展自己的经营网络。其时，粤商面对近代欧美工商业发展的大潮，自觉或不自觉地进行吸收、学习、融合。

改革开放以来，新粤商继承历史传统，发挥地缘优势，创新发展理念，以独特的商业智慧和勤奋的创业精神为中国和世界经贸发展史增添了浓墨重彩的一笔。改革开放至今，粤商推动着广东的产业结构从“珠江水、广东粮”，到“岭南服、粤家电”，再到今天的“IT 簇群、五金基地”……物流、咨询等服务业更是方兴未艾。

二、粤商文化及其启示

粤商文化历史渊源深远，商业氛围浓厚。粤商在经商处世的过程中形成了自身独具特色的和谐精神，主要体现在四个层面：在决策上精于筹划、善于变通；在经营上务实沉着、追求实效；在行动上敢为人先、反应敏捷、擅长模仿；为人处事上通达融和、爽快重义。“务实通达”“开放兼容”“和气生财”等词语，成为粤商精神最好的描述，也成为对中国商人智慧的概括。

第一，敢为天下先。襟山带海的地理环境培育了岭南人强悍坚韧、敢于冒险、勇于任事、大胆革新、追求自由的精神特质。其中，粤商“敢为天下先”的开拓创新精神，使曾经的“蛮荒”之地成为如今我国经济发展的“龙头”。广东人早已认准，只要有利于提高生产力水平，有利于提高人民生活水平，就要干，先干了再说。敢为天下先，是广东这个昔日经济上的小老弟变成了今天的老大哥。一个敢字，一个先字，既让广东人饱尝了开拓者的艰辛，更让广东人品尝了成功者的喜悦。另外，粤商具有强烈的市场敏感度。他们一般能先人一步发现商业机会所在。并且在别人看不准或犹豫的时候，果断而大胆地做出决策。这也是大量新兴产业和商业领域的先进技术被最先应用于广东商业企业的原因之一。

第二，接纳和包容性强。通常来说，对粤商的赞扬是“不排外”，中山嘉得龙电器有限公司的董事长是来自西北的龚志安，东莞乐邦电子的董事长是来自东北的张宏志，他们在中山、东莞的小家电行业同样做出了骄人业绩。这说明了粤商对于各种有能力的人才以及新生事物，普遍能够虚心学习接受，并对于有利于企业发展的建议意见以及有能力的人才都能包容和接纳。

第三，讲求实效和稳健，注重实干和苦干。粤商做商业，讲求实实在在，既不虚张声势，也不急于求成，他们更加注重踏踏实实地做事，一步一个脚印地做大，“赚到手里的才是钱”，一般不做摸不着边际的“宏伟设想”，不愿意冒风险，不做没有把握的事。粤商强调一切经营讲究的是效果，而对于形式如场面上的东西，他们普遍不讲究，当年郑州亚细亚在广州仟村百货经营时，每天早上鼓乐队迎客，粤商们就弄不懂它有什么实际意义，无一接受这种做法。由于大多数粤商是从小商小贩做起来的，所以即使规模做大了，他们还是保持着最初勤劳苦干的品德，“员工休息，老板守店”不足为奇。

千年粤商，沧海桑田，涛声依旧。作为中国五大商帮之一，粤商凭借其务实、开放、包容和多元的个性，从根本上影响了广东乃至中国的经济和历史进程。今天，在回顾粤商的历史渊源以及其发展路程的过程中，我们又可以获得哪些能够使得佛山企业更好发展的启示呢？我们能够从粤商文化及其精神品质中得到哪些启发呢？

其一，应该具有外向的思维。粤商在利用各种优势的情况下，能够将眼界放宽，看到海外贸易的优势，既做国内、又做国外，从而使其商业行为具有一定的灵活性和活力，进而得以迅速发展。现代企业面临的环境远比明清时期要复杂得多，企业的发展受到多种因素的影响。要想在激烈的竞争中处于不败之地，企业就必须能够勇敢地转换理念、不仅仅关注企业内部，更要关注企业外部。关注的焦点也不仅仅局限于经济、财务方面，而是综合考虑各种因素的影响，包括政治、经济、科技、环境及自身、优势、劣势，从而促进自身的发展壮大。

其二，应该积极改变人们的惯性思维，创新经营理念，打造符合当地文化特点、具有自身特色的企业。广东自古就有经商的传统，粤商文化，源远流长。受商业传统的影响，广东人市场意识和经商意识相对比较强烈，“今天，全世界只要有人群的地方必定有华商，只要有华商的地方必定有粤商，只要有粤商的地方，市场就充满了生机和活力。”① 粤商的发展史告诉我们，在机遇和挑战面前，必须创新思维，创造新条件，商业的发展同其他任何事物一样，离不开改变，离不开创新。创新的经营理念、经营模式是一个企业在竞争激烈的市场上得以生存、发展的重要因素。在改革开放的30多年里，粤商抢占先机，敢为天下先，什么螃蟹都敢吃，什么都不怕，才能够成为始终活跃在中国经济市场、影响世界华商发展的群体，才能够在新世纪中国经济腾飞的舞台上，纵横捭阖，引人注目。

其三，应该拓展融资渠道，抓住市场进行多元化投资。在市场经济的大潮中，存在风险是毋庸置疑的。从西方经济学的角度来说，风险和收益

---

① 谭建光、吴建琪：《粤商大讲堂》，广东人民出版社2008年版，第3页。

成正相关。在融资方面，明清时期的粤商就已经晓得通过多种渠道融合资金，如海商中的合资式经营，采取商业风险共同分担的机制。三百年前的商人就具有的风险共担、收益共享的商业融资理念，为今天的商业融资活动提供了新的思路。当代企业应该以此为鉴，在商业活动中积极拓宽融资渠道，分散风险、共享收益，为企业的进一步发展谋求合理的资金支持，如可以通过公司上市发行股票募集资金、发行债券等方式进行融资；在投资方面，明清时期粤商已懂得将商业利润分散投资于农业、商业、手工业等多个领域，已降低资金的投资风险系数，确保资金安全和收益。在今天的市场经济中，企业更应当抓住市场，实现多元化投资，理性投资以降低投资风险。企业的发展离不开融资、投资活动，只有在市场和法律允许范围内进行合理有效的融资、投资活动，才能真正促进企业的发展。

三、佛商行业总体特色

（一）破除守旧思想，扩展开拓经营

党的改革、开放、搞活的方针政策是促进商业发展的外部条件，而商业的起飞必须在各级商业领导班子中更新观念，破除几十年来根深蒂固的僵化守旧的产品经济思想。于是，从 1983 年起，针对“三多一少”新流通体制的形成和发展新形势，佛商提出了“以本业为主，综合经营”“注重实业，面向市场”“打出去，请进来”等一系列开拓经营，扩展流通新网络的措施。

（二）“打出来，请进来，广结贸易伙伴”的经营策略

佛山市商业部门利用了毗邻港澳，交通方便，华侨众多，对外交往频繁，商品经济发达的优势，制定了“打出来，请进来，广结贸易伙伴”的经营策略。在积极发展以扩大地产品销售为目标，开展跨地区、跨行业的联营、联销，以解决原材料和产品销售为核心，建立半紧密型的经济联合体；以骨干企业为主体，以名、优产品为对象，建立相对稳定的货源关系等横向经济联合的同时，通过展销、代销、经销、联销，引厂进店，引名、优、新、特、小产品落户。

（三）挖掘企业内部潜力，狠抓商业基础设施

佛山市商业部门在扩大企业经营活动的同时，挖掘企业内部潜力，狠抓商业基础设施和门店更新改造。1983 年以来，他们通过多方筹集资金大搞美化装饰店容店貌，从商业橱窗体现城市经济体制改革带来的成果。

（四）开拓多功能、多层次服务

开拓多功能、多层次服务是佛山市商业又一个新的特色，有集购物、吃喝、玩乐、观赏、妆饰、自选购物于一体的大型综合型商场。如座落在禅城区祖庙路与建新路、城门头交汇处的百花广场，首至七层是大型购物商场、美食娱乐城、住客会所。

（五）诚信经商，文明服务

在改革、开放、搞活中，佛山市商业部门注意教育职工诚信经商，文明服务，改革不忘消费者利益。从 1983 年以来，他们在狠抓物质文明建设的同时，狠抓精神文明建设，如在城区创办了升平路和祖庙路“文明经商两条街”活动，不定期组织交流及检查评比。

四、佛商、潮商和客商的异同

由于广东背山临海的独特地理位置，相对发达的商品经济，再加之较早与西人接触，使得粤商有着独特的经商传统。粤商实际上就是由广府商人、潮汕商人以及客家商人三支有着不同背景的子商帮所组成，各自有着自己独特的形成脉胳，在各个层面上表现出鲜明的区域差异。而佛商在范围上属于广府商人，与广府商人有着相同或相似的发展历程和文化背景。这里将主要介绍佛商与潮商、客商在区域分布、经商特征、个性特点等方面的差异。

（一）佛山人、潮汕人和客家人所处的地理位置比较

佛山坐落于珠江三角洲的腹地，东北连广州，南临港澳，地理位置优越。潮汕，位于中国东南沿海广东与福建的交界处，东北与福建省的诏安、平和两县接壤，西北与广东梅州市相邻，西部接广东的汕尾市和惠州市，东南濒临南海，与台湾遥相对望。潮汕历来为粤东、赣东南、闽西南的商品集散地中心，狭义潮汕是指分治后的汕头、潮州和揭阳三地；广义潮汕还包括汕尾等韩江流域地区。潮商是分布于海内外的潮汕籍商人。客家人历史上是从中原迁徙过来，主要居于岭南大山区，缺乏广阔平原和广袤的土地。另外，岭南山区南接沿海地带、海岸线长远，有利于对外文化交流与贸易。

（二）佛商、潮商和客商的区域分布比较

佛商主要集中在珠江三角洲，广州、深圳、顺德、中山、珠海等城市遍布佛商的身影，还有不少佛商在香港澳门两地经商。在广西、云南甚至

越南等地也有少量的佛商。相对而言，佛商比较集中，主要局限于广东的珠江流域等地。潮汕商人主要集中在广东的潮汕地区，广州、深圳、香港、澳门、厦门、漳州、泉州、上海、桂林甚至北京也有数量不等的潮汕商人。潮汕地区向海外移民的历史悠久，人数众多，遍布多个地区。目前海外潮人遍布世界五大洲50多个国家和地区，大部分都是集中在东南亚地区，欧洲有少部分地区，北美主要是在美国和加拿大等地。而客商的分布情况，根据台湾出版的《梅州文献汇编》《台北市梅县同乡会会刊》及中国社会科学院方言研究所出版的《方言》杂志中有关资料统计结果表明："全国客家分布的地区共有广东、江西、福建、广西、四川、湖南、台湾、海南、贵州9个省的250多个县市，其中以广东省东部、福建省西部、江西省南部最为集中。"海外客家商人足迹遍及五大洲的各个国家和许多地区，客家商人的世界性组织，创建于1921年9月，初名"旅港崇正工商总会"，现为"香港崇正总会"。

（三）佛商、潮商和客商的经商特征比较

佛商的经商特征：第一，佛商属于外向型实业商人。80年代初，佛山凭借毗邻港澳地区的地理优势以及改革开放的机缘，开始承接港澳及其他国家和地区的产业转移，在大量"三资企业"和"三来一补"企业的带动下，佛山制造业得到高速发展，并形成了港澳专注于资金、技术、管理等服务支援业务。第二，佛商属于"中西合一"的新商人。随着全球化的进程加快，世界经济竞争方式的升级，佛山之前依靠政策，地理位置建立的竞争优势已经逐渐丧失。佛商意识到自身所处的环境正在发生深刻的变化，具有较高学历和先进管理水平的新一代佛商出现了，他们通过调整自身以适应环境。他们制定了引进外国知名品牌，学习先进技术从新建立竞争优势的战略意识，引进了奇美薄膜液晶显示器、英威达氨纶纤维、本田变速箱等一批科技含量高、带动能力强的龙头项目。目前已有37家世界500强企业在佛山投资了70个项目，49家国内500强企业投资了66个项目。新一代的佛商既继承了老一代佛商刻苦勤奋、务实纳言、敢于开拓的传统，同时又吸收了许多西方先进管理思想和经营理念，有着强调品牌经营，整合相关资源，善于资本运营，注重战略规划和战略伙伴联盟的新经营理念特征。

潮商的经商特征：第一，潮商是海洋贸易型商人。潮汕商人早在明清时期就开始发展海洋贸易，"逐海洋之利"。从明清开始，潮汕商人从事的商业活动都是由海上贸易推动，以民间贸易为主要形式。活跃在商界的潮汕商人基本上都是平民商人，因而潮汕商人在经商活动中并不能得到政府的支持，他们最初从事的商贸活动，甚至变成了非法的走私贸易，成为被

取缔或控制的对象，这种特殊的经济现象，必然促使潮商文化打上深深的市场烙印，铸成了与传统儒家文化不同的商业文化 。这一时期从事海洋贸易的潮汕商人，在进行商贸活动时，继承了先辈的传统中原文化和开放的海洋文化的交汇特质与拓展精神，又发展出了敢为天下先精神，勇于拼搏、勇于创新的精神，潮汕的商业活动氛围从这一时期开始，一直延续至今。第二，潮商大多属于“家族式”个体户。潮汕商人在运作管理上崇尚自己和自己家族的力量，自己带着一家人搞创业，一起努力拼搏。很多企业几乎是“家企不分”，企业中的各种人际关系盘根错节、复杂异常，潮汕企业的家族化具有明显的传统性和原始性。第三，潮商具有“大企业精神”。所谓“大企业精神”主要体现在“管理革命”，倡导新的管理理念和经营方法，注重战略规划，崇尚多元化经营，善用资本运营，资源整合，其主要代表就是李嘉诚、黄光裕等大企业家。

客家商人的经商特征：第一，“洗脚上田”的农民商人。客家人经过长途的南迁来到广东的粤北山区，带有中原族人的农耕传统，因此客家人南迁到广东以后还是以耕地为主。由于山区的土地有限，再加上人口增殖，土地很快就开垦完了，为了生存，同时受到广东当地广府族群和潮汕族群经商的影响，部分客家人“洗脚上田”做起商人。这些农民商人开始经营的是本地生产的土特产，后来发现闽西地区物资更加贫乏，就用自己种植的粮食和生产的食盐与闽西山区居民换取当地土产，然后销售给广州、佛山、汕头等发达地区。客家人动机十分单纯，就是为了维持生计，像五华人“硬打硬”，如打铁、打石、补锅等靠手艺谋生，兴宁人做点小生意等；另一方面由于带有农民的淳朴，诚实，吃苦耐劳的本质，在经商时讲究诚实守信，但不可避免的存在着严重的农民思维局限性，因此称呼其为“农民商人”。第二，客家商人是“饱读诗书”的儒商。客家人一直都保留着饱读圣贤书的中原传统，“世代书香”“崇尚文教”“饱读圣贤书”“学而优则仕”“小人喻于利，君子喻于义”的古训深入骨髓。改革开放以来，客家商人逐渐走出粤北，到香港、福建、上海甚至海外发展，形成了以农业为根基、以渔业为出路、以贸易为延伸、以手工业为补充了生产模式。客家商人在经商过程中秉承儒文化指导和规范自己的行为，讲究互惠互利，求同存异，具有良好的商业道德。同时客家儒商在功成名就之时往往慷慨地回报社会，“以德为本，以义致利”是客家儒商的经营思想。客家商人的代表有田家炳、缪寿良、李贵辉，等等。

(四) 佛商、潮商和客商的个性特点比较

佛山商人、潮汕商人以及客家商人同属于粤商这一大的商体，其经营理念，企业文化有着一定的相似之处，但由于各自民系的祖先，传统以及

地域的差异，他们也有独特的个性特征与优势。不同的个性和特征造就了三族商人各自的竞争优势，从表6－1可以看出：佛山商人和潮汕商人在多个方面有着相似之处，他们都灵活善变，讲究实际，重利轻义；而客家商人的个性特征使其更具儒商气质，他们强调契约，奉行“以德生利”的经营道德观和勤劳致富的人生观。

表6－1　佛商、潮商和客商的个性特征比较

	佛商	潮商	客商
政治立场	善于利用政策谋求发展	保持低调，不喜欢空谈政治	对政治有一定的热情，不过激，态度严谨
经商理念	讲究实际，反对空想，重诚信，注意市场策略、产品策略	曾在市场领先，但在竞争日趋激烈和规范的今天显得有点落后	重视学习市场理论，强调诚实守信、稳健经营
经营哲学	敢为天下先，精于“借鸡生蛋”，目光敏锐，善于把握商机	强调“爱拼才会赢”，精于理财，发挥家族的力量	奉行“儒商”理念，重视知识、礼节，强调契约
经商技巧	善于利用政策，精于借资金、借技术、借人才	技巧性较强，更多的是经验性的延续	经营手法较为平实，讲究诚信
创业心态	敢想敢做，喜欢饮“头啖汤”	敢拼敢闯，敢于冒险，家族观念强	勤俭能吃苦，勤劳致富
守业心态	比较谨慎，但也在不断地寻找新的商机	经营趋于保守和不局限规则喜欢抱团	作风稳健，也重仕途和社会奉献
对待学习的态度	注重学习新的管理思想和运营理念，重视文化知识	不善于学习，尤其不喜欢理论知识的积累，有轻理论重实际重结果的观念	善于学习重视知识积累，尤其重视文化素质的培养

第七章

佛山企业家文化的精神价值

企业家文化作为企业的一种软实力，不仅对于企业的长远发展而言至关重要，而且对本土文化建设，以至整个宏观社会的可持续发展无不起着举足轻重的辐射和带动作用。发展佛商文化，对佛山企业本身而言，一方面，能够帮助企业领导改善经营方式和方法，同时提高其个人的修养与学识；另一方面则有利于企业内部的团队建设，增强团队凝聚力，激发职员给企业创造更多的财富，从而推动企业经济增长，为企业带来成功。从社会建设、社会发展的角度看，在当前倡导四大建设协调发展的背景下，佛商文化作为佛山文化建设的一个部分，其发展必然对佛山社会文化的继承与发展起着很重要的作用。此外，优秀的企业家不仅是为自己谋利，也必定是勇于承担社会责任的。进而，佛商形象将会成为佛山的名片之一，它所象征的是与广府粤商有共性的同时又有个性的“佛山映像”。

第一节　注重品质，诚信经营

通过查找大量的文献资料及走访佛山企业家和公众的过程中了解到，有58%的企业家提到“提高产品和服务的质量”是其企业秉承的核心价值，提到“诚信”是企业所秉承的核心价值的企业家也占了47%。这表明佛商对注重品质和诚信经营等企业家精神的认同度最高，把它视为经营企业首要追求的企业家精神。

“人无信不立”是做人的基本准则，也是佛山企业家成功最基本的因素。佛商看到了诚信的商业价值，把诚信变为自己最基本的商业伦理道德，把诚信贯彻到商业行为的每一个细节中。资信来自诚信，品牌源于积累，佛山企业家们注重质量，力求打造国际品牌。

佛山市质监局数据显示，2012年佛山市新增44个广东省名牌产品，约占全省五分之一。目前全市（含顺德区）省名牌产品总数达到313个，占全省总数的21.6%，连续10年蝉联全省之冠。下图是2012年珠海市、中山市、佛山市、广州市、深圳市、东莞市以及惠州市2012年广东省名牌产品（工业类）的数量比较。

顺德区乐从镇常住人口不足10万人，自古以来就是一个著名的商业贸易集散地。这里没有森林资源，却有着全国最大的家具市场；没有炼钢炼铁厂，却有全国最大的钢铁市场；没有石油化工企业，却形成了全国数一数二的塑料原料市场。乐从成为驰名全国的专业镇与相关领导的个人才识和素养不无关系。乐从商人销售手段灵活，商业诚信度高，注重品质。

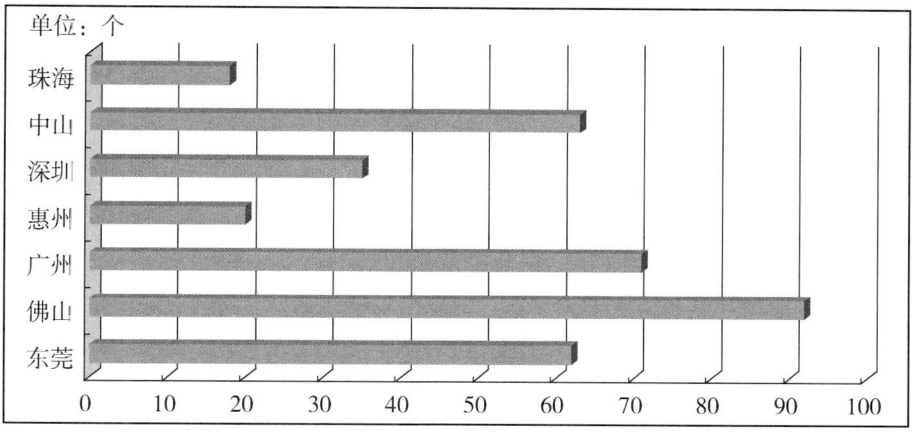

图7－1　2012年广东省七市名牌产品数量（工业类）

当时有报刊这样描述乐从的钢铁市场：乐从钢铁市场的钢铁就像猪肉一样可以切开来卖，乐从的钢铁老板就像裁缝一样可以根据客户需要裁剪钢铁。“骑着单车跑生意，扛着杆秤称钢铁，拉着板车送货物”是乐从钢铁贸易发展的最初写照。又如，由于乐从是水乡，鱼塘多，当时政策规定以农业为主的乐从不准填塘，搞商铺做生意，于是大家就想了一个办法，用竹子在鱼塘上打桩，下面养鱼，上面大棚上做家具商铺，即可养鱼又可营销，还可以节约成本。从此以后，由水藤至沙滘国道边的鱼塘之上便建起了许多家具商铺，连接了十里家私城——鱼塘上的“家具王国”。

广东省佛山市珠江酱油厂对于“老佛山”来说是一个亲切的名字，其拳头产品“珠江桥牌生抽王”和“草菇老抽”在20世纪80年代大放异彩，在海内外享有盛誉。在计划经济时代，佛山酱油成了人人求之的金贵“皇帝女”。随着“珠江桥牌”商标归广东省食品进出口集团公司所有，恢复百年前的旧名“海天”的珠江酱油厂开始培育“海天牌”酱油，许多大学生慕名而来。

第二节　务实肯干，低调经商

岭南文化与中原正统主流文化相比，处于“边缘位置”的岭南文化更重实际，讲求实利，反对空想，所以倡导“经世致用”是岭南学派的一贯学风。[①] 在岭南文化注重实用思想的熏染下，佛山商人普遍具有强烈的功

① 张俊杰：《粤商模式》，中国经济出版社2005年版，第21页。

利主义和实用主义。佛商以佛山人精神凝聚发展共识，大力弘扬“敢为人先、崇文务实、通济和谐”的佛山人精神，使之成为佛山人和谐共进、勇攀高峰的信念的典范。

受战争影响，解放前夕的“冯了性”药铺一度关门停业。在此后的半个世纪，经过三次变革，冯了性得以续写辉煌，以现代企业的姿态跨进了新世纪的大门。当佛山医药行业面临改革开放这一转折点时，佛山冯了性药业有限公司副董事长、总经理罗仲利决定实行计件工资制以调动职工的积极性。但是统计局很快提出了批评，因为这违反了当时的分配制度。几经争议，有关部门最终同意他们先实行一段时间。打破条条框框的束缚以后，工人工作的积极性很高。

到 1985 年，用于药酒生产车间的两幢新楼开工建设，药酒产量也突破 600 吨。在当年举办的第二届全国产品质量评比中，“冯了性风湿跌打药酒”勇夺银质奖。然而，国有独资企业的弊端愈来愈明显，此前受“文革”影响，“冯了性药酒”一度更名为“丁公藤风湿跌打药酒”，当时罗仲利力主恢复使用“冯了性”这个名称。因为公司销售的不仅仅是中成药，更是一种传统文化。2000 年，经过资产重组，“佛山冯了性药业有限公司”正式组建。改制以后的冯了性药业成了一家中外合资的股份制企业，五六百名员工持有近一半的股份，除了工资，干好了还可以分红。这不但能让职工们深感自己的价值之所在，更使大家齐心协力创佳绩。

以当时佛山最大的百货商场——升平百货为代表，20 世纪 50 年代成立的升平百货，发展到 20 世纪 70 年代已经是佛山档次最高、场地最好、商品最齐全的百货商场，是市民购物的最佳去处。20 世纪 80 年代中期到 90 年代初期，是升平商场发展最旺盛的时期，升平路也依托升平商场发展成为佛山最旺的商业区。升平百货商店的出名，是从“七满意”商店开始的。当时升平的元老级人物都是土生土长的佛山人，对老店的历史，经常对员工进行优良传统教育的经营拓展部经理陈苏虾记得很清楚：1985 年，佛山市委派工作组到升平百货商店搞优质服务的“试验田”，随后组织商店领导到外省取经，响应国务院号召，学习北京天桥百货商店经验，提出创办“七满意”商店，即顾客来时满意、介绍解释工作满意、买到商品与买不到商品也满意、参观时满意、离开店时满意、用起商品时满意、想起升平时满意。升平百货商店成为“七满意”商店和“红旗单位”时，来这里买东西的人就更多了。

佛山人，尤其是南海和顺德人，对财富一向保持低调，不喜炫耀，俗话形容其“禾秆盖珍珠”。佛商们“务实肯干”“讷于言而敏于行”的经商传统与他们的致富之道是离不开的。佛山很多大老板都是从小商小贩做起，甚至有相当比例都是“洗脚上田”的农民，他们知道赚钱的艰辛。以志高空调的李兴浩为例，他是不折不扣农民出身，被誉为“卖冰棍起家的空调富豪”；再看美的集团的何享健，也是一个典型的“洗脚上田”的佛山商人，何享健的低调是出了名的，很少接受媒体采访，远离公众，信奉“少说、多做、悄悄干”原则，何享健带给美的是稳健、少浮躁、多现实。财富并不是天上掉下来的，绝大多数佛山商人都是凭着自己的勤奋努力走向富裕之路。

由于务实，佛商特别有时间观念。在广东这个中国生活节奏最快的地方，一不小心就会落后于别人，所以佛商们办事节奏快、效率高，往往能够迅速抢占商机。在珠江三角洲地区轻工业起步时，广东流传着一句顺口溜：三水一瓶水（健力宝），顺德一把扇，鹤山一条毯（拉舍尔毛毯）。这“顺德一把扇”指的就是顺德县裕华电风扇厂。该厂生产的 10 寸小型台扇，销路一直很好，历久不衰。有一段时间，许多人认为国内风水市场饱和，而且趋向大型化。但该厂通过社会实践调查，则认为风扇仍大有市场，虽然消费者经济收入的增加，移动方便的小型电风扇更为大众所需。但他们也意识到，在激烈的市场竞争中，产品必须不断更新，才能满足日益增长的消费需要。

他们从海外获知，日本人在香港市场上新推出的“鸿运扇”十分畅销，立即打电话给香港的亲友，买两台回来，组织技术人员进行解剖钻研，然后在吸收、仿制的基础上改进，制造出国内第一个座钟式“鸿运扇”，与国外产品相比有过之而无不及。这一举动果然取得竞争主动，压倒了所有的竞争对手，在竞争对手还没醒过神，来不及反击时，裕华电风扇厂获得了先占优势，生意蒸蒸日上。①

佛商务实精神的最大表现是专注主业和实业，2010 年地区生产总值达到 5651 亿元，紧随上海、深圳、苏州、天津之后，居全国大中城市第 5 位。在珠三角这个制造业基地，佛山已超越广州，成为第二大制造业城市。② 与温州企业家热衷做短期、做金融、炒房产、炒农产品、做 PE 的虚拟经济不同，佛商务实，表现主要有两点：一是制造业企业比较专注，转型做房地产的不多；二是企业发展比较稳健，扩张多靠自身积累，依靠民间借贷的不多。③

1992 年，格兰仕已经发展为国内羽绒加工业首屈一指的企业。但当格兰仕眼睁睁地看着身边的家电企业越做越大时，它坐不住了，于是它以壮

---

① 参见张俊杰：《粤商模式》，中国经济出版社 2005 年版，第 65 页。
② 吴晓芳、孙景锋：《务实进取佛商传奇》，《南方日报》2012 年 9 月 28 日。
③ 万建民：《佛山人为何愿意专注做实业》，《经济日报》2011 年 10 月 22 日。

士断腕的勇气，舍弃了辛苦打下的一片江山，义无返顾地杀入完全陌生的家电行业，随后成就了世界最大的微波炉制造商。

在格兰仕的历史上，1994 年的洪水淹厂把工厂冲出了奇迹。当年 6 月，百年不遇的特大洪灾席卷了整个珠三角，西滘河滩上多处出现严重管涌，洪水一刻钟之内迅速淹没了格兰仕全部厂房，厂区积水深达 2.8 米。格兰仕元老梁庆德当即下了一道死令：人员全部后撤，设备物资不去管它。年近六旬的他在水里连续战斗 48 小时，直到最后一名员工安全撤出。梁庆德始终与大家战斗在一起，为把损失减少到最低程度，员工们没日没夜地干着，实在困了，就地一躺，休息几分钟爬起来又接着干。

就这样，水退后三天，第一条生产线开工，三个月后全面恢复生产。一场大水冲出了格兰仕人的凝聚力和拼劲。从此以后，“梁总”的称谓没有了，员工们亲切地叫他“德叔”。为抢回失去的时间，大家一直要求实行两班倒，每天工作 12 小时，机器 24 小时运转。8 月，还带着洪水污迹的销售员们，卯足了劲扑向各中心市场。这一年，格兰仕微波炉产销量超过 10 万台，产值利润超过历史记录，并跻身行业三甲。

第三节　勇于开拓，敢于创新

创新是是企业家精神的灵魂。佛山企业家的创新精神主体现在以下方面：

第一，产品创新。“产品常新，企业长青”，这是企业界流行的一句格言。

它告诉我们只有不断进行产品创新，才能永葆企业青春活力。图 7－2 显示，进入 21 世纪以来，佛山大中型工业企业无论是开展研究与发展

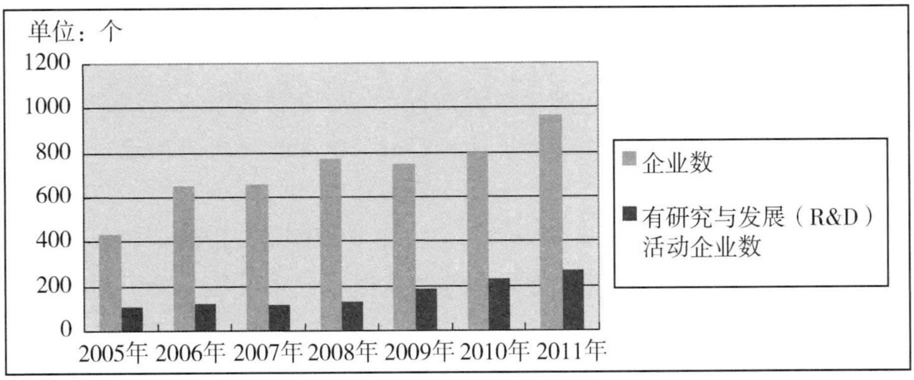

图 7－2　佛山大中型工业企业科技活动主要指标

（R&D）活动的企业数量还是企业获得的发明专利数量都是呈上升趋势的。这从侧面反映出佛山企业家对产品创新的重视程度在不断提高。

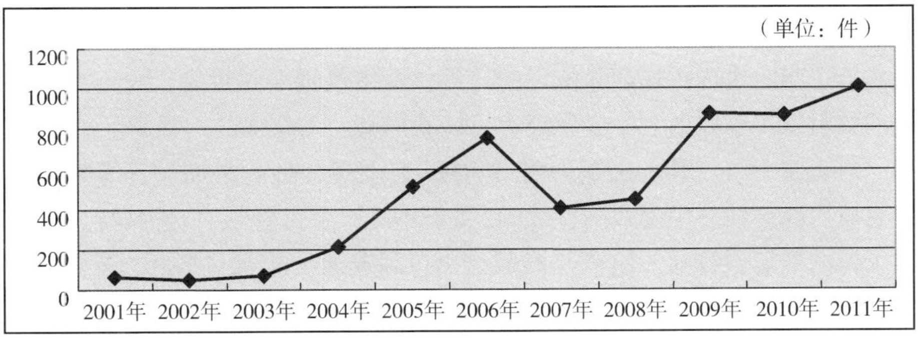

图 7－3 佛山大中型工业企业历年发明专利数量

以美的集团为例，美的集团在何享健用于创新的思想指导下，自 1986 年涉足空调业，十几年来走过仿制、引进学习到创新之路。现在的美的集团坚持技术合作与自主创新相结合的原则，实行高起点、高投入、高品质的技术发展战略，建立了国家级的企业技术中心和博士后工作站，并且构建了集团和事业部及其下属子公司的三级技术研发体系。①

再看佛山三水的健力宝集团，健力宝系列运动饮料，是我国首创的含碱性电解质运动饮料，被指定为 1984 年第 23 届洛杉矶奥运会中国体育代表团首选饮料后，获得了“中国魔水”的美称。但健力宝人并没有止步于此，他们不断为自己的产品注入新血液。健力宝集团生产橙蜜、柠蜜、柠蜜宝、荔枝王、猕猴桃、超得能等运动饮料，天浪饮用纯净水、乐臣可乐、系列天然果汁、果味水、维 C 水等上百种产品，近年来又推出了各款各式的茶饮料如乌龙茶、功夫茶等系列新产品。还不断地进行产品质量评估，以提高产品的综合指标，产品合格率长期保持在 99.96% 以上，使优质品率达到 99.6% 以上。②

21 世纪初，在整个三水饮料市场不甚景气的时候，“隐雪”悄然诞生，并未引起过多关注。丘敬华这位三水饮料界的元老级人物，在知天命之年选择从零开始，重新创业。接下来的几年里，“隐雪”逐渐在饮料界打响了名头。丘敬华总经理的创业期可谓剑走偏锋放手一搏，而在 2002 年底，隐雪公司收购了以生产八宝粥为主的三水品源食品有限公司。品源当时在

① 参见毛蕴诗、汪建成：《广东企业 50 强——成长与重构》，清华大学出版社 2005 年版，第 68 页。

② 陈真宪：《健力宝集团有限公司发展与管理创新研究》，《商业研究》2002 年第 10 期。

三水颇有名气，作为一家创建才一年多、连自己厂房都没有的小公司，隐雪公司一举吞并了品源公司，可谓“蛇吞象”之举。而后他不断对“隐雪”做了从内到外的改革，以适应市场需求。

其实，邱敬华所具备的不仅仅是胆识，而且还有一定的文化素养。在他瞄准了当时国内市场还为流行的纤维饮料市场抢夺先机后，为给尚未出世的饮料取一个好的名字，亦颇费了一番心思：“隐雪”一名源于李白诗句“轻舟泛月寻溪转，疑是山阴雪后来”，表现一种趁兴而游、缥缈幽远的意境。隐雪饮料中隐藏膳食纤维，“看不见，喝得着”，口感独特，正暗合了诗的意境。目前“隐雪”产品已出口到亚洲、欧洲、北美、南美、大洋洲、非洲等十多个国家和地区，成为佛山市最大的饮料出口企业；在国内以广东本省为主要市场，以深圳和佛山两大城市销量最大。

第二，制度创新。制度创新需要对产权制度、经营措施、运行机制等进行企业的“革命性”革新。制度创新是一切创新的根本点，立足制度创新，企业才能全面创新。美的集团的何享健曾这样总结：“美的集团能够在这样的市场环境下保持高速增长，其先进的管理体制发挥了关键性的作用。”1992 年，美的集团在乡镇企业中率先进行股份制改造，并于 1993 年在深圳挂牌上市，成为中国第一家集体企业改组上市的股份公司。1996 年，美的集团开始推行事业部制改革，将集团原有的五大核心产品生产中心转变为独立经营的利润中心，组建成空调、家庭电器、压缩机、电机和厨具等五大事业部，实行开发、生产、销售、服务一体化，以集团授权委托的身份成为集团利润的来源。美的集团是一家“以人为本”的企业，除不断进行经营体制创新外，为了激发人才的创造力，相应还有一系列人才激励机制。2001 年，美的集团在国内率先完成了管理层收购（MBO），留住了企业精英并降低了代理成本，为企业的持续发展打下了坚实的基础。①

目前佛山地区唯一成熟的商业圈始于 20 世纪 80 年代，成熟于 90 年代后期。商圈内容丰富，除了以百花广场、兴华商场、飞鸿天地步行街为代表的零售业外，还包括祖庙、民间艺术社、佛山图书馆等文化产业，佛山宾馆、佳宁娜大酒店、梅园酒家等旅游产业。1999 年，佛山市召开创建“购物放心一条街”活动动员大会，把祖庙作为全国第一批试点街道（广东共 4 条）进行建设，目前，“祖庙路商会”已经正式获批。

兴华是祖庙路上第一个商场，负责商场内“季华餐厅”运作的老员工辉叔为了给佛山人带来不同的购物方式以迎合时代发展的潮流，专程去了

---

① 参见毛蕴失、汪建成《广东企业 50 强——成长与重构》，清华大学出版社 2005 年版，第 70 页。

深圳学习。后来经营状况全线飘红，“佛山兴华”成为商业界的楷模。随着大型的地标式商厦百花广场落户祖庙，祖庙商圈从 20 世纪 90 年代中期开始已经成为佛山辐射面最广、发展最成熟的大型商业圈。这种一枝独秀的地位一直持续到现在。1997 年 1 月 18 日，百花广场开业迎宾。当时媒体称其为“佛山人的新骄傲”。直到现在，百花广场仍被佛山人认为是这座城市的标志性建筑，它的“倩影”还被制作成精美的宣传册，成为佛山的“名片”。

第四节　不断进取，放眼全球

企业家个人的才识是带动和支撑整个企业走向现代化、国际化道路的动力之源，前面已经提到，随着国际化、全球化浪潮的兴起，务实的佛山企业家凭借着不断进取的精神，以国际眼光面对战略转型、多元化和国际化的考验，广东美的、格兰仕等知名企业早在上世纪已名扬天下。

佳宁娜大酒店是佛山城内的标志性建筑，曾以华侨大厦之名作为佛山地区最豪华的综合性外事接待酒店，成为海外华人、港澳同胞“看中国”的窗口，但其成功背后的筹建过程却是一波三折。物资紧张曾一度让大厦的工程差点抛锚，最终工程队采取了用碎砖换土夯实的方式，成功化解了原料不足的难题，而这座苏式建筑也成为佛山城内少有的不打桩建筑。一波未平一波又起，1962 年初，中共中央在京召开七千人大会，狠刹经济工作中的“大跃进”，然而几位市领导并不甘心看着新楼“烂尾”，于是他们坚定地不断地探索，大厦最终按照原计划盖到了五层。在推进佛山与港澳侨胞、华侨友人的商贸往来同时，华侨大厦更是身体力行首个“吃螃蟹”，最终逐步走上了现代管理的新路子。正是凭借着市领导们卓越的才干和坚定的信念，昔日的华侨大厦才得以一家独大。

1972 年到 1975 年，11 家电子企业成立并在往后的 20 多年里扛起了佛山电子工业的大旗。佛山电子工业界的前辈和老领导凭借着坚毅的心态、极强的商业敏感和开放的学习意识，带领着技术人员研制出了不少深受群众喜爱的产品，不断引进外国先进设备和技术，促进了整个行业的进步。改革开放后，人们生活水平有了很大提高，对视听也有了更高的要求。佛山无线电八厂随之开始研制“星河 550”组合式音响，销售量占全国的四分之一强，从此音响真正进入全国居民的家庭。

20 世纪 80 年代初，顺德最早的一批乡镇企业纷纷冒出来；从 1992 年开始，乡镇企业经历了改制风潮，美的、科龙等乡镇企业纷纷进行股份制改造，其后大的企业集团纷纷上市，从资本市场融资加快企业的发展；改制前后，顺德的小家电企业依托大企业的力量，借助海外资金和市场，稳步发展。“当然这一时期也是大浪淘沙的时期，不少以前很响的品牌逐步淡出了市场，而一些名不见经传的品牌则冒出头来，这跟经营者的素质有关。由于顺德小家电企业的不少老总都是从田野走来的，文化素质不高，当企业发展到一定程度时，老板的素质跟不上，又没有聘请到好的职业经理人，企业就会出现经营管理不善的情况，企业技术、产品不占有优势，就会被挤出市场。

另一方面，20 世纪 90 年代中后期开始，家电市场从卖方市场进入买方市场，在激烈的竞争中，没有很强的盈利能力就会被淘汰。现代小家电市场的竞争到了综合实力比拼的年代，考的是盈利能力，技术、生产管理、销售，任何一个环节不行都会影响竞争力，所以品牌建设被越来越多的企业重视。目前政府正通过创立行业技术创新中心、推动中小家电企业上市的手段来提升中小型家电企业的管理水平、技术开发、市场销售能力。”①

而更难能可贵的是，在 21 世纪的第一个十年结束之际，佛山一批中小企业纷纷走出国门，在全球范围内进行产业布局。

“2009 年，佛山诚德特钢董事长李泉带领几名企业骨干来到菲律宾，他们此行的目的是考察这里的红土镍矿。两年以后，北海诚德镍业投产，通过在菲律宾收购的矿山实现了原材料的自给自足。民营企业到国外收购矿石资源极为罕见，佛商凭借敢为天下先的气概再次走在时代前列。而几乎同一时间，在陈敬财的带领下，顺德伊之密精密机械也在酝酿全球化的战略。2011 年，伊之密收购了美国机械装备业的百年老店 HPM 的品牌，通过‘借壳’成功打入美国市场，让‘让中国装备业与世界同步’迈出了坚实的一步。”②

---

① 吴光琛：《顺德家电行业简史》，《南方日报》2007 年 12 月 10 日。

② 吴晓芳、孙景锋：《务实进取　佛商传奇》，《南方日报》2012 年 9 月 28 日。

第八章

佛山企业家文化建设的路径

企业家是工业社会的产物，作为一种精神文化现象，企业家属于现代社会群体中的一个特殊阶层，拥有独特的价值观体系、思维模式和行为方式。企业家是推动企业运转的心脏，企业家要组织好生产要素，处理好人、财、物的关系，是企业的灵魂。“企业家是企业振兴和发展的领导者，同时，企业家又是企业文化的缔造者。企业家文化是企业家经营动机、价值观念与经营风格的综合体现。”① 面对愈加激烈的市场竞争，企业单是靠硬件上的优势是很难持久下去的，必须在企业软实力上下功夫，企业家文化就是一种不可或缺的软实力。所以，佛山企业要想持续发展下去，在国际有竞争力和影响力，就必须从管理者个人入手，将企业家文化放在企业重要战略地位，创新新思维。企业家文化的发展不仅仅是企业家的个人行为，它还是社会和政府的责任，需要各级政府的支持与帮助。

第一节　弘扬佛山企业家文化的战略意义

企业家文化作为企业的一种软实力，不仅对于企业的长远发展而言至关重要，而且对本土文化建设，以至整个宏观社会的可持续发展无不起着举足轻重的辐射和带动作用。发展佛山企业家文化，对佛山企业本身而言，一方面，能够帮助企业领导改善经营方式和方法，同时提高其个人的修养与学识；另一方面则有利于企业内部的团队建设，增强团队凝聚力，激发企业员工给企业创造更多的财富。从而推动企业的经济增长，为企业带来利润。从社会建设和发展的角度看，在当前“五大发展理念”指导实践的背景下，佛山企业家文化作为佛山文化建设的一个部分，其发展必然对佛山社会文化的继承与发展起着很重要的作用。此外，优秀的企业家不仅为自己谋利，也必定是勇于承担社会责任的。进而，佛山企业家形象将会成为佛山的名片之一，它所象征的是与广府粤商既有共性又有个性的“佛山映像”。

一、佛山经济发展的软实力

区域经济的发展主要体现在企业的发展上，企业的发展在很大程度上受制于该地企业家精神的活跃程度。② 佛山企业家的文化导向对提高佛山

---

① 李鹏飞：《美日英三国企业家文化比较分析》，《科技进步与对策》，1998 年第 5 期，第 7—71 页。

② 曾德贤、何伟军：《文化软实力：区域经济发展的强大动力》，《光明日报》2012 年 5 月。

生产力的质量和效益，促进经济增长方式的转变起着不可忽视的作用。

佛山企业家文化是佛山打造“工业强市”的内在支持。在前面已经提到佛商对制造业情有独钟，这是与佛商的务实精神离不开的。改革开放以来，佛山就选择了走“工业强市”的道路，并在经济迅速壮大中尝到了甜头。陶瓷业的陈帆、家电业的何享健和李兴浩、五金业的徐才，都是佛山制造业大海中的一朵朵浪花。有一个测算是，这里平均每秒钟就有2个电饭锅下线，每分钟能生产100台微波炉，每小时生产洗衣机273台，每天生产的冰箱超过2万台，每年生产空调器2300万台、电子元件17亿只、电光源20亿只。[①]

佛山企业家文化是促进佛山经济增长方式转变的精神动力。21世纪佛山面临新的产业升级的机遇和挑战，发达国家的发展经验证明，企业家是壮大企业、振兴经济的主导力量，新佛商精神的培育和成长，成为无可回避的历史主题。佛山若想实现“先进制造基地、产业服务中心、岭南文化名城、美丽幸福家园”的建设目标，就必须在继续发扬传统佛商精神的同时，培育新的佛商文化，发展壮大企业家队伍，用企业家促转型、保升级、增实力。

二、维护市场竞争的动力

区域经济领域有一个规律：谁抓住了本时期的高增长行业，谁就发展得快；在高增长行业里，谁控制了价值链的关键节点，谁就占据了有力的位置。在市场竞争激烈的今天，抢占经济制高点显得尤为重要。回顾改革开放以来佛山经济的发展史，不难发现：佛山经济之所以发展快，很重要的一点是佛商们以敢为人先、开拓创新的精神，抓住了市场机遇，提高自身竞争力，冲到了改革开放的前列。[②] 对企业而言，企业家文化对企业竞争力有强化作用，企业家的科学决策、严格管理、善于经营、诚实守信，能为企业带来成功。另外，企业家文化对企业的团队具有整合力，企业家文化实际体现了企业领导的个人魅力，他们会牢牢把握住“人与文化”的根本，培养团队精神，把员工的积极性、主动性、创造性联系起来，让员工在实现自我价值的同时也为企业盈利，在企业家文化的引领下，企业以真诚的服务赢得用户和消费者的信赖，扩大企业与产品在消费者心中的形象，以求在竞争中稳操胜券。正是这样的企业家文化使佛山经济富有活

---

① 中财网：重制造轻商业传统下的阴影：佛山商贸力谋突围 http://www.cfi.net.cn，访问时间：2011年11月22日。

② 周兆晴：《新粤商》，北京大学出版社2007年版，第42页。

力，繁荣兴旺。

三、保护消费者权益的根本保证

前面已经提到，有近58%的佛商认为“提高产品和服务的质量”是其企业秉承的核心价值，认为“诚信”是企业所秉承的核心价值的企业家也占了47%。这表明佛商对注重品质和诚信经营等企业家精神的认同度最高，把它视为经营企业首要追求的企业家精神。企业家对产品品质以及诚实信用的高度认同，并将其贯彻到商业行为的每一个细节中，最终受惠的当然是广大消费者。加强企业家文化建设，有利于提高产品和服务的质量，保护广大消费者的权益。

第二节　创新佛山企业家文化的路径

纵观我国区域商人文化，如徽商、晋商、浙商等商帮文化的形成与发展，全都是建立在历史上其地区所代表的商人奋斗和努力的，也就是说上述提到的商帮文化的形成与发展，其区域商人都作出了巨大的贡献。因此佛商文化的发展也离不开佛商，因为佛山企业家就是佛山企业家文化的物质承担者。改革开放以来，佛山曾作为一片创业热土，涌现出一个又一个的商业传奇。但在新世纪开始的十多年来，当以知识经济为标志的新商业传奇不断在其他城市涌现，佛山却似乎找不出一个能代表新佛山企业家精神的企业家，该如何发展佛山企业家精神，培育下一个“何享健”。

一、塑造企业家良好形象，形成特色佛商文化

企业管理者们必须先明白优秀企业家文化应具备的条件。这对于企业和企业家是不同的，对企业而言，优秀的企业家文化要具备如下条件：能提高企业的经营管理能力，为企业带来良好的经济效益，促进企业可持续发展；要以人为本，具有科学的人文思想；要能形成优质的企业文化，并促进其不断发展。就企业家而言，他必须得是一个廉洁的人，一个遵纪守法的公民；能够为企业、为国家创造效益的人，没有效益的企业家是一个失败者；还应该是一个具有思想道德品质，有一定文化素养的人，应该有其特色的个人魅力等。要形成属于佛商个性化的文化，应该要从以下三个

方面进行。

其一，企业家的形象，企业家形象的价值在于强调企业家个性形象的同时，更强调企业形象和品牌形象的感性体现。所以企业家对外必须展现一种健康的形象。良好的企业家形象就是企业的无形资产，也是企业的“招牌”之一，这会给企业的发展带来一定的影响，当然这种影响是正面的有利的影响。那佛山的企业家如何去塑造自己的良好形象呢？很明显，企业家要塑造自己良好的形象无疑就是多做“好事”。这里所说的好事就是勇于去承担相应的社会责任和遵守该遵守的商业道德，比如多参加慈善活动，改善工人的工作条件，注意保护环境，遵守国家的法律法规，不做违法之事，同时要加强自己的商业道德修养，不生产假冒伪劣产品，不偷工减料，不强买强卖，遵守市场规则等等都是一些塑造企业家良好形象的行为，塑造良好的企业家形象，形成独具特色的新佛商精神，这会有利于佛商文化的全面发展。

其二，企业家素质，主要包括领导艺术、经营运作和知识与学习能力三个方面。因此，企业家必须加强学习，学习优秀的传统文化，学习学科理论知识和人文知识，学习国外和其他地区优秀的企业家文化和精神。我们知道现在的社会是信息社会，科技社会，知识起到了关键作用。知识更新速度快，周期短，因此如果不加强自身的学习的话很快就会落后于社会，这无疑会使自己在瞬息万变的，激烈的市场竞争中处于不利地位。所以企业家有时间的话应该都参加点各种补习班或者培训，以提高自己的专业知识或者综合素养。

其三，企业家精神，这是企业家文化的最高表现形式，它构成企业家文化的基石。企业家精神包括四个方面：敬业精神、创新精神、冒险精神和守则（法）精神。当然要形成企业家精神不能仅是靠学习，还必须投身于实践中。企业家形象是企业家文化的外在表现，而企业家精神是企业家文化的核心价值。弘扬佛商文化，需要佛山企业家群体内外兼修。一方面，企业家自身要有形象塑造意识，应该认识到自己在企业管理中所处的核心地位，其人格魅力、言行举止甚至喜好嫌恶都直接影响着企业的发展方向、管理风格以及企业内外各种利益关系。因此，对内对外都要树立起良好的自身形象。

佛山企业家有不少是为人低调却出手大方的慈善家，如“美的”的何享健、“格兰仕”的梁庆德，他们用实际行动体现了自身的社会责任感。当然，除了公益形象，良好的企业家形象还包括诚信、爱国、爱家乡、健康、富有亲和力等。当然，水滴石穿非一日之功，良好的企业家形象是日积月累的建立起来的，但当他们真正成为公众眼中的企业家典范时，如果他们的行为、言论违背了社会主流价值标尺，公众对他们的愤怒就变得异常炽热，企业家辛辛苦苦建立的良好形象可能一夜毁之，如王石身陷捐款门事件、牛根生卷入三聚氰胺事件。①

因此，企业家形象不仅需要苦心塑造，还需要谨慎处理和管理。一方水土养一方人，佛山企业家在汲取低调务实、勇于开拓等传统佛山企业家精神的同时，应注重企业家文化的个性化。企业家要经常涉猎社会科学和人文学科知识，不断学习，锐意创新，认识到自己的历史使命，提高自己的人文修养，培育自己的气质，形成自己的领导风格。

二、建立企业家文化制度，造就一批核心人才

企业家文化不只是企业家的个人活动，政府也要担起属于其本身的责任，加强企业家文化的建设，营造企业家文化建设环境和氛围，把企业家文化建设融入城市文化，要研究企业家文化形成的条件与土壤，积极宣传建设企业家文化的重要性和必要性。真正优秀的企业并不只是因为拥有优秀的企业家，更重要的是因为建立了能够不断创造和吸纳优秀企业家的企业家文化制度。② 建立企业家文化制度的关键做到以下几点：

第一，企业家的价值取向及行为准则是企业文化制度和体系形成的重要源泉，建立规范、有序竞争的企业家人才选拔制度，让真正优秀的企业家登堂入室。“企业家的个人人生观、价值观会成为企业价值观的重要组成部分，企业家的个性和作风，企业家的信念体系和行为方式，都会决定企业文化的水平和企业文化的风格，决定企业员工的文化习惯。”③ 即在一定历史时期，企业家的精神、思想、信念是企业文化形成的重要组成部分，企业文化具有企业家的人格化特征。每个企业的经营与管理者都有着自己独特的人生经历与轨迹，这些经历与轨迹塑造不同的企业家性格，形成了他们各自的信念，而在以后的企业经营管理中他们会自觉或者不自觉的将这些信念融入到他们的管理工作中，比如军人出身的管理者，他们的企业管理都比较严谨认真，会要求他们的员工也需以严谨认真的态度去对待工

---

① 在2008年汶川地震中，房地产行业企业家王石在发表“企业给地震捐两百万是合适的”“慈善不能成为企业负担”等言论后，引发了其个人信誉最大的危机事件，其健康、公益、富有责任心的形象第一次受到公众质疑；蒙牛当家人牛根生“经营企业就是经营人心”“小胜靠智、大胜靠德”的理念与公益实践曾深深感动中国人，但是蒙牛的三聚氰胺事件令蒙牛及牛根生的形象一夜间被颠覆。

② 魏光兴：《企业家文化的内涵及其制度建设》，《重庆邮电学院学报》2004年第12期。

③ 中国企业家成长与发展报告：《企业家与企业文化》，机械工业出版社2005年版，第25页。

作，在企业的管理中会采用类似军事化或者半军事化式的管理体制对企业进行管理。因此企业家的价值取向及行为准则是企业文化形成的重要源泉。

第二，健全企业内部监督和激励机制。使具备企业家精神的高素质人员的价值得到体现，将不具备企业家精神的低素质人员淘汰出局，从而促进企业家队伍企业家精神的形成和发展。企业家对企业文化的重视和坚持不懈的精神是企业文化建设的重要保障。企业家不仅是企业文化建设的先驱，而且还是企业文化的实践者和推动者，企业文化的建设是个长期的过程，期间肯定会遇到各种各样的困难、问题、阻挠与挑战等，而在这个过程中企业家要做到的是，咬紧牙关，握紧拳头勇敢地迎难而上，只有坚持不懈，才能确保企业文化的顺利实施和传承。企业文化要有效的被企业员工所认同和接受，成为企业员工的自觉意识和行为，需要一个相当艰巨的长期过程。企业文化的影响是一个自上而下的过程，企业家率先垂范、身体力行是企业文化建设的关键。

第三，企业文化与企业家文化是相辅相成的，企业文化的关心人、尊重人、理解人和信任人的观念，对发挥企业家的主动精神、创造热情及潜在能力有着不可忽视的作用。企业文化对企业来讲是很重要的，可以这么说企业文化就是企业的灵魂，而企业文化必须要有一种正确的观念，观念首先是由企业的经营管理者来改变，而我们都知道，在企业创立的早期，企业家的信念与价值观对企业文化的形成有着至关重要的作用和重大的影响，而企业家的或者说是企业的经营管理者个人性格、爱好、追求以及道德修养决定了企业文化的特征。可以这么说，企业文化就是企业家性格特征的写照，也正是因为这样，不同的企业才有这千姿百态的企业文化，因为每个其企业的企业文化都打上企业家特有的烙印，所以说企业家在企业文化的建设与发展的过程中起着重要的作用。鉴于以上三点，要发展佛商文化精神和品质，弘扬佛山企业家精神就要建立以企业家文化为核心的企业文化制度，使新的佛山企业家精神渗透到企业经营管理的各个方面。

职业队伍的职业操作、服务能力和专业水平以及现代管理团队的执行力、调和力和应变力都是企业家文化的体现。高品位的企业家文化、高水平的商业服务的基础是高素质的从业人员队伍。人员的素质对现代企业的发展、城市商业文化建设起着决定性作用。因此，企业要重视文化教育，培养一批爱岗敬业的职工队伍。重视职工敬业精神的培养，使职工产生凝聚力、向心力和自豪感，成为延长企业生命的原动力。通过建立员工岗前培训制度，开展定期的、系统化的员工培训与实践，提高员工素质；通过严格实施绩效考核制度，规范员工的出勤与工作态度。此外，在企业活动中，真正接触员工的是中、基层管理者，他们才是企业家文化的真正推动者。因此，建设现代企业家文化，企业不仅要培养一批敬业型的职工队伍，还要造就一批知识型的管理团队企业，要注重对于核心人才和中坚人才的培养。

三、政府培育企业家精神，打造佛商品牌

企业家的精神、思想、信念是商业文化形成的重要组成部分，佛山市政府要做的就是充分了解各区如“顺商、南商、禅商”及各行业相应的特点之后，根据各区及各行业的特殊情况来制定相应的政策和决策，打造区域品牌文化，倡导和培育佛山企业家精神，促进佛商文化向前发展。

据《顺德县志》记载，早在宋代，顺德就以“鱼米花果之乡”闻名遐迩。明代，顺德凭借“桑基鱼塘”的种养模式，使缫丝业迅速兴旺起来。19 世纪末 20 世纪初，缫丝业达到鼎盛期，并带动了民间金融业的蓬勃发展，顺德因此而享有“南国丝都”和“广东银行”的美誉。

特别是改革开放以来，顺德商人充分发挥政策、地缘和人文优势，团结拼搏，求实创新，以敢为天下先的气魄，率先进行了企业产权制度改革、行政体制改革等一系列综合体制改革。顺德的迅速崛起，引起了全国的广泛关注，被誉为“顺德现象”和“顺德模式”。1992 年，中国改革开放的总设计师邓小平同志视察顺德时提出了“发展才是硬道理”的著名论断，并且勉励顺德“思想要更解放一些，胆子要更大一些，步子要更快一些。”1993 年顺德被批准成为广东省综合改革试点。1999 年顺德被广东省确定为率先基本实现现代化试点。如今，顺德已是珠江三角洲中部崛起的新城市，成为全国重要的家电、家具、燃气具和日用品生产基地，其中家用电器和燃气具两类产品产销量分别占全国总产销量的十分之一和三分之一。顺德制造，中国骄傲：顺德制造业尤其突出，中国五金制品协会授予顺德“中国燃气具之都”称号，中国家用电器协会、中国轻工业联合会授予顺德为“中国家电之都”称号，顺德又被中国石油和化工协会，中国涂料工业协会授予“中国涂料之乡”称号。2000 至 2003 年均在中国百强县排名中位居榜首。2004 年，也就是佛山合并后的第二年，百强县第一位被昆山取代。2006 年，顺德成为中国首个 GDP 超过 1000 亿元的县级行政单位，比同年的西藏自治区、青海省、甘肃省、宁夏回族自治区和海南省还高①。

① 引自佛山市顺德区人民政府网 http://www. shunde. gov. cn/zjsd/? id =2，访问时间：2017 年4月6日。

南海区2006年更跃上了全国综合实力百强县（区）五强之列。此外，南海也是“国家信息化示范城市”“国家卫生城市”“中国优秀旅游城市”“全国文化先进县”“全国区域技术创新示范城市”“广东省教育强区”。

为了促进企业的持续发展，佛山市政府应在正确处理好政府与企业之间关系的基础上，积极引导和促进佛山企业家精神建设的形成和发展。在提高佛山企业家的基本文化素质方面，政府应尽快建立起正规的企业家教育培训制度。佛山老一辈的企业家成长于改革开放初期，其中有相当一部分人源于农村，即农民出身。这一代企业家的主要特点是：学历较低，素质不高。而在佛山市工商联2012年进行的佛山市新生代企业家状况调查报告中，我们发现在学历方面，研究生学历及以上的仅占8%，本科学历占32%，而大专学历的占45%，高/技校或中专的占15%，从以上数据可知，大专及以下占60%，超过半数，这在一定程度上反映了民企“知识够用为好”的理念，虽然学历与创业、接班的能力和水平没有绝对相关的联系，但如果没有继续深造和相应相关的培训，知识水平可能会在一定程度上制约企业的再发展和转型升级，企业家会成为“富不过三代”魔咒的牺牲品。[①]

培训是一种学习的方式，也是提高企业家素质的最有效手段。21世纪是知识经济社会，是电子化、网络化、数字化社会，知识更新、知识折旧日益加快。身处这样的社会环境，任何一个人，无论从事什么职业，都要认识到学习的重要性和迫切性，要适应和跟上现代社会的发展，唯一的办法就是与时俱进，不断学习，不断进步。作为这个时代的企业家，更要认识到企业管理与创新要靠学习和培训，要接受新思维、新举措，要通过参与培训，不断创新思维，以创新的思维应对竞争挑战。管理是企业家永恒的课题，加强培训与学习，则是提高企业管理者管理水平最直接的手段之一，也是提高经营管理水平的迫切需要。只有通过加强学习，才能了解和掌握先进的管理理念和管理方法，取他人之长补己之短。

在培训内容上，应结合企业家人格魅力修炼、创新能力培养、战略决策能力提升、人际关系沟通等方面加以培训；在培训方式上，可采用国外、国内培训相结合的方式，国内培训可以聘请国外的专家，并引进拥有先进经验的国家的教材、教学方法；国外培训课选派高层管理人员到国外一些著名跨国公司进行培训。[②] 此外，为提升教育效果，政府还应依托工商联、商会及行业协会等组织，加大培训力度。

佛山企业家参与世界经济的竞争，形成自己的品牌，需要具备五个方

---

① 来源于佛山市工商联：《佛山市新生代企业家调查报告》，2012年8月，第12页。

② 参见李新春、储小平、朱沆主编：《民营企业成长研究报告——基于广东省民营企业的调研分析》，经济科学出版社2008年版，第160—161页。

面的素质：强大的心理素质、高尚的品德素质、综合的知识素质、实战的经验素质、灵活的能力素质。政府要培育企业家八个方面的精神，打造佛商品牌。其一，创新是企业家精神的灵魂。创新也是企业生存的根本，企业发展的动力，企业成功的保障。其二，冒险是企业家精神的天性。企业的发展环境总是充满了不确定性，没有甘冒风险和承担风险的魄力，就不可能成为企业家。其三，执着是企业家精神的本色。企业的创立和经营不是一帆风顺的，如果企业家没有执着的精神，是不可能带领企业走过难关的。其四，敏锐是企业家精神的本质。无论在企业发展的哪个阶段，只有企业家能敏锐地发现机会，才谈得上企业的发展，一个企业要发展，要做大做强，就不能放过发展中的任何一个机遇。其五，学习是企业家精神的关键。尤其在知识经济时代，只有不断学习充电，才能不被淘汰。其六，合作是企业家精神的精华。企业家应该是具有合作精神的，并用这种精神，能把各方面力量集中起来，带动企业的员工朝着企业目标努力，促进企业和谐发展。其七，诚信是企业家精神的基石。自古以来就是经商的不变原则。在今天的法制社会，信用、诚信对企业的发展更为重要。诚信是企业家的立身之本。其八，社会责任感是企业家精神的升华。企业家作为社会的一个重要部分，作为一个特殊的阶层，对社会承担着特殊的责任。

在培养佛商的创新精神方面，政府需要完善创新激励机制。毋庸置疑，创新也是一个企业保持其长期竞争优势的根本保证，但创新同时也是以企业家冒险精神、承担风险的能力为前提的，需要高投入、并且承担高风险的活动。对资金缺乏、势单力薄的中小企业而言，一旦某项技术开发失败，面临的可能将是企业的破产。因此，佛山市政府应通过政策指引，鼓励企业家利用经济转型升级的契机，进行自主创新。目前佛山市政府已经推出了“佛山市建设国家创新型城市总体规划及实施方案”①，该方案提出了从建设产业创新平台、推动现代产业体系建设、构建支撑创新创业的科技金融服务体系、构建开放高效的人才创新体系、构建服务创新的强大行政支撑体系、发挥知识产权引领保障作用以及着力营造创新文化等方面的全方位创新驱动战略。政府必须全面落实该方案，并且注重推动实施“科技型企业家成长计划”，因为企业家是企业创新的灵魂人物。

在培育企业家的诚信精神和责任意识方面，应健全信用惩戒和褒扬机制。在“您认为造成社会上诚信的缺失原因是什么？”的调查中，有48%的企业家认为是“中国法制环境不佳，法制不健全”，也有30%认为是

---

①《佛山市建设国家创新型城市总体规划（2013—2020年）》和《佛山市建设国家创新型城市实施方案（2013—2020年）》于2013年1月15日正式出台。

“社会风气影响，各行业均有造假行为”，27%的认为“企业素质不高，为追逐利润铤而走险”。[①] 可见，社会诚信的缺失，既存在于外部环境的影响，也存在于企业自身素质等因素的影响。因此，政府一方面应通过法律法规进一步明确企业家的职业身份，落实企业家的法律责任，同时加强与市场建设相关的立法，促进市场的秩序化，保证公平竞争，为企业家文化创造良好的市场环境。另一方面，应加强对企业信用行为的政府监督，并通过佛山企业家信用系统的建设，定期对企业的良好的守信记录进行褒扬和鼓励，而对企业的失信行为进行公示和惩罚。另外，通过加强和规范商会、行业协会和各类市场中介组织的作用，对企业家行为进行全方位的监督，使不道德行为无处藏身，从而有效促进管理行为的改善。

四、提倡企业共创双赢，发挥工商联桥梁作用

在企业发展中，企业竞争必不可少。企业通过培育自身资源和能力，获取外部可得资源，向市场提供产品和服务，以此来实现自身价值并获得盈利。其间，各自为政不失为一种生存手段。各自为政作为传统的营销模式，最大的好处是可以固定一部分消费群体，但很容易造成信息堵塞、重复建设、业务重叠、经营同质产品等现象。因此，建议在国有企业间、民营企业间、国有与民营企业间、商会与各企业间建立固定的信息交流渠道，通过开展定期的分享会、座谈会等将信息互通有无。相关部门可通过组织定期的商业文化论坛、商业协会聚会等活动，鼓励企业家们充分沟通，积极提倡“共觅商机、共担风险、同享利益”的原则，强化团结意识，将佛山商界的精英群体打造成具有强烈抱团意识的典型代表。

建设佛山企业家文化，仅仅依靠政府或企业家自身的力量是远远不够的，还必须借助工商联、行会及行业协会、社会媒体的力量。中国科学院研究中心研究员康晓光对行业协会的基本职能归纳为八项，其中就包括作为政府与企业之间的桥梁，向政府传达企业的共同要求，同时协助政府制定和实施行业发展规划、产业政策、行政法规和法律；制定并执行行规行约和各类标准，协调同行业之间的经营行为；对本行业产品和服务质量、竞争手段、经营作风进行严格监督，维护行业信誉，鼓励公平竞争；提供信息服务、教育与培训服务、咨询服务，等等。

因此，应建立起政府与协会的“授权—合作”伙伴关系，充分发挥各级商会、各地商会、行业协会等机构的桥梁作用，规范企业家的职业行

① 来源佛山市工商联：《佛山市新生代企业家调查报告》，2012年8月，第8页。

为，提高其职业素质。为提升教育效果，政府还应依托工商联、商会及行业协会等组织，加强对民营企业家尤其是民营家族企业接班人的专题培训。在培训内容上，应结合企业家人格魅力修炼、创新能力培养、战略决策能力提升、人际关系沟通等方面加以培训；在培训方式上，可采用国外、国内培训相结合的方式，国内培训可以聘请国外的专家，并引进先进国家的教材、教学方法；国外培训课选派高层管理人员到国外一些著名跨国公司进行培训。创新体制机制，拓展参政渠道。佛山新生代企业家新佛商思想活跃，有较高的文化水平和较强的参政议政能力，有参与社会管理的意愿。可聘请企业家担任政府参事、部门参事，进一步发挥工商联兼职主席、副主席作用等。同时，通过加强非公经济组织党建工作，把一批信仰共产主义的优秀企业家吸纳到党内来，乃至聘请其担任党务巡视员或监督员等，使他们通过党内渠道建言献策，打通政商两界的旋转门，弘扬社会主义核心价值观与主流价值意识。充分了解各区企业家如“顺商”“南商”“禅商”及各行业相应的特点之后，根据各区及各行业的特殊情况来制定相应的政策和决策，打造区域品牌文化，倡导和培育企业家精神，促进佛山企业家文化向前发展。

五、坚守诚信经营，积极宣传佛商文化

企业家承担着社会责任，商人必须坚守诚信经营。诚信作为一种无形资产，是商业的基础。所谓“诚招天下客，信得万人心”，佛山企业只有坚守“诚信经营”，打造全球品牌，才能赢取客户的信任。通过新媒体和传统媒体宣传佛山重商传统，并通过我国驻外使领馆、侨团侨领等渠道，向海内外投资者整体宣传推介佛山市传统历史、商业文化和佛山企业家精神，增强国际和国内对佛山市发展前景的认可度和投资积极性。政府、媒体、研究机构、工商联、商会及行会协会等相关组织，要满腔热情地宣传改革开放近四十年来佛山商业及草根人士的创业精神，佛山企业家文化的核心价值与精神品质，使关心、支持、尊重企业家成为佛山市全社会的良好风尚。首先，政府可以通过举办佛山优秀企业家的评选活动，创办佛商报、《佛商》杂志，广播电台、电视台制作佛山企业家专题栏目、经费支持出版《佛山企业家文化研究》《佛山工匠精神研究》等学术专著，宣传佛山企业家的先进事迹和优秀品质；其次，将乡土教育和佛山商业文化历史作为中小学校选修课，可以通过树立典型，并组织模范企业家到学校、社区、机关、单位等组织进行演讲和交流，使全社会了解佛商、学习佛商、尊重佛商，以此弘扬佛商精神；再次，政府及相关组织，如佛山市总

商会以及各个区的工商业联合会，陶瓷、家具、模具等行业协会，还可以通过专门的佛山企业网、佛商网、异地佛商等网络平台展示佛商风采，使之深入人心。佛商文化建设还可以从以下方面加以完善。

首先，建立具有活力的创新激励机制。通过政策引导和建立创新基金，合理把握创新资金的投向和政策倾斜的产业方向，激励企业实现高新技术和传统产业的有机结合，实现佛山低碳城市与佛山经济协同发展，重点支持绿色经济、循环经济、低碳经济，提升传统产业的创新研发能力，同时鼓励企业进入新兴产业。

其次，佛山政府应为区域内企业家搭建交流合作平台。整合区域内企业文化资源，支持广佛企业家的项目合作、企业家文化交流，包括和全国的四大商帮，浙商、晋商、粤商、徽商等文化交流学习，建立佛山区域内统一的企业家交流系统，促进不同区间企业家的联系，达到企业家资源共享，优势互补的目的。

再次，建立企业家发展基金和促进机制。促进企业家与高校定期开展学习交流，实现产业、科技、研究结合；同时走出国门，为企业家向世界外管理大师及世界企业家间的相互学习提供机会。

最后，建立全面的人才、技术、资金引进机制。引进国内外先进管理理念和技术，推广职业“经理人”制度，吸引大批先进人才和知名企业，活跃佛商发展的社会环境以及经济环境，提升佛山企业家的竞争力。

六、以制造为本，推进“创新驱动”

当前，珠三角面临的经济下行压力较大，增长动力转换较慢，制造业转型升级迫在眉睫。以佛山制造、东莞制造等为代表的珠三角制造业在这股互联网经济的浪潮下，遭遇着人力成本上升、土地资源瓶颈凸显而带来的利润“薄如刀刃”的尴尬，佛商必须以当年“实业救国”为己任，推进“创新驱动”。

首先，制造为本。事实上，当佛山明确提出以“工业 4.0”这一高标准来提升制造业时，来自企业界的力量也为制造业的变革突围进行探索。在佛山制造业的生产线上，越来越多的自动化设备被引入。2014 年 9 月 19 日，佛山电梯行业引进了第一台、也是唯一一台焊接机器人。在位于佛山高新区南海园的广东珠江中富电梯工厂内，只要用 10 分钟，这台焊接机器人就能在面积 2.4 平方米的轿厢底盘上，完成 800 多个步骤的焊接任务。

伴随这股自动化浪潮，在佛山本土部分龙头企业的生产车间也掀起了一场建设智能生产线的浪潮。广东昭信集团董事长梁凤仪表示，昭信的电子厂在两年前引入了精密的数控设备对原有设备进行改造，在未来将逐步探索如何打造智能生产线。作为佛山陶瓷行业的龙头企业，鹰牌陶瓷集团的副总裁陈贤伟表示，鹰牌目前正在规划一条智能化、信息化生产线。投产后，该生产线可以根据消费者的需求进行柔性生产，实现工厂与消费者的直接对接。不仅如此，代表智能制造的 3D 打印技术也正在逐步与“佛山制造”融合。“打造一个大型锻件一般需要几百吨钢材和三年的时间，做完后如果检验不合格，几千万元就打水漂了。”南方增材董事总经理朱志宇说道。佛山民营企业、南风股份子公司南方增材科技有限公司目前正在开发金属 3D 打印技术，“打印”可用于核电站的大件金属构件。

总之，佛商要顺应“工业 4.0”发展趋势，加快传统产业技术改造、“挖潜开荒”，延伸全产业链，向高端方向发展。学习借鉴欧洲可持续发展的模式，对标德国“工业 4.0”，提升佛山的工业制造业。要以“互联网 +”、智能制造为主攻方向，致力于将佛山制造转化为佛山智造。佛山通过强化核心技术研发、努力建设智能制造产业基地、打造智能制造示范工厂、组织制定统一的技术标准等四个途径，大力发展先进制造业，领衔打造珠三角西岸先进装备制造产业为龙头、加快建设现代产业体系。

其次，创新驱动。2015 年 1 月 22 日，“工业 4.0”首次被写入佛山市委第十一届六次全会报告，彰显出佛山以创新驱动引领转型升级的战略姿态。折射出这座“工业之都”在描绘下一个三十年的发展路线图上，强调以制造业为本、根植制造业的发展理念，而“工业 4.0”则是佛山开启制造业变革的新思路。关于新常态与创新驱动之间的关系以及佛山与此相关的发展思路，2014 年 11 月，刘悦伦在调研全市科技工作后的一场座谈会上分析，与全国情况一样，佛山经济发展也进入新常态。佛山市委书记刘悦伦表示，但这绝不只是意味着经济从高速增长转为中高速增长，更重要的是，经济发展驱动力要发生新变化，要从过去的要素驱动、投资驱动转向创新驱动。① 2015 年 1 月 26 日，在由佛山中德工业服务区、南方报业传媒集团联合举办的佛山中德工业服务区科技交流暨项目路演大会上，来自国内外的专家学者、投资者以及企业等 300 多人汇聚一堂，共同论道“工业 4.0”时代佛山传统制造的突围之路。这是“工业 4.0”与“创新驱动”引发佛山各界持续热议的一个缩影。佛山创新驱动“机器代人”的自动化革命、焊接机器人、3D 打印、数字化制造拉开帷幕。在“佛山制造”以创新驱动加快实现“工业 4.0”的路途上，装备制造业作为发展“工业 4.0”的重要内容，佛山正迎来“领衔打造珠江西岸万亿装备制造业产业

① 《“对标德国　创新驱动”的佛山探索》，《南方日报》2015 年 1 月 28 日。

带”的历史使命。①

再次，金融创新。佛山要抓好金融创新发展，继续完善金融产品及服务创新政策环境，让金融资本成为推动企业持续发展的强大动力。佛山必须以“金融、科技、产业”融合为核心，加快完善要素支撑体系，利用金融资源，合理、合法、合规地使金融产业更好地服务实体经济，以平台聚集创新资源构建创新型城市。短短数年间，坐落在千灯湖畔的广东金融高新区就聚集起一大批金融机构，为佛山制造业搭建起一个更加多元的金融体系，以金融的力量支撑佛山的产业加快转型升级发展步伐。

伴随佛山从2012年开始吹响建设国际“创新型城市”的号角，未来还有更多的创新型平台将在佛山涌现。2013年初，佛山市政府发布关于建设国家创新型城市的相关计划，提出在未来5年内，市、区财政将投入不少于100亿元科技专项资金，即每年20亿元的财政科技经费。这些专项资金将重点支持产业核心关键技术攻关、企业研发机构、公共创新平台建设以及产学研合作、科技金融结合等。②

围绕企业的生命周期配置资金链，以资本市场为突破口，促进企业做大做强，以广东金融高新区为依托，集聚各类创新资源，同时充分发挥财政资金引导带动作用。将广东金融高新区打造为“中国最佳私募基金及风险投资集聚区”，建设成为“互联网＋”众创金融示范区；支持佛山民间金融街升格为众创金融街；在南海区设立一家金融租赁公司，并努力争取设立佛山民营银行、消费金融公司等。

除以上六点以外，佛山企业家文化建设还可以从以下方面加以完善。

第一，建立具有活力的创新激励机制。通过政策引导和建立创新基金，合理把握创新资金的投向和政策倾斜的产业方向，激励企业实现高新技术和传统产业的有机结合，实现佛山低碳城市与佛山经济协同发展，重点支持绿色经济、循环经济、低碳经济，提升传统产业的创新研发能力，同时鼓励企业进入新兴产业。

第二，佛山政府应为区域内企业家搭建交流合作平台。整合区域内企业文化资源，支持广佛企业家的项目合作、企业家文化交流，包括和全国的八大商帮如浙商、晋商、粤商、徽商等文化交流学习，建立佛山区域内统一的企业家交流系统，促进不同区间企业家的联系，达到企业家资源共享，优势互补的目的。

第三，建立企业家发展基金和促进机制。促进企业家与高校定期开展

---

① 《“工业4.0”时代：佛山制造描绘未来新蓝图》，《南方日报》2015年1月30日。
② 同上。

学习交流，实现产业、科技、研究结合；同时走出国门，为企业家向世界管理大师及世界企业家间的相互学习提供机会。

第四，建立全面的人才、技术、资金引进机制。引进国内外先进管理理念和技术，推广职业“经理人”制度，吸引大批先进人才和知名企业，活跃佛山企业家发展的社会环境以及经济环境，提升佛山企业家的竞争力。

第九章

求实开拓的佛山企业家代表

从古时候的商人，到后来的民族资本家，到现在的企业家。佛商这个群体经历过了千年的风雨沉浮、曲折舛途，力量不减。那份务实、拼搏的精神不变，更多了新时代下的社会责任感和担当。正所谓一方水土养一方人，这条长河也孕育了无数商界的风云人物，有如陈启沅、梁庆德、何亨健、叶德林等。他们的成就依托了佛山独特的经济环境，同时这片独特的环境也铸就着他们这批企业家所独有的精神面貌，一种求真务实、敢于开拓的精神。这种求实开拓的精神体现了佛山企业家的勤劳务实的实干精神，但是又不止于小富即安的小干，而是敢于抓住机会，引领一代弄潮儿的精干。所以说他们更像是一群蛰伏的狮子，在机遇到来之前，他们养精蓄锐，一旦抓住机遇，展现给世人就是他们的卓绝风采。

第一节　中国第一位民族资本家——陈启沅

陈启沅（1834—1903 年），字芷馨，南海西樵人。1834 年出生在西樵简村的一个亦儒亦农之家。他从小跟随父亲务农与学习，聪敏伶俐，目光锐利，是远近公认的多才、多艺、多智之奇才，少年好学，但凡诸子百家，天文地理，无所不读，但是从不以此为傲，志存高远，希望干一番大事业。仕途不顺，青年时两度乡试均不第，便以教学为生。①

时值乱世，为了改变食不果腹的生活处境，1854 年，陈启沅随在南洋经商的兄长陈启枢到越南堤岸，开设“怡昌荫号”丝绸杂货店，继而扩充经营米行，酱园以及典当生意，这成了他事业的起点。目光锐利的陈启沅为拓展商务，往返于印支半岛及南洋各埠时，敏锐地发现，法国人所办的缫丝厂利用机器生产出来的洋丝柔软精美，而中国手工制作的土丝则粗细不匀。这刺激了他的神经，“仍未尝废农桑之心”，“反哺祖国”之愿油然而生。“工欲善其事，必先利其器”，于是他凭借自己的才智，不厌其烦地花了六七年的时间去研究西方的蒸汽机之学、缫丝之器及缫丝之法。学有所成后，他便毅然回国，准备创办自己的事业。

富裕起来的陈启沅没有忘记家乡，他意识到家乡的种桑养蚕虽然兴盛，但古老的缫丝方法却十分落后，决心要振兴家乡的丝织业。陈启沅于 1872 年回到家乡策划筹建丝厂事宜，投资白银 7000 多两，利用充实的经济条件，游历南洋各埠，考察蒸汽锅炉及其他机械设备，事必躬亲的他独

① 吴建新：《陈启沅》，广东人民出版社 2012 年版。

立设计缫丝机械设备（除动力部分购于一部外国轮船的蒸汽引擎）并亲自教授工人缫丝之法。同治十二年（1873 年），南海西樵简村汽笛长鸣，陈启沅凭借着自己的勤勉、韧劲，宣告中国第一家民族资本经营的近代蒸汽缫丝厂——继昌隆缫丝厂诞生。成为中国采用机器缫丝新法的第一人，并使中国缫丝业从手工作坊式走向企业规模化管理、机械化生产、系统化经营，掀起了纺织业的第一轮工业革命。

继昌隆以半机械化缫丝，效率比旧法手作大大提高，丝质细滑光洁，售价提高，获利甚丰。陈启沅的成功遭到旧法缫丝业主的妒忌，他们联合起来，对继昌隆极尽造谣中伤之事。1881 年夏秋间，由于蚕茧歉收，土丝上市量锐减，导致部分织造行业待料停工，人们将矛头指向机械缫丝，大量收购蚕茧，夺走织机工的生计，并发生了千人捣乱缫丝厂事件。随后，南海知县徐庚陛愚昧、保守，也视机械缫丝为异端，颁布《禁止丝偈晓谕机工示》，查封县内的各缫丝厂的全部机器，勒令厂方签署“永不复开”的具结。至此，继昌隆面临了开创以来的最大危机，对外政府施压，对内宗亲非议，为免招来众忌，陈启沅被迫于 1881 年将丝厂迁至澳门。

挫折并没有动摇陈启沅在家乡办实业的决心，陈启沅再次在简村兴建世昌纶丝厂。砸机风潮过后，光绪十一年（1885 年）陈启沅看准时机，先后派侄子陈锦筠和儿子陈锦轩回乡经营规模较小的便于小资本家效仿的缫丝厂，胸怀大志的他这次建立了一间自动化世昌纶缫丝厂，招收女工五百人，机车用皮带牵引，丝纽自动旋转，树枝和温度能够适当调节，功率更大，缫出的生丝更为精美光洁，外销量大增。他还在广州开设一间昌栈丝庄，办理生丝出口业务。陈启沅的成功，使原来靠旧法缫丝的业主纷纷仿效，三四年间，南海和顺德两县相继涌现出数十间机械化生产缫丝厂，终于实现了他振兴家乡经济的愿望。

而后，清政府海军衙门承认以继昌隆为首的机械缫丝厂是“有益于贫户之资生，无碍于商贾之贸易”，而且“使用机械缫丝以来，外销丝斤价增一倍，足证办有成效，亦属兴利之一端”。至此，以陈启沅为代表开创的机械缫丝业得到昭雪，陈启沅的贡献也得到正名。在动荡变革的时代，陈启沅作为缫丝业的探索者，闯进了西方蒸汽机的知识领域，凭借自己的聪明才智，在反复考察中领悟缫丝奥秘，怀抱着一个“反哺祖国”的愿望，回乡创业，历经高低跌宕，始终自强不息，坚持自我。同时，他致力于利国福民事业，并根据自己的经验写成《蚕桑谱》1 卷、《周易理数会通》8 卷、《理气溯源》7 卷和《陈启沅算学》13 卷，造福后人。除此，他还热心公益，践行企业家的社会责任，倡办克勤义学、对贫者赠医施药等，显示了一个爱国民族企业家的气魄与胸怀，是佛商求实开拓精神的典型代表。

第二节　首制国产柴油机的实业家——薛广森

薛广森（1865—1943 年），字湛禧，号公奋，广东省顺德龙江美里坊人，民国时期广东著名民族实业家。薛广森 17 岁去香港在船厂做工，学成一手出色的机械技术。

薛广森于清末经营缫丝机械维修业，民国初年创办广州协同和机器厂，首制国产柴油机，并兴办粤海航运、十多家机器碾米厂、缫丝厂和接办华南地区最大型的造纸企业——绵远纸厂。抗日战争爆发后，因拒绝日伪商会的笼络，所办企业迭遭打击，终至破产。而在此之前，英国籍商轮“青龙”号曾停泊在协同和厂附近河面。薛广森觉察到船上装的内燃柴油机是一种问世不久的新产品，决心仿制。在爱国海员邓心泉的帮助下，该船得以交由协同和厂大修。薛广森白天修船，晚上钻研船内柴油机的奥秘。苦战数月，他终于获得有关技术资料和数据。[①]

后经一年多的攻关，仿制出第一台 75 匹马力的内燃柴油机，这是我国有记载的最早的柴油机。该柴油机安装在广州至惠州的轮船上使用，性能良好。考虑到柴油机居内河航运业的广阔前景，协同和厂改以生产柴油机为主。前后共产柴油机 383 台、2. 28 万匹马力，其中包括 100—160 匹马力的柴油机。然而，由于不少船主比较保守，不愿投资更新设备，协同和厂生产的柴油机销路不广。薛广森为打开柴油机使用的市场，决心办航运公司。适逢三水县航商梁墨缘到访，相谈十分投机。薛、梁遂于 1918 年（民国七年）合资成立粤海航运公司，买下一批旧船，用协同和产的柴油机装备了 10 艘，投入航运。它们航速快，且在水浅时仍畅行无阻，比老式蒸汽机船优越，包揽了客货源。某些老船主心感不安，竟托帮会出面交涉，不准粤海船只靠泊码头。粤海公司不得不用小艇接驳，但生意仍相当好。经过一番较量，老船主们终于认输，纷纷向协同和订货。粤海公司亦扩大招股，船只增至 40 多艘，航线遍及西江、北江、东江及珠江三角洲水网，远溯广西南宁，成为华南航运的知名企业。粤桂两省其他内河航运船亦纷纷装上协同和柴油机。1930 年（民国十九年），薛广森、梁墨缘还赴香港，在九龙土瓜湾买下一万平方米土地，筹建协同和香港分厂。

---

① http://baike. baidu. com/view/1440611. htm，访问时间：2013 年 2 月 24 日。

第三节　石湾龙窑改革的先驱——陈富

陈富（1879—1953 年），祖籍石湾三丫涌乙字水陈氏家祠。是石湾一位杰出人士，自幼天资聪颖，十多岁便学会父亲传授的全套制陶技术，二十多岁就能设计各种模具。他平生勤劳朴实、着重实践、重视科研、努力创办实业，对石湾开拓工业陶瓷，研究发展，对石湾陶瓷业的贡献，一直受到石湾同业的尊敬和爱戴。

陈富是一位勤奋自励，事业心强，好学上进的企业家。1919 年在石湾下窑创办“上利亚陶窑”之后，在厂区中的一个寮场，自辟一个楼阁开展各种研究、试验活动。

20 世纪初，我国工业落后，连装载液体硫酸的容器都要靠进口。为振兴民族工业，20 年代初期，国内一些地方也先后兴建硫酸厂、苛性纳厂等等。陈富创办的上利亚陶窑，为发展民族工业，自 1925 年开始，认真试制耐酸陶瓷生产设备，经过努力实践，不断改进工艺，研制出盛载硫酸液体用的硫酸埕，能经受 66 度浓硫酸的腐蚀，产品质量达到同类进口产品的要求。但是由于陶瓷是易碎品，生产硫酸的厂方不敢采用。为了振兴本土民族工业，陈富四处奔走，一方面向政府受理部门提供数据，另一方面努力向生产硫酸的厂方，耐心说明陶瓷硫酸埕的物理性能以及使用方法。最后，上利亚生产的耐酸埕经过产品检验，终于获取了南京实业部颁发出《产品合格证书》，南京实业部还通报全国有关硫酸生产厂，今后需要盛载硫酸液体的陶瓷容器，可直接向石湾上利亚陶窑定购。自此，盛载硫酸液体的容器不再从外国进口。上利亚出产的耐酸埕开创了石湾工业陶瓷生产的先河，出厂产量不断增加，当时知名的用户有“两广硫酸厂”“苛性纳厂”“军垦农场”“上海天厨味精厂”和一些知名大学的化学系，香港中大公司、法商赞臣商行都向上利亚陶窑定购耐酸埕出口，又开辟了工业陶瓷产品出口的渠道，上利亚陶窑生产的耐酸埕从此名声大振，成为国内外响当当的名牌货。

陈富在石湾陶瓷业中是一位勇于开拓，敢为天下先的石湾人。从 1919 年创办上利亚陶窑开始，就专心对厂区内的一条旧龙窑进行改造。这条龙窑自清初建造以来一直是条“掘尾龙”（意思是有头无尾的）、没有烟巷和烟囱的龙窑，此窑烧造产品，一直不稳定。陈富下决心要将这条“掘尾龙”改造好，他首先将这条窑的结构、性能在烧产品时窑内产生气流与扯风、火温的关系，认真细致进行观察摸索，反复多次实验分析，为了提高烧成产品的质量，他多绘画图纸，决定对此窑实行加大扯风力度，装置烟囱，并把烟囱定到20米高，在窑顶开凿烟巷加大燃烧时的气流，改善还原祖鸬难环。经过改造之后，这条龙窑烧制产品得到极大提高，并且内质坚实，外形光泽度明亮，平均质量提高30%以上，陈富改造龙窑的成就推动了石湾龙窑的改革，于是从这时候起，石湾龙窑纷纷加置了高高的烟囱。①

第四节　广东蚕丝工业巨子——岑国华

民国早期，顺德丝业继续攀上产业顶峰，一批聪慧勤勉的顺德人通过一船船生丝和一船船白银缔造出来的南国丝都和广东银行渐渐走进人们的视野，也走进广东近代经济史并扮演着举足轻重的角色，而以丝业崛起并成为省内商界领军人物的代表则首选岑国华。

岑国华光绪十二年（1886年）出生于乐从葛岸西村。当时乐从一带是顺德丝业重地，人们“家家早起夜眠迟，生丝要赶趁墟期”。出身蚕农的岑国华在小时候读过两年私塾，粗通文墨的他十二岁就到族中叔伯开办的丝厂做小工。机敏醒目、手脚麻利的岑国华很快就成为店中成员并被派到广州乐从人开办的“永和”丝织厂学习生意经营管理。当时顺德乡村民间企业大多都是兄弟或族人合股成立，他们很喜欢将企业开设到广州、佛山等地销售产品。

广州的几年磨砺积累，令岑国华大开眼界。作为国内与世界联系最密切的开放城市，广州让岑国华每天都耳濡目染着来自西方世界的经济文化信息，更让他学习到乡村企业无法接触到的现代企业管理理念与经营手法，他越来越相信若能将广州先进的经营模式和管理手法带到仍是传统古老但涌动着创业春潮的家乡必能一石激起千层浪。权衡再三，他辞职回乡，自行招股，并与兄弟岑细礼在桂洲和葛岸开设“大和生”“瑞栈”两间丝织厂，因经营得法，守信承诺，企业很快就进入正常轨道，生意日隆。

作为一名浸淫着世纪初企业理念且自幼略读诗书的企业家，他深谙传统国人经营企业仍未能走出小富则安、夜郎自大的误区，因此他一直密切

① 开拓石湾工业陶瓷的先行者——陈富 http://www.docin.com/p-9300530.html，访问时间：2013年1月18日。

关注世界最新的技术信息。当1917年美国丝业团来广州推销日本复缫机时，岑国华敏锐地觉察到这是一个令传统丝业脱胎换骨的契机，因而在许多老板觉得重新培训技术工人，购买新设备耗费成本打乱原有生产模式而大摇其头时，岑国华却决然采用这一深具突破性的技术设备，通过缫丝机将当时传统的四角括丝改造六角括丝，大大增加了产品数量，更提升了产品质量，后来同行们看到这一可喜现象，“靡然风从”，全省丝业也随之产量大增，更与海外丝织品产量需求相吻合，一改昔日陈旧古老的缫丝方法和不为人重的尴尬场面，而捷足先登的岑国华更成为广东近代丝业技术从传统走向现代，丝业市场步向国际的关键人物，正是在他的这次带动下为广东在二十世纪二十年代涌现出来的鼎盛景象奠定了技术与文化基础。

与只满足于多建几座镬耳大屋、多娶几门妾侍的传统小农式丝厂老板不同，岑国华深知只有打进国际市场才能汇通天下，因而他斥资在岭南大学创办了生丝研究所和试验场，并成功研制出“鸡球牌”粗丝和“飞轮牌”精丝，更在欧美市场大行其道，成为顺德最早一批用自己产品走进国际市场的民营企业家。与此同时，他又集股扩大生产，厂家分布顺德南海，多达18家，股份总额达到200万银元，年产生丝4万担。据统计，1919年全省蚕丝面积150万亩，蚕丝全部产品则在年产量14万—15万担左右，而当时每天从广州运回顺德的丝款达30万银元，一个月就达1000万银元，从这些比较数据可看出岑国华旗下丝厂在广东省内整个行业的地位与分量。[①]

在当时，珠三角一带丝业出口业务都由外国人操控，他们盘剥大量利润差额更封锁海外市场销售信息，顺德丝商一直扮演着运送与交货的尴尬角色，无法问津价格与销售，而岑国华除了在广州创办“永泰隆”丝庄，代理各处厂家丝业交售，银两往来以及税务缴纳外，更在法租界成立“永泰隆”洋行，突破了间接通过外商出口的传统销售模式，将产品直接运送到世界各地，将产品质量标准与销售价格直接与国际接轨，在利润大增的同时也渐渐将自己磨炼成一个具有国际视野的商业巨子，长袖善舞的他更将非属下的几十家丝厂归为旗下委托管理代售，跳出传统经营者事必躬亲、埋头细节的桎梏，而是踮起脚尖，跳起来去伸手摘树上那红红的苹果，因而造就了一种高屋建瓴、举重若轻的大将风范，这在一个世纪前确是难能可贵，从中也可看出顺德人勇于自我突破的胆略与气魄。

① 中共顺德区委宣传部编：《人文顺德》，广东人民出版社2011年1月版。

第五节　海天味业董事长——庞康

海天味业是中国最大的专业调味品生产企业，可以溯源至清乾隆年间的佛山酱园，至今已有300年的历史，现在的海天已成为全球最大的专业调味品生产和营销企业，是“中国酱油产业领导品牌”，海天酱油董事长兼总经理庞康也同时被评为“中国调味品行业功勋企业家”。海天味业在庞康的带领下，踏出了一步又一步坚实的脚印，逐步实现“有人烟处，必有海天”这个目标。

酱油是中国饭桌上必备的调味品，而酱油行业则是拥有悠久历史的传统行业。而在现代的商业社会，传统行业普遍给人“门槛低、落后、终究要被淘汰”的印象，而庞康则以海天的改革和创新，利用现代科技水平成功实现产业优化升级，去证明那是对传统行业的误解。首先，在海天味业的注重对文化价值的挖掘。庞康指出，酱油是中国的“国宝”，同时是一种历史悠久、积累丰富的文化现象，在调味品的演进过程中，有其自身的规律和文化理念，对这种理念及文化内涵的挖掘、整理和传扬，是未来本土调味品与外资品牌竞争中突围的“利刃”。

庞康非常重视企业在营销和生产技术的实力，因为这才是企业的核心竞争力，是企业立本之基。近几年，海天味业引进了多条国际先进的自动化快速包装生产线，一条包装生产线只要8位员工。企业内建立了业内一流的工程技术研发中心，引进多套国际先进检测设备，并与中科院、英国牛津大学、中山大学等高校建立紧密的长期合作联系。而在营销方面，海天味业一直致力于构建健全而缜密的营销网络，在某些重点城市海天企业的市场占有率高达95%。另一方面，海天味业不断推出各类型的新产品，并着眼与海外市场，不断向“有人烟处，必有海天”的目标迈进。

而在企业文化的建设中，海天味业的核心价值观也展现其独特之处。海天味业不但有明确的企业文化内容，而且内容亦尽显创新精神。海天企业的推崇“只有创业，没有守业”的理念，以积极进取的态度，不断开发新市场，提高生产科技水平。同时，鼓励“海天人”永远保持艰苦创业的作风，以创新为动力，同时坚持稳健的原则，追求更高的目标。另外，提出海天九大精神的主张，包括成就事业、追求卓越、诚信务实、光明正大、团队协作、创新思变、忠诚服务、礼节谦让，企业内部还有定期出版刊物，建设企业文化，凝聚人心。庞康在海天味业的发展过程中，以其远见和务实作风把海天带到了一个新的发展阶段。

第六节 民族饮料第一品牌创始人——李经纬

李经纬，1939年出生于广东佛山市三水区白坭镇。李经纬童年丧父，少年亡母，是遗腹子，在广州东山孤儿院里长大。童年时期，他擦过皮鞋，做过印刷工人。由于没有钱，李经纬没进过一天学堂。

20世纪70年代，因喜欢玩球，李经纬被县体委看中，提拔到县体委当了副主任，1973年，李经纬被调到三水县的酒厂当厂长，这时，李经纬36岁。改变李经纬一生的正是这家当年只有几口酒缸的小酒厂。当时这家酒厂只生产米酒，这个小酒厂最高产值也只有130万元人民币。作为厂长的李经纬每天亲自背着米酒在佛山和广州挨家挨户推销。

1983年，李经纬去广州出差，在街边买了一瓶易拉罐装的可口可乐，这是他平生第一次喝到这个饮料，也就是在这时，他突然萌发了做饮料的念头。凑巧的是，他了解到广东体育科学研究所的研究员欧阳孝研发出一种“能让运动员迅速恢复体力，普通人也能喝的饮料”。李经纬当即登门拜访，最终拿下这项研究成果。不久后，一种橙黄色的饮料横空出世，这就是后来享誉全球的健力宝。

1984年，李经纬创建“健力宝”品牌，他曾经让“中国魔水”现身1984年洛杉矶奥运会开幕式上，美名远扬。他赞助了12支国家队25万元。而此时，健力宝年产值才90余万元，纯利润不足5万元。李经纬的此次大手笔赞助，被后人赞誉为“有眼光，有魄力”。的确，在李经纬的耕耘下，此后的15年里，健力宝一直是“民族饮料第一品牌”。①

1990年，与李宁一起创建“李宁”品牌。1991年，李经纬策划“拉环有奖”的促销创意，最多时投入800万元参与拉环抽奖，这一具有先见之明的促销手段很快刺激了消费市场，健力宝的销量一骑绝尘，无人可及。

1994年，健力宝销售已达18亿元，此时正值健力宝创业10周年。1996年底，家电企业TCL与惠州市政府签订了放权经营协议。政府承诺经营层可以按一定的比例购买增值部分的企业股权。这一消息让李经纬兴奋异常，他开始谋划“股票上市，大厦落地”的战略问题。他试图通过上市

① 陈新焱：《一个时代的荣耀与伤害》，《南方周末》2013年5月24日。

解决股权问题，同时投资10亿元在广州建造健力宝大厦，1997年，38层高的广州健力宝大厦落成，李经纬把公司总部迁到了广州。而此时，健力宝达到辉煌的巅峰，销售额突破50亿元大关，产量、总产值、销售收入和税利四项均排名全国饮料行业第一。

1997年秋，一时风光无二的李经纬开始筹谋健力宝上市，但未被获批。随着企业不断发展壮大，健力宝内部一直存在的体制和管理混乱也开始凸现。在2001年前后，李经纬因在健力宝产权改革方案上沟通未如理想，退出了企业，此后被罢免了全国人大代表职务，[①] 直至2013年4月22日，在故乡——广东省佛山市三水区因病离世，终年74岁。

第七节　美的电器创始人——何享健

何享健，1942年出生于广东顺德。高小毕业后，干过农活，当过学徒、工人、出纳。他先后获得“首届空调大王”“全国优秀乡镇企业家”“全国劳模”“广东省‘五一’劳动奖章”“广东省优秀企业家”“广东省优秀共产党员”等一系列荣誉称号。他热心慈善事业，在胡润发布的“2005中国内地慈善企业排行榜”上，广东美的集团排在第30位，是佛山市唯一上榜的慈善企业。荣登2008年胡润百富榜第12名，2012年8月26日，何享健卸任美的集团董事长。美的在2001年中国家电企业综合排名中名列第二，2002年实现销售收入150亿元，出口创汇3.3亿美元。在“2007年中国最有价值品牌”的评定中，美的品牌价值已从2004年的201.18亿元跃升到378.29亿元，位居全国最有价值品牌第七位。

1968年5月，他和23位居民集资5000元，创办了“北街办塑料生产组”，生产药用玻璃瓶和塑料盖，后来又转产发电机的小配件等，何享健背着这些小玩意走南闯北找市场，培养了他异常灵敏的市场嗅觉。

1980年开始制造风扇，进入家电行业。同年11月，第一台40厘米台扇问世，当时叫“明珠”牌。可能是何享健对这个牌子不很满意，于是征集商标，“美的”“彩虹”“雪莲”，最终定为“美的”。1981年8月注册商标，同年11月工厂更名为“顺德县美的风扇厂”，何享健任厂长。根据相关资料，这一年共生产风扇13167台，产值328.4万元，利润41.8万元，员工251人。1984年，工厂开始生产塑料转页扇。这件事情让美的颇为自

① 吴晓波：《大败局Ⅱ》，浙江人民出版社2007年4月版。

豪，转页扇通常称为“鸿运扇”，其风力柔和，摆放灵活，并设有跌到安全装置，适合睡眠时连续吹风使用。同年成立“顺德县美的家用电器公司”，何享健任总经理。1986年，美的转页扇开始出口香港。

1985年，进入空调业。同年5月，美的考察日本家电业。此后，美的引进日本的生产技术和管理方法，同时开始与日本企业展开合作。也是在这一年，4月8日，美的成立了空调设备厂，开始了窗式空调机的组装生产。1988年美的电器公司实现产值1.24亿元，成为顺德县十家超亿元企业之一，其中出口创汇达810万美元。美的从一开始就采取出口和内销两条腿走路，这给它经营上很大的灵活性。

1992年，广东省进行股份制改革试验，何享健对此颇为热心，最终争取到了顺德唯一的股份制试点名额，成立了美的集团，并进行内部股份制改造。2006年12月何享健在接受《经济日报》采访时回顾：“当时美的规模很小，资产只有五六亿元，但我认定了办好企业，首先要引进好的机制”。①

1993年美的上市获批，成为中国第一家由乡镇企业改组而成的上市公司。股票简称“粤美的A”，股票代码为“0527”，后来更名为美的电器（000527.SZ），首次公开发行股票2277万股，发行价格为每股8.45元。1993年11月12日在深圳证券交易所挂牌交易。上市后，第一大股东是顺德市北窖镇经济发展总公司，拥有44.26%的股份。

1997年开始，空调、家庭电器、压缩机、电机、厨具5个事业部相继成立，推动事业部制改造，为集团“二次创业”奠定了坚实的基础。何享健下放权利，由事业部负责生产制造及销售。实际上何享健贯彻得非常彻底，之后事业部不但可以针对市场进行研发，甚至于数千万规模的投资都可以自行决定。这在一段时间，让习惯请示的经理人很不适应。也从这个阶段开始，何享健逐渐喜欢上了高尔夫球。事业部制不仅仅是企业组织架构的重组，也使得企业用人机制发生了相应的变化，今天的美的电器董事局副主席、总裁方洪波就在这个阶段脱颖而出。1999年在全集团范围内推行员工持股制，促使产权和分配机制改革，使员工和企业形成“命运共同体”；

2001年，何享健和管理层完成了公司高层经理人股权收购（MBO），进一步完善现代企业制度，美的由乡镇企业变为民营企业。2001年美的在中国家电企业综合排名中名列第二。2002年实现销售收入150亿元，出口创汇3.3亿美元。2003年开始进军汽车制造业。2005年，美的集团整体实

① 《何享健：白色家电领域的战略家》，《历程》2011年第2期。

现销售收入达 456 亿元，同比增长 40%，其中出口额超过 17.6 亿美元，同比增长 65%。

2004 年，美的并购了合肥荣事达和广州华凌，继续扩大在家电业的份额。同时，它也在尝试多元化。在喧嚣的外界环境影响下，无论何享健本人还是整个集团，已不甘心于继续局限在赚辛苦钱的家电制造业。当时，美的集团正在洽谈的项目不下 10 个，包括电力、高速公路、锅炉、客车等多个领域，计划用于新项目投资的预算达到 30 亿元。美的先吞下云南、湖南等地的客车企业，跨界汽车业。接着又收购有国企背景的重通、荣事达、华凌，大规模进入自己相对陌生的大型中央空调和冰洗领域。2004 年下半年，随着宏观调控的到来，何享健意识到风险迫近，他马上提出“要控制速度，确保有效增长”。除了客车以外，所有的投资项目的洽谈全部停止，而且是在未来的两年内都不要再谈，也不要接触。

2006 年初，美的集团聘请国际咨询机构毕博为其向控股型公司转型设计方案。尽管最终方案迄今仍未出炉，但何享健的想法已经明确，即美的集团向投资控股主体转型，逐渐剥离过去与二级平台相重叠的经营性功能。未来的美的控股集团在进一步丰富投资家电领域的同时，将展开相关多元化投资，如可能会进入船用、火车用空调等工业电器领域，同时也不排除进入非电器领域的可能。2006 年以后，资本市场的繁荣给了何享健腾挪重组的空间。在美的电器之后，何享健计划让美的旗下二级集团的每一块盈利业务都实现上市。

2007 年 6 月，美的电器收到了国家商务部签发的关于非公开发行股票方案的批复文件，原则同意公司向美国高盛集团（Goldman，Sachs&Co.）全资拥有的 GSCapitalPartnersAurumHoldings 定向增发 75595183 股人民币普通股（A 股）；要求定向发行价格不低于董事会决议公告前二十个交易日内公司股票收盘价均价的 90%。这意味着美的电器出售 10% 股权引进高盛作为战略投资者的举动终获商务部“绿灯”放行。何享健这位以低调潜行著称的企业家过去三年来精心导演的资本大戏终于圆满收场。2007 年，美的集团整体实现销售收入达 750 亿元（其中海外营收 31.2 亿美元）。

2009 年 8 月 26 日，美的公司召开董事会通过了重大的人事调整议案：何享健在美的公司董事会上辞去美的电器董事局主席及董事职务，交由原董事局副主席、总裁方洪波继任董事局主席，并兼任总裁。2010 年，美的集团销售收入超过 1000 亿元，集团提出了“再造一个美的”的宏大目标，预计 2015 年收入将超过 2000 亿元。[①]

---

① 陈润：《生活可以更美的：何享健的美的人生》，华文出版社 2010 年 3 月版。

2012 年 8 月 25 日下午，美的集团在深交所发布公告称，何享健将卸任美的集团董事长，现任美的电器董事长方洪波接任集团董事长一职。何享健仍旧继续担任美的集团控股股东。那么何享健成功的经验是什么？

其一：改革政策，市场意识。美的是从 1968 年开始创业的，但前 10 年只算是小孩子，搞不出什么名堂。美的真正发展起步，还是得靠改革开放。正是改革开放的这 30 年，给美的创造了蓬勃发展的空间，让美的的事业不断壮大。从美的的历史看，1978 年前，美的的销售规模不到几十万；1990 年，美的集团的销售收入达到了 1 亿多元；接下来的 10 年，美的从 1 个亿，做到 1993 年的 9.3 个亿，并且顺利实现股份制改造。到 2000 年，美的销售达到 105 个亿，年均递增 50%。美的能走到今天，最主要的就是靠当时的管理层改革思路超前，有市场经济意识，不改革肯定是死路一条！如果不是改革开放，美的难以完成产权改革，也难以调动有价值的人才的积极性。

其二：战略清晰，经营稳健。企业时刻保持着对家电行业发展走向的把握，并由此对企业进行动态的调整和渐进式变革。所有这一切的核心却在于美的拥有一位为人低调但不失战略眼光和睿智思维的当家人——何享健。美的全面开始国际化战略，是企业发展到某一阶段的必由之路，可以说美的走国际化是顺势而为，水到渠成。这有三方面原因。首先是内因，美的的目标是到 2010 年实现 1200 亿元人民币的销售收入。光指望着中国市场肯定不够，公司必须在全球寻找新的增长点。其次，美的发展到今天的规模除了市场空间，也需要通过整合世界各地、各行各业的资源来提高企业运营效率。最后，通过国际化可以降低经营风险，即使是某一地区或环节出问题了。也不会影响整个集团的运营。在竞争最激烈的中国家电行业奋战整整 40 年的何享健，却是愈战愈勇，以其独到的国际视野和战略智慧，再度带领四十不惑的美的向世界 500 强、向全球白电五强发出强有力的冲刺。

其三：治理规范，善于反思。早在 1998 年，美的集团制定了“集权有道、分权有序、授权有章、用权有度”的 16 字方针，把整个组织的决策大脑从中央控制的中心移到每个组织的细胞中。分权制度有效激活企业各方活力，13 年来，美的集团年产值从 30 多亿元迅速成长为佛山首家千亿企业。目前，何享健持股财富为 118.94 亿元。2004 年，美的集团不甘心于继续局限在赚辛苦钱的家电制造业，先吞下云南、湖南省等地的客车企业，跨界汽车业。接着又收购有国企背景的重通、荣事达、华凌，大规模进入自己相对陌生的大型中央空调和冰洗领域。当时，美的集团正在洽谈的项目不下 10 个，包括电力、高速公路、锅炉、客车等多个领域，计划用于新项目投资的预算达到 30 亿元。2004 年下半年，随着宏观调控的到来，敏感的何享健意识到风险迫近，他马上提出“要控制速度，确保有效增长”。对于那段时期，何享健回忆说：“头脑热起来是因为那个阶段经营很好，环境也热衷于并购、走多元化。一个企业，一个人，在好的环境下容易出事，容易乱来，容易忘乎所以。但是很快，别人的失败让我意识到，公司的管理、资源、人才根本支撑不了这样的扩张。我很快冷静下来了。”

其四：重视人才，心胸开阔。何享健在佛山市顺德区当地号称最重视人才的企业家。“不任人唯亲，不搞家族式管理。”从创办美的电器开始，何享健就把“家族企业”的模式拒之门外，美的“去家族化”的过程也愈演愈烈，从高薪聘请职业经理人采用分权管理，到 2011 年进行股权多元化，美的集团已经越来越有“国际范”了。他将方洪波从内刊编辑一手提拔至空调事业部总经理。为了给方洪波这样的人才提供发展空间，何享健不让独子何剑锋进入美的。他给职业经理人的报酬非常高。二级集团的总裁身价至少在千万量级以上，事业部层面的则不低于百万级。同行人士非常羡慕美的经理人：“他们活得更像老板一样，而不是在给别人打工。”一位熟悉何享健风格的业内人士曾说：“何老板的一个特性就是他不会去估计人家赚多少钱，他自己算过今年我自己赚多少，下面的赚多少他不管，你该赚的去赚。”何享健对事业部总经理的放权之大让人瞠目，他们不仅拥有所负责产品的研发、采购、生产、销售等环节的全部权力，而且拥有一部分财权。比如，在产能扩张方面，一个总经理可以拥有几千万元的投资审批权。①

美的集团管理层比较稳定的民营企业也是成功之道。美的集团拥有总资产 90 亿元，累计纳税 30 亿元，美的商标品牌价值达 378.29 亿元。美的空调、压缩机、电风扇、微电机等九大主导产品产销量均居全国前三名。如今一个新的美的正在一场自上而下、自外而内的变革中重生。

① 陈润：《何享健的管理艺术》，经济参考网 http://jjckb.xinhuanet.com/opinion/2013－05/09/content_443774.htm，访问时间：2017 年 4 月 13 日。

第八节 “中国砖王”——叶德林

叶德林，广东新明珠陶瓷集团有限公司董事长兼总裁，中国陶业经济领袖，被称为“中国砖王”。在叶德林身上，还有数不清的头衔——中国建筑卫生陶瓷协会副会长、中国陶瓷工业协会副理事长、广东陶瓷协会副会长、佛山市工商业联合会（总商会）主席、广东省工商联常委、佛山市人大代表、2004年全国质量管理先进工作者、2008年十大新粤商、全国建陶行业劳动模范、环境保护优秀企业家、广东省优秀民营企业家、南庄人眼中的德叔。……而最为人所熟知的，还是广东新明珠陶瓷集团有限公司董事长总裁的身份。

翻阅《道德经》，我们感悟万物皆有道，在商言商道，为商之道重在守一。“守一”可理解为专注于一，专注在一个领域。叶德林正是深谙此道的睿智商人。他心无旁骛，一心一意做瓷砖，他务实兼容、善于学习与创新、仁义诚信，能以身作则表现出新佛商的精神风貌。叶德林个人最喜欢的称呼是德叔，他平易近人。当他人更关注现今他的地位和财富，新明珠的规模和盈利时，他更愿意世人关注：德叔何德何能？明珠因何而成？

叶德林苦心经营21年，在南国陶都孕育出“新明珠”。新明珠陶瓷集团始建于1992年，是中国陶瓷行业中最具规模化、现代化、集约化的企业集团之一。目前，有员工约两万人，拥有14个知名品牌，60条先进生产线，千亩以上跨省产业基地3个，建筑陶瓷年产能超过2亿平方米，陶瓷洁具年产能超100万，傲居国内陶行业之首。新明珠产量已经达到了世界“墙地砖王国”，意大利全国年产量的1/6。

天道酬勤，商道酬信。在叶德林的带领下，新明珠人不懈奋斗，取得无数殊荣。冠珠、萨米特、德美、惠万家4个“中国驰名商标”，冠珠、萨米特双双获得“中国500最具价值品牌”，广东新明珠陶瓷陶瓷集团、广东萨米特陶瓷有限公司分别获得“广东省百强民营企业”，格莱斯品牌、金朝阳品牌、惠万家品牌、路易摩登品牌共获得7项“广东省名牌产品”，冠珠、萨米特、康建、宾利、德美5个品牌获得“省级著名商标”以及“广东省高新技术企业”“2011年广东省500强企业”“第三届佛山市民最喜爱的品牌企业”“2011年中国民营企业制造业500强”等众多荣誉。而叶德林对新明珠陶瓷集团的建立和发展则起到了决定性的影响。①

在建厂之初，叶德林就把企业的目标定为“创一流的产品，办一流的企业”，为了这“两个“一流”的目标，叶德林和他的团队开始了他们踏实而又大胆的工作。明珠厂不惜血本，引进了德国及意大利最新研发的生产线，成为我国第一家引进意大利成型工艺的制陶企业。而在关于上生产线的决策上，叶德林决定实行“分步走”，根据本厂的实际能力，原则上是成熟一条上一条，不好大喜功，多条生产线一起走，加重投入负担和产品销售压力。叶德林脚踏实地的作风使新明珠陶瓷集团逐步由佛山走向世界。

叶德林推崇“工欲善其事，必先利其器”的理念，技术员出身的他十分重视对“利其器”的追求，在十几年里从未停歇。叶德林坚持厂房使用最先进的设备，坚持最有效率的生产流程，不时还会亲自到厂房视察。在明珠厂第二批引进意大利最新的生产线时，叶德林不认为外国的东西就最完善，一旦发现不“适合”自己时，叶德林就敢于大胆否定，大胆革新。明珠厂的抛光线每日可抛光2500平方米，本来效率已经很高了，但叶德林还是不满足，他盯在那儿看了半天后，便有了新想法。于是他立即找来了工程师姚孔荣，态度坚决地说：“这样抛光速度太慢，我们得想办法改进。”而叶德林的“利其器”的理解，不只是处于领先水平的机械设备，还有企业的人才和创新（创新在于产品和经营品牌）。

对于企业人才管理，叶德林运用的是“人本”管理的模式。在建厂之初，叶德林提出“三军未动，制度先行”的理念，订立明确的规章制度，并坚持全体员工不论职位都必须遵守。叶德林以身作则，用自身的人格魅力及亲和力，使全体员工都遵章守法，同时令企业的运转效率大大提高。大家平时打招呼时都喜欢称叶德林为“德叔”，各级的领导都以德叔为榜样，从人本出发，肯定每一位员工的价值。“领导有情，管理无情，制度绝情”正是新明珠企业的个性与特色，也是新明珠企业文化的核心体现。

同时，叶德林重视企业的技术和创新，重视产品的质量。在经营管理上，叶德林坚持技术进而品质的创新，一直坚持加大产品开发力度。叶德林拥有企业管理的超前意识和远见，在国内仍然对国际ISO9002国际质量管理体系陌生的背脊下，叶德林已经领导公司成立ISO9002认证办公室。在1999年12月底新明珠集团全面通过了ISO9002国际质量管理体系认证，这使新明珠整体素质有一次质的大提升。

叶德林的创业之路并非一帆风顺，在其处于危机之时，他为人诚信，

---

① 蒋小高：《新常态下佛山商界新领袖》，《风云人物》，2014年第8期（总第104期）。

言出必行的品质获得身边人的信任，助他渡过难关。当中国改革开放步入第20个年头时，南海市政府响应国务院关于公有制经济体制改革“三个有利于”的号召，把经济体制由最初的“计划为主，市场为辅”转向“市场为主，计划为辅”，决意厘清政府和企业的边界和职能。南庄镇在调研、评估该镇经济现状和未来发展方向时发现，镇、村两级的集体经济占据南庄经济总量的80%，比重严重失衡，但这些企业的体制弊端却非常突出，亏损呈恶性肿瘤般蔓延趋势，转变体制已经刻不容缓。于是，南庄镇成立了专制班子，对镇办的19家企业公开竞标拍卖，采取股份制、股份合作制、合伙制、有限公司改组等形式，也就是对现有集体企业进行净资产核算评估后，以公开投标（价高者得）的方式拍卖出去。明珠陶瓷集团的两家陶瓷厂，同样面临着这场艰难的嬗变。如同两个浸透自己心血的“亲儿”，在入侵多年悉心哺育下已茁壮成长，如今却要放开他们，任由他人一起竞争“抚养权”。“生父”叶德林痛苦万分。然后，以前毕竟是“被授权式”抚养，而这一次争取的将是彻底的“所属权”，假如自己能“争取”到，那么叶德林将真正决定两个“亲儿”的未来。但想获得这两个“亲儿”的抚养权，估计要拿出3亿—4亿元的巨资。

经过深思熟虑，叶德林决定拉朋友入伙。他找到一位以前帮助过自己的朋友，对方也曾当过几年陶瓷厂厂长，了解行情。得知叶德林诚意邀请，对方马上答应加盟，且充满信心说：“就凭您德叔一句话，我就敢跟着你做！”叶德林又找到一位在银行工作的朋友，他把自己竞拍的想法告诉对方。朋友知道他几年来办厂有方，每年效益都很好，也相信叶德林的为人和能力，便一口答应下来了。最终，叶德林和几位股东用3.71亿元拍下明珠集团下两个厂，按照股东合约，其他股东占股份49%，叶德林占51%为大股东。在叶德林的领导下，新明珠集团一次又一次走向高峰，成为中国陶业的领军企业。①

第九节　佛山纺织行业领军人——梁荣桐

梁荣桐，生于1954年南海西樵，于1989年创办德兴丝织厂，后易名为德耀纺织实业有限公司。作为公司的董事长兼总经理的梁荣桐秉承“节能、求实、奋进、创新”的企业精神，不断地追求产品的卓越质量、特色

---

① 黄康俊：《中国砖王》（第二版），经济管理出版社2011年6月版。

品牌，以此来塑造企业的形象。

20 世纪 90 年代是中国市场进入了品牌竞争的时代，品牌越来越成为左右消费者选择的重要因素。梁荣桐意识到，要在众多的面料品牌中脱颖而出，企业就不能只表面地追求市场的知名度，更重要的是坚持诚实守信的原则，生产高质量的产品。为了更好地适应市场的发展和增强产品的国际竞争力，梁荣桐引进了意大利天马优秀剑杆机 78 台，比利时高速织机“比加诺”68 台，高速网丝、丝诺机、培捻机 63 台套，电脑自动整经机 18 台，其他织机 186 台。公司拥有世界最新的纺织设备，形成了较大规模的生产能力，同时也培养了一批敢于创新的高级技术人才，保证公司的创新水平和技术水平紧跟世界的发展。至此，公司一直以诚信的态度、务实的作风、创新的精神走在面料生产的前线。

设备和人才兼具，梁荣桐带领下的公司的发展势如破竹，并凭借产品的精织细作，精益求精，以及丰富的行业服装面料生产经验，公司 8 次获得广东省明星企业、省 AAA 级信誉企业，国家和国际标准认证，先后成为邮政、电信、移动、金融、税务、工商、民航、铁路、法院、检察院等国家系统的服装面料定点生产厂。并于 2001 年 6 月被国家保安协会定为全国四家面料生产厂之一。这些荣誉，源于梁荣桐对诚实守信、务实创新的坚持，为公司的长远发展扎下稳固的基础。

梁荣桐坚持“大家好才是真的好”的原则，在自己公司的发展蒸蒸日上的同时，一直关注纺织行业的发展。成为佛山南海纺织同业商会的董事长后，他组织了商会会员赴欧洲、韩国和温州等地区考察，探索西樵纺织业的发展，并在西樵举办“中国（西樵）国际纺织博览会”“北京国际纺织机械博览会”，借助这些活动来促进业内的交流，带动纺织业的共同繁荣。此外，梁荣桐还组织纺织同业商会的会员在西樵展开“公益金”百万行筹款善举活动，帮助社会贫困人士，而他本人也捐款累计达 160 万元，以公益的方式来回馈社会。

第十节　铝业界的风向标——吴小源

过去的乡镇小型铝型材企业，现在的“中国铝材企业十强”，未来的国际公认卓越品牌——在中国乃至国际铝型材业界里，没有人会对凤铝铝材感到陌生。

董事长吴小源于 1990 年创办凤铝铝业的前身——南海市凤池不锈钢铝

型材厂，是国内铝型材行业初创最早的企业之一。适逢改革开放为南中国的大陆提供了肥沃的土壤，吴小源紧紧抓住了质量和品牌的根，为企业立足于市场、保持持续发展打下了坚实的基础。

这份对于品质的执着在凤铝创办之初就开始萌芽，而且南海人低调务实又肯干的优点，在吴小源身上表现的淋漓尽致。“产业链条上每个企业都有自己的分工，凤铝的优势在铝型材加工环节，我们能够做好这个环节就不错了。”凤铝铝材的掌门人吴小源在一次访谈中，对于记者发出关于凤铝会不会在产业链的上下游寻求扩张的问题作出了以上的回答。

正是这种“安分守己”又不断提高自身产品附加值的品牌战略的指引下，凤铝走出了一条自己的路子——坚守保守的专业化路线。2008 年，在全球市场萎靡不振的情况下，凤铝产销不降反升，全年增长幅度达到 15%。吴小源认为凤铝在这场博弈中实现了“逆风飞扬”，得归功于凤铝坚持走专业化的生产道路。“许多地方政府找上门来，给足优惠条件邀我们去搞房地产，但幸运的是我们最后抵挡住了这种多元化的诱惑，使凤铝能够一直保持充裕的现金流。”吴小源如是说。

除了国际金融危机的威胁，在凤铝铝材所在的全省百强镇排名第二的大沥镇，被誉为“中国铝材第一镇”，是闻名全国的有色金属生产和贸易基地，集群了百余家铝材企业，早已把行业的竞争推至高峰。于是，吴小源用前瞻性的眼光，把创新当作凤铝发展之魂。

凤铝拥有自营出口权，专利技术 60 项，2007 年，通过自主创新推出环保型无铅易切削铝合金及其加工工艺技术等一系列新产品和新技术，荣获中国有色金属工业科技部科学技术奖一等奖，首次突破欧美对铝型材的技术垄断。通过提高产品的科技含量，吴小源使自己的企业充满着生命力，成为行业龙头之一。与此同时，由于土地、劳工、污染等多重因素的制约下，企业的成本飙升，利润空间变得越来越稀薄。面对这这样一重重的困难和挑战，吴小源拿出了南海商人顽强拼搏，巧思巧学的精神，不断提高自身和企业的科学技术，不断突破企业发展的瓶颈。

凤铝铝业与北京科技大学、上海交通大学、华南理工大学等院校合作成立工作室、技术中心和新产品新材料研发中心，与欧美相关协会和多家世界 500 强企业保持横向联系与紧密合作，使自身处于不断学习、改良的运作轨道当中，使“专、优、快、严”的企业文化发挥指导性和战略性的作用。或许，在创业伊始的时候，吴小源从没预想到自己能成为一个行业发展的风向标之一。但是，沉稳务实、顾客至上、锐意进取的精神，使他站在的巨人的肩头之上。

结　　语

佛商最初也是粤商的重要组成部分，与广州、东莞、江门的合称“广府人”，佛山企业家是一个鲜明群体，佛山企业家文化具有悠久的历史文化底蕴，是在佛山传统文化的土壤上发展起来的一种商业文化，从文化资源上看，佛山简称“禅”，具有深厚的佛学底蕴，佛教思想对佛山企业家文化有深刻影响。此外，佛山的地区行业特色明显，“石湾陶瓷”“大沥铝材”“西樵纺织”“乐从家具”“小塘五金”，每一行业的文化又有不同之处，该行业企业家所具有的经营理念自有其特点。企业家文化作为企业的一种软实力，具有很重要的作用。对企业而言，企业家文化对企业经济有推动作用，企业家的科学决策、严格管理、善于经营、诚实守信，能为企业带来成功。不少的实践例子证明，一些企业之所以亏损破产，很大部分就是因为企业领导个人原因。另外，企业家文化对企业的团队具有整合力，企业家文化实际体现了企业领导的个人魅力，他们会牢牢把握住“人与文化”的根，培养团队精神，把员工的积极性、主动性、创造性联系起来，让员工在实现自我价值的同时也为企业盈利。

对佛山市而言，企业家文化得到发展也必然会带动佛山社会文化的前进步伐。优秀的企业家文化对城市的可持续发展也有辐射力，城市形象不只是政府形象，还包括公民和企业形象，而企业家形象就融合了两者，成为城市的名片之一。此外，优秀的企业家也必定是用于承担社会责任的个体，不仅是为自己谋利，更重要的是为社会承担责任。当今的佛山社会在大力弘扬“敢为人先、崇文务实、通济和谐”的佛山人精神，凝聚发展共识，和谐共进的信念中，佛山新一代企业家身上得以体现和传承发展了佛山人的精神。佛商文化既是一种精英文化，又是一种具有鲜明地域特征的经济文明成果。通过实证分析和文献资料研究，“敢为人先、务实低调、诚信经营”是佛山人认同的佛山企业家精神。

回望过去30余年，凭借雄厚的产业实力和改革创新的精神，广东一直领全国改革开放风气之先，佛山这座“制造业重镇”更被誉为书写了上一个三十年的“中国故事”。但在当前，当全球产业格局发生深刻变化，中国迈入深化改革全新周期，佛山市亟须适应经济发展新常态。从佛山自身来看，过去依靠土地、人力等“投资驱动”的传统增长模式越来越难以为继。在此形势下，以佛山企业家为代表将如何同步推动经济转型与城市升级，走向“创新驱动”，书写出下一个三十年的“中国故事”，值得全国人民的期待！

参考文献

［1］（美）戈登．企业家精神［M］．王琴译，西安：西安交通大学出版社，2007.

［2］（英）伊丽莎白·切尔，李欲晓、赵琛徽译．企业家精神：全球化、创新和发展［M］．中信出版社，2004.

［3］章金萍．商业文化伦理［M］．中国人民大学出版社，2013（7）.

［4］黄绍筠．商道流芳录：中国商业文化百例［M］．浙江工商大学出版社，2013（3）.

［5］王瑾．品牌新中国：广告、媒介与商业文化［M］．北京大学出版社，2012（10）.

［6］艾斐．晋商［M］．太原：山西经济出版社，2009.

［7］张海鹏、王廷元．徽商研究［M］．合肥：安徽人民出版社，1995.

［8］周兆晴．新粤商［M］．北京：北京大学出版社，2007.

［9］张俊杰．粤商模式［M］．北京：中国经济出版社，2005.

［10］邓可斌、丁重．粤商经营之道：多元化与专业化的抉择［M］．北京：经济科学出版社，2009.

［11］毛蕴诗、汪建成．广东企业 50 强——成长与重构［M］．北京：清华大学出版社 2005.

［12］李新春、储小平、朱沆．民营企业成长研究报告——基于广东省民营企业的调研分析［M］．北京：经济科学出版社，2008.

［13］潘健．佛山史话［M］．广州：中山大学出版社，1990.

［14］南海区宣传部．南海名胜 南海名人 南海风俗［M］．广州：中山大学出版社，2010.

［15］佛山市商业局．佛山市商业志［M］．广州：广东科技出版社，1990.

［16］佛山市对外贸易局．佛山市对外贸易志［M］．广州：广东科技出版社，1988.

［17］佛山市档案局、地方志办公室．佛山陶瓷纵览［M］．广州：广东人民出版社，2010.

［18］李克和．佛山饮食文化［M］．广州：世界图书出版公司，2012.

［19］黄康俊．中国砖王（第二版）［M］．北京：经济管理出版社，2011.

［20］中国企业家调查系统．企业经营者对企业家精神的认识与评价［J］．管理世界，2009.

［21］魏光兴．企业家文化的内涵及其制度建设［J］．重庆邮电学院学报，2004（12）.

［22］黄玉仪．粤商与鲁商的经营价值观比较［J］．科技信息 2010（15）.

［23］欧翠珍．粤商研究述评［J］．广西民族研究，2010（4）.

［24］徐印州．广东区域经济特点与新粤商成长［J］．广东商学院学报，2009（5）.

[25] 黄华. “粤商” 企业文化创新研究 [J]. 广东商学院学报, 2007 (24—27).
[26] 罗一星. 明清佛山经济发展与社会变迁 [M]. 广州: 广东人民出版社, 1994.
[27] 罗一星. 论明清时期佛山城市经济的发展 [J]. 中国史研究, 1985 (3).
[28] 罗一星. 明清时期的佛山商人 [J]. 学术研究, 1985 (6).
[29] 罗一星. 试论明清时期的佛山商人资本 [J]. 广东社会科学, 1985 (3).
[30] 王仁杰. 明清时期佛山的商业地位 [J]. 探求, 2003 (3).
[31] 蒋祖缘. 清代佛山商业繁荣的条件 [J]. 广东社会科学, 1984 (1).
[32] 谭棣华. 明清时期佛山经济繁荣的原因 [J]. 广东社会科学, 1986 (3).
[33] 贺青. 商业文化的核心价值与功效 [J]. 商业文化, 2009 (5).
[34] 吴兴杰. 中国商业文化建设的创新举措 [J]. 商业文化, 2015 (4).
[35] 黄国雄. 商贸企业持续发展的原动力——商业文化新解 [J]. 北京工商大学学报 (社会科学版), 2012 (1) .
[36] 方志远. 赣商与江西商业文化 [J]. 江西社会科学, 2011 (3).
[37] 黄国雄. 论现代商业发展中的商业文化、商业原则与商业欺诈 [J]. 商业经济研究, 2015 (2).
[38] 杨海军. 跨文化传播背景下世界商业文化传播 [J]. 河南大学学报 (社会科学版), 2007 (11).
[39] 王学秀. 商业文化研究: 一个基于文化人类学的框架 [J]. 东方企业文化, 2011 (12).
[40] 郭毅夫, 赵晓康. 商业模式创新研究及发展展望 [J]. 企业活力, 2009 (3) .
[41] 朴基水. 清代佛山镇的城市发展和手工业、商业行会 [J]. 艺术学研究, 2011 (6).
[42] 谭运长. 市民社会和商业精神——佛山传统文化与佛山人的现代化 [J]. 同舟共进, 2005 (1).
[43] 张军. 环境利益与经济利益刍议 [J]. 中国人口·资源与环境, 2013 (5).
[44] 周松兰. 佛山产业结构的历史演变及其变动度的实证分析 [J]. 广东商学院学报 2008 (9).
[45] 王喆. 珠三角工业重镇转变经济发展方式的新探索——佛山经济发展的调研报告 [J]. 中国社会经济展战略, 2010 (6).
[46] 佛山市地方志办公室. 佛山史志 [J]. 佛山: 广东南海印刷公司, 1987—1996.
[47] 佛山市工商联合会. 佛商 [J]. 佛山: 2011—2013 年 (第 1 期—第 6 期).
[48] 佛山市禅城区工商联. 禅商 [J]. 禅城: 2011—2013 年 (第 1 期—第 5 期).
[49] 佛山市南海区工商联. 南商 [J]. 南海: 2012 年 (第 1 期—第 3 期).
[50] 佛山市顺德区工商联. 顺商 [J]. 顺德: 2011—2012 年 (第 1 期—第 4 期).
[51] 李仁伟. 明清佛山城市发展与空间形态研究 [D]. 华南理工大学博士论文, 2005.
[52] 李仁伟. 论我国商业企业文化建设 [D]. 吉林大学, 2004.
[53] 章凤萍. 徽商文化价值观在社会转型期的研究 [D]. 安徽大学, 2013.

[54] 谭隽. 中日美商业文化的传统及特征比较 [D]. 安徽大学，2013.
[55] 王学红. 商业企业文化提高企业竞争力的研究 [D]. 中国海洋大学，2008 (9).
[56] 岳亮. 近代长沙城市商业文化研究 [D]. 湖南师范大学，2008 (5).
[57] 曾德贤、何伟军. 文化软实力：区域经济发展的强大动力 [N]. 光明日报，2012 年 (5).
[58] 梁炜健. 2015 佛山商业何去何从？[N]. 佛山日报，2015 (1).
[59] 吴晓芳、孙景锋. 务实进取　佛商传奇 [N]. 南方日报，2012 年 9 月 28 日.
[60] 万建民. 佛山人为何愿意专注做实业 [N]. 经济日报，2011 年 10 月 22 日.
[61] 张军. 佛山市中小企业融资法律问题研究 [D]. 佛山市委宣传部，2010. 11.
[62] 张军. 佛山低碳城市发展模式研究 [D]. 佛山市政府研究室，2013. 12.
[63] 张军. 构建佛山国际竞争力营商环境研究 [D]. 佛山市委政策研究室，2014. 12.
[64] 编委会. 佛山经济和信息化研究与对策，佛山：内部资料，2011.
[65] 佛山市工商联. 佛山市新生代企业家调查报告，2012 (8).

后　记

2004 年我从武汉大学研究生毕业，来到华南师范大学工作，定居南海，佛山已成为我的第二家乡。我对佛山的传统文化、企业文化、城市生态、法规制度等现象的关注及热爱已经十余年。本书得益于 2012 年度佛山哲学社会科学规划重点项目《佛山企业家（佛商）文化研究》的立项、2016 年佛山市人文和社科研究丛书项目研究的出版资助，历时四载，终得以成稿。从选题、构思开始，到查找文献、多次调研、反复修改，在漫长而艰辛的研究道路上，众多专家学者、亲人朋友给予了我无私的帮助。

地域商人集团的产生和发展，是我国明清经济中一个十分引人注目的历史现象。诸如山西的“晋商”、安徽的“徽商”、浙江的“浙商”、福建的“海商”和广州的“行商”等，早已为人们所熟知。然而，在上述商人存在、生长的同时，还有一支重要的商人力量在形成和发展，这就是佛商。所谓佛山商人，原指以佛山镇为中心，包括石湾和周边乡村、以及外地落籍于佛山的商人。佛山“肇迹于晋，得名于唐”，佛山作为我国明清时期的四大名镇之一，无论在经济、文化各方面都历经繁华，盛极一时。从商业历史发展看，佛山商业发达，佛山商人最初也是粤商的重要组成部分，佛山人与广州人、东莞人、江门人的合称“广府人”，形成了“敢为人先、务实低调、勇于创新”的精神，佛山作为一个历史文化名城，在沧海桑田的岁月更替中，也自然形成了它自身特有的历史文化，其中包括佛山企业家文化。佛山的企业家文化是在佛山的现实土壤中滋养生长起来的，是吸取佛山的传统商业文化精神的有益部分作为自己的养分，立足佛山工商业发展历史，与时代内容相结合，逐渐形成的适应社会主义市场经济发展和符合佛山实际的企业家精神。佛山经济的根本是制造业，其传统制造业如陶瓷、建材、家电、纺织、家具、照明等都极负盛誉。而民营企业是佛山经济最重要的成分，企业家作为企业的主体，作为推动佛山社会经济发展的主力军，其企业家精神研究尤为重要。回望过去 30 余年，凭借雄厚的产业实力和改革创新的精神，佛山一直领全国改革开放风气之先，佛山这座“制造业重镇”更被誉为书写了上一个三十年的“中国故事”，佛山企业家（佛商）功不可没，由于篇幅有限，在学术专著中，只能选择不同时期十位典型的企业家，对没有在书中简述的佛山企业家深表歉意！

在本书课题历经的几年艰辛研究过程中，得到了佛山市委宣传部、佛山市社会科学界联合会、佛山市工商业联合会、佛山市总商会、佛山市工商局、佛山市企业联合会、佛山市经信局、佛山科学技术学院、佛山市图书馆、佛山各异地商会等机构及佛山市各区工商业联合会、佛山人民政府地方志办公室和佛山市档案馆为本课题的研究提供了众多的帮助和支持，尤其要感谢的是佛山市委宣传部原副部长商学兵、佛山市社科联主席邓翔，佛山市委宣传部理论科原科长方华刚、何子健，佛山市图书馆馆长屈义华等领导的关怀及建议。另有华南师范大学经管学院、文学院、法学院、城市文化学院、国际商学院 2013 级、2014 级、2015 级部分同学参与了本课题的调查和数据录入统计工作。

笔者所在单位华南师范大学城市文化学院及法学院的各位领导、同事以及国内众多院、校和科研单位从事企业家文化、企业文化教学与科研的学者，对本书写作也给予了热情的帮助。在本书写作过程中，参考了《南商》《顺商》《禅商》等内部刊物，佛山企业网、佛山市企业联合会等网站诸多资料和国内最新相关成果，在此对相关作者表示衷心的感谢！

本书能够与读者见面，离不开南方日报出版社陈盈璐编辑为本书的编辑与出版付出的辛勤劳动，也离不开我的妻子李丽老师鼎力相助，儿子张彧涵一个深情的拥抱、一个错别字的提醒，还有兄弟妹妹的亲情奉献。借此机会，还要深深感谢我的父母，他们挚爱的养育使我获得了健康的生命和对法律正义及传统文化的信仰！

由于作者才疏学浅，虽竭尽全力，难免有遗憾和错误之处。值此书出版之际，诚望各位专家和朋友批评指正！“路漫漫其修远兮，吾将上下而求索”。

张　军

2017 年春于俊雅花园